グランマ・ゲイトウッドのロングトレイル

ベン・モンゴメリ 著
浜本マヤ 訳

山と溪谷社

ジェニファーに

私たちが森に行くのは
不自由な思いをするためではない。自由になるためだ。
家で十分に不自由な思いをしているのだから。
——ジョージ・ワシントン・シアーズ

今しかない。
——ヘンリー・デイヴィッド・ソロー

歳をとるにつれて速くなる。
——エマ・ゲイトウッド

目次

本文内
［ ］は原注、
〔 〕は訳注

装画　nakaban
装幀　尾崎行欧デザイン事務所

GRANDMA GATEWOOD'S WALK
The Inspiring Story of the Woman
Who Saved the Appalachian Trail
by Ben Montgomery

1 しっかり歩け

1955年5月2日〜9日

庭の花が満開の晩春に、彼女は荷物をまとめてオハイオ州ガリア郡をあとにした。彼女が唯一、本当に故郷と呼べる場所だ。

ウェストヴァージニア州チャールストンまで車に乗せてもらい、そこからバスに乗って空港まで行った。空路アトランタに向かい、さらにジョージア州ジャスパーという、絵葉書のように美しい小さな「最初の山の町」まで来た。オハイオの家から800キロ以上離れたそこはもう南部《ディキシーランド》だ。タクシーの後部座席でガタガタ揺れる音を聞きながら、オグルソープという山に向かっていよいよ坂道を上りだした。気圧の変化で耳が詰まり、運転手はこんなところまで来ても金にならないとぼやく。彼女は静かに座って、窓の向こうにどこまでも広がるジョージア州がぼんやりと通り過ぎていくのを眺めていた。

車は急な上り坂に入り、狭い砂利道になった。山頂まであと400メートルというところで運転手はエンジンを止めた。

彼女は荷物をまとめると、5ドルと、さらにもう1ドルを手間賃として渡した。運転手はそれで機嫌を直し、テールライトを光らせ土煙をあげながら走り去った。エマ・ゲイトウッドは独りそこに立った。山上に立つおばあさんだ。

衣類は段ボール箱の中に詰めてきたため、歩いて数分の山頂まで砂利道をどうにか運び上げた。林に入って移動中に着ていた簡素なワンピースとサンダルを脱ぎ、ダンガリーのズボンとスニーカーに履き替えた。段ボール箱から次に取り出したのは、1メートル弱のデニム生地をしわだらけの手で縫って作った特大の巾着袋だ。袋の口を大きく開けて、段ボール箱内の残りを布袋に詰め替えた。ウィンナーソーセージ、レーズン、ピーナッツ、ブイヨン・キューブに粉末ミルク。バンドエイドのブリキ缶にはヨードチンキ、ヘアピン、ヴィックス軟膏が入っている。サンダルとギンガムのワンピースは、こざっぱりした格好が必要な時のために持っていくことにした。それから暖かいコートと雨よけ用のシャワーカーテン、飲み水が少しとアーミーナイフ、懐中電灯、ミントの飴、ペン、ロイヤル・バーノン・ラインの小さいメモ帳。家のそばのマーフィーズ雑貨店で買った25セントの罫線入りノートだ。

段ボール箱を近くのニワトリ小屋に投げ込むと、袋の口を閉めて片方の肩に担いだ。

1955年5月3日、彼女はケッズのスニーカーの紐を固く締めて、ついにアパラチアン・トレイルの南端に立った。世界で一番長いトレッキング専用路だ〔オグルソープ山は国有林でないため開発され、アパラチアン・トレイルの南端は3年後には32キロほど北東のスプリンガー山に移された〕。前方には藍色の地平線上に天まで延びる峰が連なり、この先何十日ものあいだ彼女の眼前に繰り広げられていく。逆巻く川と険悪な岩からなる人を拒む景観を前にして、11人の子の母であり、23人の孫がいるおばあちゃんのエマは立っていた。ずっとトレイルのことを考えてきた。オハイオ州の家で小さな庭の手入れをしている時も孫たちの世話をしている時も、常に頭の中にトレイルがあって、その環境から抜け出すことができるまで辛抱強く好機を待った。

ようやく家をあとにできた1955年には、エマは67歳になっていた。

身長157センチ、体重68キロのエマにとってサバイバル・トレーニングといえるのは、手に豆をこしらえながら様々なことを学んだ農作業だけだった。口の中は入れ歯だらけで、足にはビー玉ほどもある腱膜瘤《バニオン》〔外反母趾等による足にできる腫れもの〕ができていた。地図も持たなければ寝袋もテントも持っていなかった。メガネがなくてはほぼ何も見えず、これでもし激しい吹雪にでも遭おうものならひとたまりもなかった。トレイルではいつ吹雪になるかわからないのだ。5年前、1950年の感謝祭の時には、凍てつくような寒気と、雨と雪の大降りでアパラチア地方に300人以上の死者が出た。そのほとんどの人たちには家があったにもかかわらずだ。死者たちの骨はこの地方の山腹に埋められている。

エマは自分が知る唯一の方法でこのトレッキングの準備をしてきた。前の年に介護施設で働いて、週25ドルの給料から年金受給に必要となる最低限の四半期の所得を少しずつ貯めていった〔アメリカの年金受給資格である最低加入期間は40四半期（10年間）とされ、収入額に応じて取得できる〕。その額は月々52ドルだった。1月からはオハイオ州デイトンに住む息子ネルソンと同居して、歩くための練習を始めた。家の周りから始めて毎回少しずつ距離を伸ばし、とうとう足が痛くなってもう十分だと思うまで歩けるようになった。4月には一日に16キロも歩くようになっていた。

今、目の前には楡《にれ》、栗、ベイツガ、ミズキ、トウヒ、樅《もみ》、ナナカマドやサトウカエデの木々が圧倒的な存在感をもって広がっている。これからエマが出会うのは、澄み切った小川や轟々と流れる川、そして息を呑むような光景だろう。

目の前にはまた、標高1500メートル以上の山が300以上も屹立している。それらの山々は何億年も前には雲を突くようにそびえ、その荘厳さにおいてはヒマラヤにも匹敵していたであろう古代の山脈の名残なのだ。ユナカ、スモーキー、チオア、ナンタハラなどの山々。長々と傾斜したブルーリッジやキタティニー山脈、ハドソン高原。タコニック山脈、バークシャー地方、グリーン山脈、ホワイト山脈、マフーサック山脈。サドルバック、ビゲローの山々、そして最後に――500万歩先に、カタディン山。

その上、ここからそこまでの間には、いつどこで死んでもおかしくないほど、死へと誘う危険が潜んでいる。

ここからそこまでの間には、イノシシやアメリカクロクマ、オオカミ、ヤマネコ、コヨーテ、奥地の無法者や手に負えない田舎者《ヒルビリー》が潜んでいた。触れるとかぶれるポイズンオークなどのウルシ属の木、蟻塚にブヨ、シカダニ、狂犬病にかかったスカンクやリスやアライグマ、さらにヘビがいる。クロムチヘビ、ヌママムシにアメリカマムシ。そしてガラガラヘビ。4年前にトレイルを歩いた青年は、少なくとも15匹のガラガラヘビを殺したと新聞のインタビューに答えていた。

素晴らしいものも山ほど見られるが、目を引くような死に方も山ほどあるというわけだ。

エマ・ゲイトウッドがここにいることを知っているのは2人だけだった。タクシーの運転手と、前の晩にアトランタの家に泊めてくれたいとこのマートル・トローブリッジだ。自分の子どもたちには、ちょっと歩きに行ってくるとだけ言ってあった。それはうそではない。ただ最後まで言わなかっただけだ。子どもや孫には、驚くべき、不可能にも思えるその行程の詳細までは伝えていなかった。

とはいえ11人の子どもたちは皆成人し、独立していた。それぞれ子どもの世話があり、何やかやと支払いがあり、刈らなければならない芝生があった。大いなる不動のアメリカン・ドリームに加わるための代償だ。

エマにとっては、それらはすべて過ぎ去ったことだった。葉書でも送ろうと思っていた。

もし子どもたちにこの計画を話したら、必ず「なぜ?」と訊かれるだろう。この問いは、エマがこれから数ヶ月にわたって四六時中尋ねられる問いだ。というのも、エマがトレイルを歩いているという噂は野火のように渓谷中に広まって、彼女の意図が知られてからは新聞記者たちがトレイルで待ち構えているようになったからだ。尋ねられる度にエマは冗談めかしてさらりと受け流してはいたが、まったくどれほど質問攻めにあったことだろうか。俳優のグラウチョ・マークスも、テレビ司会者のデイブ・ギャロウェイも、『スポーツ・イラストレイテッド』誌も、ＡＰ通信も、アメリカ議会までもがエマに尋ねた。

「なぜ？」

そこに道があるから、と彼女は答えた。楽しそうだと思ったから、とも言った。

本当の理由は決して言わなかった。新聞記者やテレビカメラの前で、欠けた歯や折れた肋骨を見せるはずもなかったし、暗い秘密を抱えた町のこと、留置場の独房で過ごした夜のことなどを話すはずもなかった。彼女は自分のことを寡婦だと言った。そうなのだ。砂を噛むような文明社会から逃れて、自然の中に慰めを見出したからだと語った。そして、父がいつも「しっかり歩け」と言っていたこと、雨でも雪でも、死の影がちらつく谷間を抜けて、彼女は父の教えに従っていたのだと、そう記者たちに語ったのだ。

＊＊＊＊＊＊

エマはオグルソープ山の山頂をぐるりと歩いて、茶色や青や灰色にかすむ遠くの地平線を眺めた。大理石でできた天にまで届くような巨大なオベリスクの台座まで歩いていくと、その側面にはこう書かれていた。

勇気、勤勉さ、忍耐によって、１７３２年にジョージア州を建設した
ジェイムズ・エドワード・オグルソープの偉業に
感謝を込めてここに讃える

エマはこの男根みたいなモニュメントに背を向けると、さっさとトレイルを歩き始めた。シダを分け、前年に落ちた広葉樹の葉や樹皮が土の上に深く積もった道だ。しばらく歩くと、彼女が今まで見たこともなかったような大きな養鶏場が見えてきた。鶏たちの鳴き声があふれる長方形の鶏小屋が幾重にも並び、この山で暮らしを立てている移民や鉱山労働者の息子たち、ブルーカラーの労働者たちが眠るための家々が隣接していた。

歩いて喉が渇いてしまったので、エマは一軒の家のドアをノックした。出てきた人は頭のおかしいのが来たと思ったようだったが、冷たい飲み物を出してくれた。近くに店があって、道をちょっと行った

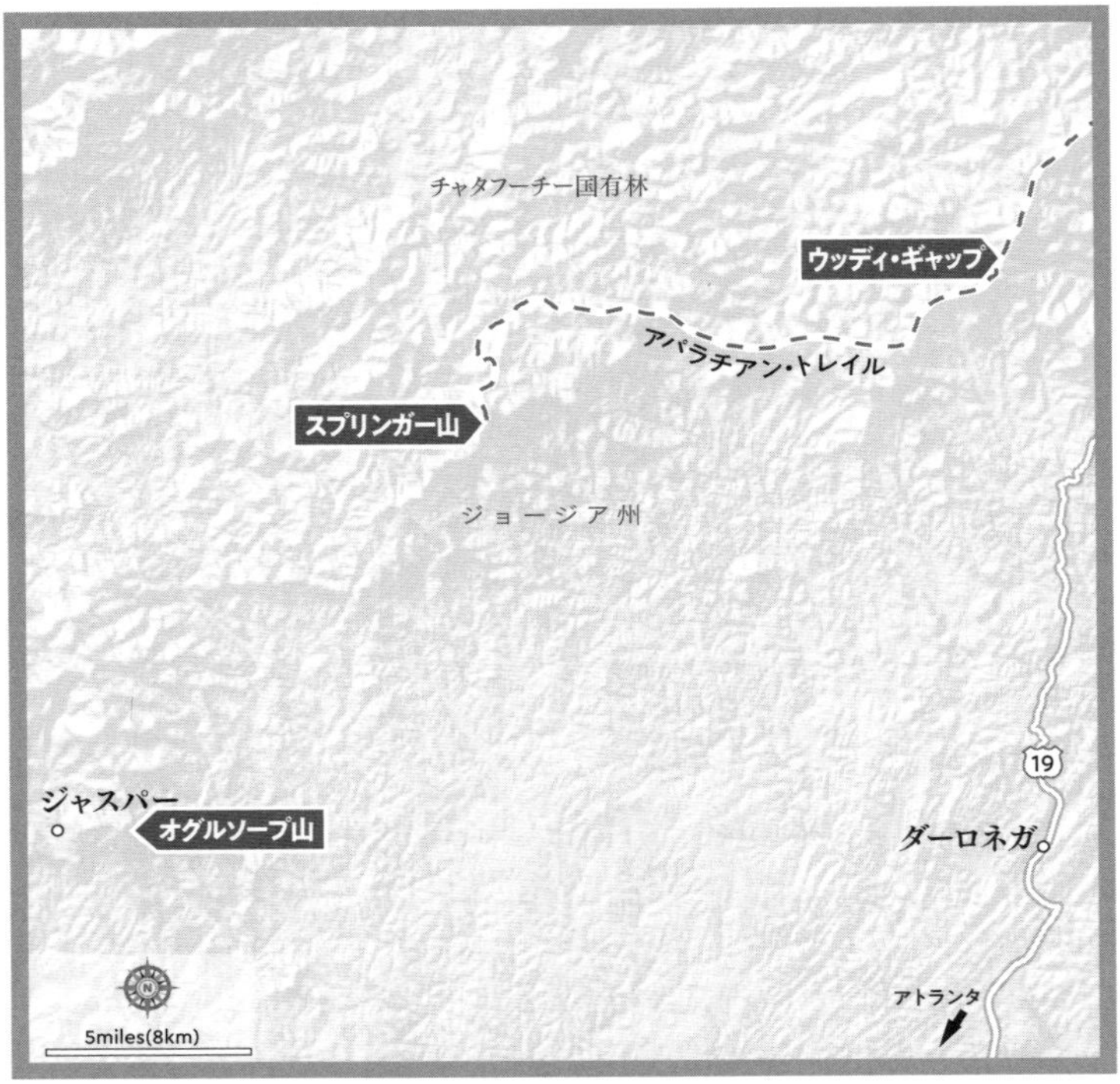

ところだとその人が教えてくれた。行ってみたが店は見つからなかった。夜の帳《とばり》が落ち、彼女は初めてたった一人で暗闇の中にいた。

　トレイルは道を折り返すように曲がっていたが、エマは白い目印《ホワイト・ブレイズ》〔アパラチアン・トレイルの目印は5×15センチの白い長方形のマーク〕に気づかずそのまま砂利道を歩き、3キロほど行くと農家が一軒あった。ミーラーという老夫婦が親切にもその晩は家に泊めてくれた。道を間違えていなければ、何が起こるかわからない森の中で眠らなければならないところだった。

　翌朝、太陽が青い霞を丘の上に

かける早朝、ミーラー夫妻に感謝を伝えてからエマは出発した。折り返しのところで間違えたことはわかっていたので、来た道を3キロ戻った。道沿いにずっと、オールスパイスのような匂いのするクロバナロウバイが美しい花を咲かせていた。トレイルに戻ると、稜線に出るまで重たい身体を引っ張り上げ、そこからは平らな区間を一歩一歩、老体に鞭打って暗くなるまで24キロ歩いた。農作業をして育った身には、まだこの程度の痛みならばどうということもなかった。

段ボールでできたオンボロ小屋のようなものが偶然あったので、エマはそれを分解して一方の側に強風を遮る壁をこしらえ、残りの段ボールを寝床として地面に敷いた。森の中での最初の一夜を過ごすために横になるやいなや、歓迎パーティーが始まった。ゴルフボールくらいの大きさしかない小さな野ネズミが、彼女の周りをカリカリとかきむしり始めたのだ。追い払おうとしたが野ネズミは大胆不敵だった。彼女がやっと眠りにつくと、ネズミは身体の上によじ登ってきた。目を開けると胸の上で仁王立ちしている野ネズミがいて目と目が合った。ちょっと変わった生き物同士が、森の中で見つめ合った瞬間だった。

＊＊＊＊＊＊

エマ・ゲイトウッドがここの土を踏む１００年前、まだトレイルなどできていなかった頃、新世界で最古の山々を越え、チェロキー族の土地を通って、開拓者たちが西へと移動していった。固い意志をもってアイルランドやスコットランド、イギリスからやって来た家族たちが、沈む太陽の方へと馬車を駆って行ったのだ。中には取り残されたまま、その場に定住する人々もいた。

10億年以上前の変成岩や火成岩からなるこれらの山々を、彼らは自分たちの故郷にした。そこはアパラチアと呼ばれた。それは先住民のマスコギー族がアパラチー、「向こう側の人々」と呼ばれたことからつけられた名だった。

その一帯は美しくも険しい土地だった。人々は斧と犂と銃によって暮らしを立てた。豊かな土地ではビーツ、トマト、カボチャ類、エンドウ豆やニンジンを育てることができたが、大部分はトウモロコシだった。1940年代には、教育が不十分で輪作をしなかったことにより、土地の栄養分は枯渇して作物が採れなくなってきた。

しかし人々は山々に縛り付けられたようにそこにい続けた。

これらの初期の入植者たちは、やせた土地の山腹に埋められた。その息子や娘たちのみすぼらしい暮らしは、変化に乏しく型にはまったものだった。アメリカの人口の60パーセントが暮らす土地から車で1日分の距離ではあったが、外の世界とは地形的に切り離されていた。自家製の服を着て、トウモロコシパン、ヒッコリーで燻したチキンや揚げパイを食べた。秋に殺した豚は、ソーセージやベーコンや塩漬けハムになって冬中食卓にのぼった。彼らは日々死の危険を冒しながら鉱山や工場で働き、より豊かな白人たちの家の中を明るくしたり、その子どもたちの服を作ったりした。その一方で自分たちの息子や娘たちはろうそくの灯りで学校の宿題をし、継ぎはぎだらけの服を着ていた。

鉱山や工場の町、小規模の産業が集まった町などが、山と山の間に盛えた。そしてすぐに未舗装の道路や鉄道がこれらの小さな町をつなぐようになった。彼らのほとんどは苦難を乗り越えた生き残りの子孫で、誇り高い人々だった。彼らは天と地の間《はざま》に暮らしていた。鳥の声を聞けば何の鳥かすべてわかり、木の名前も熟知していたし、森の中のどこに薬草が生えているのかも知っていた。教会の讃美歌も全部そらで覚えていて、予定説と自由意志の違い〔予定説は、救済されるかどうかは予め神に決められているとする。そうではなく、人間の意志と力によるというのが自由意志〕も、コーンウィスキーのレシピも知っていた。

彼らは行政の介入に抵抗し、税金が不当に上げられると熊手を振り上げて反乱を起こし、秘密主義を貫いた。１８７０年代後半にラザフォード・Ｂ・ヘイズ大統領がウィスキー税を導入しようとした時、アパラチア地方では密造酒の製造者たちと取締税務官との間で暴力的な衝突が勃発し、それは１９２０年代に禁酒法が制定されるまで続いた。南北戦争後の手ぬるい法とゆるんだ秩序のせいで、誤解や誤射による銃弾で地元の一族は多くの無駄な血を流した。冷たくなった樹液のように恨みがこびりついていた。

アスファルトが低地の上に曲がりくねった川のように敷かれると、自家用車を持つ人々は貧困と苦難の光景を新たに目にすることになった。炭鉱労働者や密造酒製造者たち、そして絶え間ない変化にさらされているこの地域を、アメリカ中の人々が見たと証言するようになった。貧弱な農業技術と採掘作業の機械化による失業のために、１９５０年代には人々がアパラチアから逃げ出し始めた。後に残った人々は、ただ単にやたらと武骨であるか狡猾であったために生き残ったにすぎない。

エマ・ゲイトウッドが通ろうとしていたのはこのような土地だった。愛情と危険、歓迎と悪意が織り成され、誤解されてきた地域を抜ける道だ。このルートはまた、別の人々にしてみれば美しく険しい風景の中を通る最高のトレッキングルートだった。そして彼女は、このルートの立案者や環境保護論者、ルートに目印《ブレイズ》をつけた市民たちの一団といった先人たちの跡をたどる招きを受けることにしたのだ。ある意味では、彼女もその一人、巡礼の一人になろうとしていた。山麓から登ってきた彼女は自分がその土地で何に出会うのか知るはずもなかったが、そこは彼女にとってまったく見知らぬ世界ではなかった。

＊＊＊＊＊＊

５月５日、その日のうちにジョージア州を抜けようと朝９時を少し過ぎて出発した時、エマは脚が痛んだ。もうこれ以上歩けなくなるまで、高地を歩いて行った。足がむくんでいた。新鮮な水が湧く泉の近くにリーン・トゥ〔アパラチアン・トレイルでよく見られるシェルター。木の床と三面の壁があり、片流れの屋根がかぶさっている。差し掛け小屋〕があったので、彼女はそこで汚れた服を洗った。布袋に落ち葉をいっぱいに詰め、ピクニック・テーブルの上にドンと置いて間に合わせのベッドにした。

翌朝、太陽が丘の上に顔を覗かせる前に出発した。チェロキー族の土地の中心部を抜けるトレイル沿いにツツジの花が咲いていて、灰褐色の森の中に太陽の光が差し込むと超自然的なピンクや紫に輝いた。時には道を横切ってオジロジカが優雅に跳びはねて林の中に消えていくのを、はっと歩みを止めて見つめた。また時にはアメリカマムシが落ち葉の中でとぐろを巻いているのに気がついて、邪魔をしないように息をつめて遠巻きにした。

その晩、エマは町の人が恵んでくれたバターミルクをすすり、トウモロコシパンを食べた。そして神の家であるダブルヘッド・ギャップ教会で一夜を過ごした。場所によってはそんなこともあったのだ。そういう場所では誰かが氷で冷やす冷蔵庫や教会のドアを開けてくれ、くつろがせてくれた。しかし、すべての場所がそうだったわけではない。

翌日再び彼女は出発し、塹壕《ざんごう》が掘られ、有刺鉄線が山中に張り巡らされた軍事基地の横を通った。それは自然と人間の野蛮さが並列する現実離れした眺めだった。ウッディ・ギャップ〔ギャップは稜線の切れ込み、峠〕を抜けて州境に近づいた。疲れた顔をした雑種の老犬がついてきたが、そんな連れができても気にしなかった。

エマは山を登り、山頂に着いた時には午後7時を過ぎていて、太陽が沈もうとしていた。すぐどこかに寝場所を見つけなければならなかった。沢に沿って谷を下って行くと、数軒の小さな家があった。小汚い人家ではあったが、寝床のひとつくらい、あるいは干し草の束でも与えてくれるかもしれない。朝起きて頭の中から野ネズミをふるい落とすよりはなんであれマシだった。

みすぼらしい家の庭で、薪割りをしている女性がいることに気づいた。その髪は何週間も櫛《くし》を入れていないように見えたし、身につけているエプロンは汚れで固まっていて、そのまま置いても自立するのではないかと思うほどだった。顔は垢だらけで、噛みタバコをくちゃくちゃと噛んでは時折土の上に吐き出していた。

エマが近づくと、女性は動きを止めた。

「ひと晩泊めてもらえないですか」とエマは尋ねた。

「今まで誰も追い払ったことはないよ」と女性は言った。

彼女の後についてポーチに行くと、老人が物陰に座っていた。老人は女性に比べて少しも汚れておらず、知的な様子で疑い深そうだった。トレイルを歩くうえでここが難しいところで、赤の他人に一夜の宿を求めなければならない。エマはそんな交渉が必要になるとは思いもよらず、こうした場面に備えていなかった。それでも他人の家のポーチに上がり込んだ彼女は、怖気づいていたというよりむしろ困惑していた。彼女は老人に名前を告げた。

「身分証はあるのかい？」と老人は尋ねた。

エマは布袋から社会保障カードを出すと彼に手渡した。老人がそれを眺めている間に、後をついてきた雑種犬はポーチに自分の居場所を見つけたようだった。エマは自分が言ったとおりの人間であることの証に、家族の写真、子どもや孫たちの写真も取り出して見せた。だが老人はまだ疑っていた。

「お前さんの旅は連邦政府《ワシントン》から金が出てるんじゃないのか？」と老人は言った。

「いいえ」とエマは答えた。

これは自分のためで、ゴールまで3300キロを歩き通すつもりであること、今日は一夜の宿が必要なだけなのだということを告げた。

「お前さんの家族は賛成しているのかね？」

「家族は知りません」とエマ。

彼はエマを眺めた。先細のダンガリーズボンにボタンつきのシャツを着て、くしゃくしゃの長い白髪頭の老女だった。薄い唇に肉付きのよい耳たぶ。目頭に影をつくるほど突き出した額。もう何日も鏡を見ていなかったが、ひどい格好をしているに違いないとエマは思った。

「じゃ、家に帰った方がいい」と老人は言った。「ここには泊められない」

喧嘩をしても仕方がない。自分が今どこにいるのかエマにはよくわかっていた。肩に布袋を担ぐと、老人とその疲れ切った妻とに背を向けて彼女は再び歩き出した。

2 おうちに帰りな、おばあちゃん

1955年5月10日〜18日

チェロキー族はもうここにはいない。大部分は銃口を突きつけられてオクラホマへ移住していった。だが、ジョージア州北部に太古から存在するブルーリッジ山脈の峠という峠には、彼らの伝説が今もなお息づいている。

先住民チェロキーの創世神話では、はじめに大地は天から4本の細縄で吊るされていて、その表面は水で覆われていた。ある時一匹のゲンゴロウが水の中に飛び込むと泥が上がって陸地ができ、それが四方へと広がっていった。地上に住むことができるかどうかを確かめるために、天界から次々と使いが訪れた。最後に大きなハゲワシが調べにやって来た。ハゲワシが疲れて地表すれすれに低く飛ぶと翼が地面をかすめ、下に打ちつけた時に谷をつくり、上にいく時に山をつくった。それがこれらの山々だった。
大地がすっかり乾くと動植物が現れ、七晩のあいだ眠らずに新しい生息地を用心深く見守っておくようにと言いつかった。最初の晩は皆起きていたが、次の晩には眠ってしまう者もいた。三晩目になるともっと多くの者たちが、そしてまた次の晩にはさらに多くが眠ってしまった。最後の七晩目まで目を覚ましていられた植物は松、トウヒ、月桂樹、ヒイラギ、そしてビャクシンだけで、それらの植物には薬効成分と常緑の葉という褒美が与えられた。その他の植物は罰として毎冬「毛」を落とすようにされた。動物の中ではパンサーとフクロウ、その他数種の者たちだけが見張りを怠らなかった。彼らは褒美として夜の闇でも見える目を与えられ、夜を制するようになった。

暗闇が訪れていた。エマは心細くなり、できるだけ速く歩いた。トレイルは山を越えて伐採用の細い林道に続いていたので、なるべくその真ん中を歩くようにして急いで行くと、大きな機械が置かれた小屋があった。夜の10時半を回っていた。エマは中に入り込んで毛布を広げるとドアを閉めた。犬の吠え声、そしてピックアップ・トラックの音が聞こえたが、彼女はじっと静かにしていた。朝になって目が覚めてから外に出てみた。夜明けの柔らかな光の中で見渡すと、どうやらサマー・キャンプ［長期の夏休みに子どもを対象に行われるキャンプ］のど真ん中に入り込んでしまったようだったが人の気配はなく、ホイッスルを鳴らす指導者もいなければ朝の体操に励む子どもたちもいなかった。

エマの子どもたちは、彼女がここにいることをまったく知らない。11人の子どもたち全員がアパラチアン・トレイルのことを知っているかどうかわからなかったし、彼女がどれほど強くこのトレイルに惹かれていたかも、今まで単独で全行程を歩き通した女性はいないという事実が彼女にとってどんなに魅力的かということも知らなかった。

子どもたちは、エマが歩くことが好きなのは知っていた。ガリア郡の丘陵を歩き回っては、森の静けさや安らかさに畏敬の念を感じていたのも知っていた。自分たちがまだ幼い頃いっしょに森の中を歩き回り、鳥の声に耳を傾けるよううながされ、ブラックベリーの茂みのそばにいる蛇に気をつけることや野生の植物の薬効成分について教えられたことも覚えていた。それはまるで子どもたち自身が旅に出る時のための準備のようでもあった。

こぶしを握りしめるようにして何年も仕事を続けながら、エマの決心はますます堅固になりはしたが変わることはなかった。彼女はシダやギャラックス〔イワウメ科〕、ヒカゲノカズラやポドフィルムの間を抜け、オークやヒッコリーやポプラの木々がたくさん生えている一帯を抜けて歩き続けた。花がぽつぽつと咲いていた。赤根草《ブラッドルート》、エンレイソウ、スミレ、ヒナソウ、アツモリソウにイワブクロ。森の端に近づくと、何かが彼女を招いているように見えた。これから先３０００キロを歩いても再び出会うことはないであろう何かが、まるでチェロキー族からの贈り物のように彼女を招いていた。それはピンクのハナミズキだった。

その年、エマは誰にもこの長距離徒歩旅行の計画を話していなかった。もし話せば心配され、止められると思ったからだ。その前年の出来事、自分の失敗についてさえ話してはいなかった。それも秘密にしておきたかったのだ。彼女と神との、そして命を救ってくれたメイン州のウィルダネス〔自然が保たれている原生地域。アメリカには手つかずの自然を残すための原生自然法（ウィルダネス・アクト）があり、この法律により現在では750ヶ所以上の原生自然地域（ウィルダネス・エリア）が指定されている〕にいるパーク・レンジャーたちとの約束だからだ。

＊＊＊＊＊＊

エマが初めてこのトレイルのことを知ったのは、地元の医院の中でだった。そこに1949年8月号の『ナショナル・ジオグラフィック』誌が置いてあり、見開き19ページにわたるカラー写真は別世界への窓だった。写真に写っていたのは、アパラチアン・トレイルの目印《ブレイズ》が描かれた木にしがみつく子グマ、メイン州で森林限界より高く、地衣類が模様を描いている岩々を上半身裸になってよじ登る男たち、ヴァーモント州のシャーバーン峠のてっぺんの岩の上に立つティーンエイジャー、グランデュア・ピークで下界を見下ろすハイカーたち、ニューヨーク州のベア山近辺で岩の割れ目を少しずつ進む「女性ハイカー」などだった。そこにはこんなことが書かれていた。あるハイカーが、グレート・スモーキー山脈の深い渓谷を見下ろすと、やせた男がトウモロコシ畑を鍬で耕していた。断崖絶壁でその窪地に近づくことは不可能に思えたので、ハイカーはその男に向かって叫んだ。「どうやってそこまで降りるんだい？」。返ってきた答えはこうだった。「わからないね。オレは生まれた時からここにいるから」

「人を元気づけ、歩きたくなるトレイル」は大型トラックが通れるほど幅広く、食料も手軽に手に入り、一日歩けば次のシェルターに到着できるくらい数多くのシェルターがトレイルのすぐ脇にあると書かれていた。

「アパラチアン・トレイル、通称ATは、アウトドアの男たちの世界では7つの驚異のひとつと言われるほど評価の高い、公共の道だ」と記事は謳いあげた。「地平線の向こうにカナダがあるカタディン山から、遠くアトランタの街の灯を見渡すオグルソープ山まで、『イチ、ニ、イチ、ニ！』と歩いていくことができる」

エマは夢中になった。

「健康な人なら誰でも楽しめるようにつくられ、旅をするのに特別な技術やトレーニングは要らない」とあった。

この記事が出た1949年の時点では、全行程を一気に歩くスルーハイクを行ったと公式に報告したのはたった一人、アール・V・シェイファーという29歳の兵士だけだった。よく知られたシェイファーのこのハイク以後の7年間に、同じようにスルーハイクできたのはわずか5人だけだった。しかも男ばかりだ。

エマはそれを変えてやろうと思った。

「66歳とはいえ、やってみるだけのことはあると思った」と彼女は日記に書いた。

この計画のことは誰にも話さず、自分が必要不可欠だと思う物を集めたが、それらは3000キロのハイクに持っていくべきだと一般に考えられている物ではなかった。それまでの人たちは、通信販売で注文したリュックサック、寝袋、テント、携帯用調理キットなどを持っていた。エマは違った。彼女の小さな布袋の重さは、8キロにも満たなかったのだ。

5ヶ月の旅に出かける準備ができたのは1954年の7月だったので、北から南へ寒さと競争するように南下しようと思った。ガリア郡を朝6時15分に出るピッツバーグ行きのグレイハウンドバスに乗り、ピッツバーグでマンハッタン行きのニューヨーク・エクスプレスに乗り換えた。そこからまたバスに乗って、メイン州オーガスタに翌日の朝早くに到着した。オーガスタからさらにバスでバンゴーに行き、そこのペノブスコット・ホテルにチェックインして1泊し、宿泊費4ドル50セントを支払った。

翌7月10日、ピットマン・キャンプまでタクシーに乗り、10時半頃に着いてからトレイル北端のカタディン山に登った。3時間半後、エマは暗くなるほんの少し前には下山していた。若いカップルが、炙って焼いたホット・ドッグと、糖蜜を加えて調理した豆と塩漬け豚を分けてくれた。それから毛布を広げ、カタディン・ストリーム・キャンプ場のリーン・トゥの屋根の下で、小川のせせらぎを聞きながらエマはいつの間にか眠っていた。

翌朝、太陽の光が谷間に届く前に、パーク・レンジャーに1ドルを渡して、スーツケースをオハイオに送ってほしいと言い残してから、エマはペノブスコット川の西側の支流にある釣りや狩猟のための小屋《スポーティング・キャビン》、ヨーク・キャンプへと出発した。数キロ歩いたところで荷物の中の服が多すぎると思い、ヨーク・キャンプにいた人たちに余分な服を詰めた箱をオハイオまで送ってほしいと頼んだ。

そこからさらに21キロほど先のレインボー湖まで歩いた。キャンプ場では気立てのよい家族が、むさ苦しい年寄りのエマをローストビーフとパイでもてなしてくれた。彼女は次の日をオフにして、もう1泊することにした。

その次の朝早くエマは出発した。風化して腐りかけた道標のところで、彼女は間違った道を行ってしまった。アパラチアン・トレイルには白い目印《ホワイト・ブレイズ》がつけられていて、大きく遠まわりしていくのを知らなかったのだ。正午少し前、森を抜けて大きなシダが一面に生えている場所に出たところで、彼女は道に迷ったことに気がついた。1時間半ほどウィルダネスの中で正しい道を探したが、見つけることはできなかった。開けた場所に小山があったので、そこで焚き火をして地面に横になった。口笛を吹いて、歌も少し歌った。そして持っていたレーズンとピーナッツをかじった。

「これが私の最後になったって構わない。ここはどこにも引けをとらないくらいよい場所だった」と彼女は日記に記した。

昼食がすむと、エマは水を求めて獣道をたどり、ウィルダネスの奥へと進んで行った。夏の植物が繁茂していて、彼女の姿はすぐに見えなくなった。夜になり、岩があったのでそこで横になって休もうとした。雨がザーッと降ってきた時には、立ち上がって雨雲が通り過ぎるのを待った。

翌日は別の道をたどってみた。大事なエネルギーを使ったにもかかわらず2日目も無駄に終わり、どの道もトレイルにつながってはいなかった。食料の持ち合わせも少なくなってきた。ひっくり返したボートが常緑樹に立てかけてあったのを見つけ、その下にシダを敷いて寝床を作った。他のハイカーやバクスター州立公園のレンジャーたちに危急を知らせられるかもしれないと思い、火を熾した後、コーヒー缶に入れた水をかけて消し、狼煙を上げてみた。だが誰もやってこなかった。

そこで、小さな池で水浴びをすることにして、岩の上にメガネを置いた。ところが置いた場所を忘れ、誤って踏んづけて片方のレンズを壊してしまった。バンドエイドで直してみたが、かろうじて物が見える程度だった。

さらに2、3時間、夜の11時まで火を焚き続けたが、薪も少なくなってきたし、疲れてきた。最後の食料を食べ、休もうとして顔をブヨに刺されないように覆いながら横になった。その時、音が聞こえてきた。

飛行機が木々の上を低く飛んでいるのが見えた。プロペラの音が山々を叩くようにこだましていた。彼女は飛び起きて、飛行機から見えるようにと白い布を振った。だが飛行機は行ってしまった。

再び横になると、エマは目を閉じた。もう食べ物もないし、希望もない。出発してからわずか48キロしか行っていないのに、広大なウィルダネスの中で道に迷ってしまったのだ。家に帰ったら人々に何と言えばよいのだろう？　無事に帰れたとしたらの話だが。一体どう説明すればよいのだろうか？

彼女は知らなかったが、レインボー湖のレンジャーが13キロ離れた次のキャンプ地に、エマが到着したら連絡を乞う、と無線で通信していたのだ。エマが姿を現さなかった時点でレンジャーたちは捜索を開始していた。

エマは栄養になるかもしれないカタバミを探したが、見つからなかった。チョークベリー、ブルーベリー、クランベリーの時期にはまだ早く、花も咲いていなかった。もう一度トレイルを見つけてみようと、荷物をまとめて元来た道を戻り始めた。幸運か奇跡か、キャンプに戻る道が見つかった。何時間も歩き続けてようやくレインボー湖に夜の7時に到着すると、そこでは男性数人が蹄鉄を投げて遊んでいた。

バクスター州立公園の4人のレンジャーは、エマのことを必死に捜索した。エマが道を探しに出ているあいだに、彼らは偶然エマが野宿した場所を見つけ、焚き火の跡も発見していた。林の中を捜し回って名前を呼んだのだが、エマの耳には届かなかったのだ。

「レインボー湖へようこそ」と男性たちの一人が言った。「行方不明になっていたね」

「行方不明じゃなくて、場所を間違えただけよ」とエマは言った。

レンジャーたちはいずれも男性で、気を悪くした。もう家に帰るべきだと彼らは言い始めた。

「自分の母親だったら、こんなことをしてほしくないな」と一人は言った。

メガネは壊れ、食料もなく、所持金もわずかだった。彼らの言うとおりかもしれない。もうやめた方がいいのかもしれない。

2人のレンジャーがエマを単葉機で、バクスター公園の管理責任者が待っている近くの湖まで連れていってくれた。責任者は彼女をミリノケットの鉄道駅まで連れていき、バンゴーに戻る列車に乗せた。バンゴーの町では、ふらふらと通りを歩く彼女を人々が横目で見た。それから、はるか昔のような7日前に泊まったペノブスコット・ホテルに入っていった。

カウンターの奥の男性は、ホテルは満室だと言った。

「他はあたってみましたか？」と彼は尋ねた。

「いいえ、先週ここに泊まったものだから」と彼女は言った。

男性はカウンターの上にあった紙を何枚か探しまわった。

「あの部屋は今晩は使わないでしょうから、お泊まりください」と彼は言った。

ベルボーイがエマを部屋まで案内した。

「私のことを覚えていない？」と彼女が尋ねると、

「覚えています」と彼は答えた。

「山に登ってきたところよ」と彼女は言った。

部屋のドアを閉めて袋を置くと鏡の前に行った。自分を見つめ返すこの女が誰なのか、自分でもわからないほどだった。壊れたメガネ。ブヨに刺された目の縁が跡になっている。セーターは穴だらけだったし、髪の毛はくしゃくしゃ。むくんだ足。まるで排水溝から出てきた酔っ払いみたいだと自分でも思った。放浪者そのものだ。66歳の落伍者だった。

このことは誰にも言うつもりはなかった。

＊＊＊＊＊＊

今回はあの時とは違う。苦い体験をして彼女は学んだのだ。

ジャレットという名の男女の車に乗せてもらったのは、トレイルを歩き始めてから8日経った時だった。彼らはトラックの荷台から落ちた肥料を拾いにきていた。2人はエマを家に泊めてくれ、翌朝トレイルを離れた同じ場所まで送り届けて、トウモロコシパンをたくさん持たせてくれた。その日エマは32キロ歩いてようやくハイタワー・ギャップに着いた。春の嵐がやってきていた。コンクリート製のピクニック・テーブルの下に板を敷いて寝床にしたが、雨に濡れないようにするには一晩中寝返りを打つ以外にどうしようもなかった。

翌朝出発して、5月14日にとうとう州境を越え、ジョージア州をあとにした。ノースカロライナ州の最初の山に登り始めると、太陽がエマの首筋をじりじりと照らしつけた。疲れていたので、落ち葉をかき集めて少し昼寝をすることにした。目が覚めると、まるでリップ・ヴァン・ウィンクル〔山の中で酒に酔って寝入ってしまい、目を覚まして山を下りると20年もの月日が経っていたという、ワシントン・アーヴィングの短編の主人公〕になったような気がした。

その日の午後、また嵐が近づいてきた。森の中でカウベルがカランカランと鳴る音と、遠くで豚を呼ぶ人の声が聞こえた。どこか泊まれるところが近くにあるかもしれないと思い谷を下ったが、人っ子一人いなかった。家もなく、豚もいなかった。

エマが通り抜けようとしているこの地域は秘密主義が横行し、外部の人間を信用しない土地柄だった。広々とした美しい景色の中で、お堅い政府の役人と山の住民とが終わることのないいたちごっこを繰り返してきた。この人里離れた山の中では、合法的な手段では人一人がどうにか食べていくことしかできなかった。もっと豊かになりたかったら、豚数頭と岩だらけのトウモロコシ畑以上のものが必要だった。だが山は災いと同時に恵みももたらした。というのも、深い森、高い峰、狭い谷が数々の秘密活動の自然の隠れ蓑になってくれたからだ。その中の主要なものは密造酒づくりだった。石灰岩の奥から限りなく湧き出る澄んだ冷たい水がその大本だ。そして低く覆う青い霞が、麦芽汁《もろみ》を作るために燃やすヒッコリーの煙をごまかしてくれた。こうして違法に製造されたアルコール度数50度の密造酒《ホワイト・ライトニング》はおんぼろ車のトランクに積まれて、デトロイト、シカゴ、インディアナポリスのような中西部の大都市に向かっ

て流れて行った。地元の保安官は見て見ぬふりをするのが常だった。蒸留所に切り込むのは得策ではなかった。しかし州政府は、チャンス——特に課税するチャンスがあると見た。しかも頻繁に。課税できなければ手錠をかけてしまえばいいというわけだ。そうして叫び合い、弾丸が飛び交う争いがしばしば沸き起こったのだった。

　エマは禁酒家だった。コーヒーさえ飲まず、彼女はそのことを大いに誇りに思っていた。必ずきっぱりと断ることで、飲酒に対する彼女の戒めは言わずもがなだった。そんな彼女もこの地域をのみ込んだ争いのことは知っていて、ここを通り抜ける際には気をつけるつもりだった。

木の後ろから突然人が現れると、エマはびっくりして尋ねてみた。

「この辺に家があるの？」

「この辺にはないね」とその人は言った。

彼はミスター・パーカーと名乗った。そしてもう一人近づいてきたのは、バーチ氏だった。彼らは森の中で放し飼いにしている豚たちの様子を見にきているのだと話した。豚は一頭ずつカウベルをつけていて、彼らはここから数キロ先のリーン・トゥでキャンプしているのだと言った。そこまで歩いて行けるならばそこに泊まっていったらいい、と2人は言った。

なかなかよさそうな人たちだった。エマがそうする、と答えると、バーチ氏がエマの荷物を運んでくれた。到着すると、そこにもう一人加わった。エンロー氏だ。彼らはエマに寝床用の藁をくれ、彼女の濡れた服を火のそばで乾かさせてくれた。

朝、朝食を食べると男性2人は、夕食までに戻ると言って出かけていった。後に残ったのは、エマとバーチ氏だけだった。その日は痛む脚を休めるために、一日休むことにしていた。朝食の残りのゆでたジャガイモを使ってポテトケーキを作ってくれないかと頼まれたので、エマは小麦粉と卵をジャガイモと混ぜてパテを作り、それをフライパンで焼いた。自然と一体になり心の平安を得ようとしてトレイルにやってきたのに、ここへ来て男たちのために家事仕事をするはめになった。

その日の午後、森林管理人と猟区管理人がたまたま訪れた。2人はエマのことをバーチ氏の妻だと勘違いした。エマは当惑したが、あえて訂正しなかった。トレイルに来て何をしているか説明したくなかったのだ。なぜ歩いているのか、何から離れてきたのかということについても話したくなかった。

＊＊＊＊＊＊

彼がエマを見初めたのは暗がりの中だった。

肌寒い晩のことで、エマはオハイオ州クラウン・シティーにある教会から家まで歩いて帰るところだった。彼はディックと名づけた馬に乗ってエマに近づいた。エマのいとこのキャリー・トローブリッジは町で彼と面識があったので、2人を引き合わせた。

P・C・ゲイトウッドはオハイオ州ガリア郡の女性たちの注目の的だった。細身で、顔はうっすらと日焼けし、茶色の短髪だった。筋金入りの共和党支持者で富豪の御曹司、地元では特権階級だった。少なくとも一家はそのように振る舞っていた。家族はガリポリスの町に家具工場を持っていた。26歳、エマより8歳年上で、世慣れている上に貴族的にすら見えた。オハイオ・ノーザン大学で教職の資格を取り、その地域では数少ない大学の学位取得者だった。彼は近くの複式学級の学校で、子どもたちに読み書きを教えていた。

馬に乗っていかないかと彼は誘い、エマはそれを受け入れた。彼はエマが馬のディックに乗るのを手伝った。男の人の後ろで馬に乗ったのは初めてだったので、道をギャロップで進むとほとんど落馬しそうになった。P・Cの腰に手を回すなどもってのほかだった。

その冬、そんな風にして彼がエマを家まで送ることが数回あった。葉を落とした木々の曲がった枝の影が、低地に模様を描いていた。だが、エマには彼の身体に手を回す大胆さはなかった。そういうことは適切ではなかったのだ。ある晩、彼女が落馬したことがあった。馬の後ろから滑り落ちてしまったのだ。P・Cは彼女に手を差し伸べて、再び馬の背に上がれるまで待っていた。

冬はやがて春になり、P・Cはもっと積極的になった。エマは彼との将来についてあまり考えたことはなかったが、3月に入ると彼は急に本気になってきた。そしてある日突然、結婚を申し込んだのだ。なぜ彼がこんなに急ぐのかエマにはどうしても理解できなかった。彼は今すぐにでも結婚したいようだった。だがエマにはまだ心の準備ができていなかった。彼女は時間を稼いで、じっくりと2ヶ月は彼を待たせた。

育った場所は近くても、異なる世界で生きてきたかのように2人の生い立ちは違っていた。エマは1887年10月に、マーサーヴィルの近くの、川の分岐から1キロ半ほど離れたところにある小さな家で生まれた。納屋と井戸があったが、美しいとはいえない崖が目に入る場所だった。それでも子どもたちは丘の上で遊ぶことができた。子どもの数はその当時は12人で、両親は家でする仕事がない時だけ子どもたちを複式学級のコーファー・スクールに行かせた。だが、学校に行けることはめったになかった。

エマの父、ヒュー・コールドウェルの両親はスコットランドから農地を求めて渡ってきた。彼は北軍で鍛え抜かれた南北戦争の退役軍人で、敵の居場所を見つけるために戦闘の最中《さなか》に石の壁から頭を出していたことで有名だった。その後、負傷して片脚を失った。戦争が終わると、ギャンブルとウィスキーが好きな堕落者とみなされるようになった。エマの母、エヴリン・エスター・トローブリッジは英国系で、1620年代にアメリカにやってきたトローブリッジ一族の末裔だった。独立戦争時にトーマス・クラーク大尉のダービー歩兵中隊に所属し、イーサン・アレン将軍のグリーン・マウンテン・ボーイズ〔イーサン・アレンはアメリカ独立戦争初期の活動家。ゲリラ組織、グリーン・マウンテン・ボーイズを指揮した〕とともに戦ったリーヴァイ・トローブリッジとはそれほど遠縁ではなかった。

エマは18の歳になるまでにかなり様々な体験をした。姉のエタが洗濯をしようとやかんで湯を沸かしていた時に火の粉が飛んで服に燃え移ったことがあり、その時の火傷の跡がまだ残っていた。エマの母は鳥の羽根を使って薬を塗ってくれた。ブラックホー〔ガマズミ属〕の木の実を食べ、納屋の周りを駆け回っていとこたちを追いかけた。一家がガイアン・クリークに程近いローレンス郡プラットフォームに移った時、父親は新居を建てるつもりだった。基礎の石は設置したが、その後、家を建てるまでには至らなかった。一家は代わりに丸太小屋で暮らし、父親はフロントポーチに追加の寝室をこしらえた。子どもたちは4人でひとつのベッドに眠り、冬には板葺き屋根から吹き込んだ雪が解ける前に布団をゆすって落としたものだった。両親が見ていない時には、子どもたちはフロントポーチからおしっこをした。

母親はその家であと3人子どもを産み、子どもたちは女10人男5人の総勢15人になった。暑い午後にはみんなで川に入って服を濡らしてから、トウモロコシ畑に鍬を入れたり、豆を植えたり、タバコの害虫駆除や余分な吸枝〔地下茎の一部が地上に現れた子株〕の除去をしたり、サトウキビや麦の収穫をしたりした。服が乾くまで働き、乾くとまた川に入って同じことを繰り返した。ある時エマはカボチャの種を植えるように言われたが、単調な仕事に嫌気がさして、ひと山にひとつかみずつまとめて植えてしまった。すると種がすべて発芽して、彼女の小さな秘密はすぐにばれてしまったのだった。

日曜日の朝は一番よい服を着て、プラットフォームの日曜学校へ1キロ半歩いて行った。教会の後、子どもたちは若木の細い枝に登っては、つたって地面に下りたものだ。野の花を摘み、崖という崖に登り、低木につかまりながら崖を降りて小さな洞窟を覗きこむようなこともした。牛小屋に来るスズメの尾羽に塩をかけると捕まえられると姉たちが言うと、ある日曜日にエマは何時間もねばってスズメの尾羽に塩をかけようとした。

子どもたちはよく、マルハナバチの巣の横に水差しを置いてから巣をたたいた。ハチが巣から飛び出して水差しの中に入っていくと、すぐに子どもたちは巣の中に手を突っ込んで生の蜂蜜にありつくのだった。

農場の仕事があったので学校に行くことができたのは1年のうち4ヶ月だけだった。時にはそれが2

ヶ月になってしまうこともあった。ガイアン・ヴァレー・スクールの外にはガチョウが守衛のように立っていて、子どもたちがやって来るのが見えると首を伸ばして羽ばたきし、子どもたちを追い払おうとした。ガチョウのくちばしが当たって泣く子が出ることもあった。

1900年、エマが13歳の時、父親は農場を売り、ラクーン・クリークのワイズマン側にある別の農場を手に入れた。アズベリー・メソジスト教会から1キロ半、ワグナー郵便局から1キロ半の距離にあるところだった。子どもたちはブレッシングの学校に行ったが、みな勉強が遅れていた。がんばってようやく追いつくことはできたが、その学校は8年生までしかなかった。

エマが17歳の時、父親が仕事中に転んで、よい方の脚を折った。母親がガリポリスにある病院まで連れて行き、父親は2ヶ月間入院した。エマは学校に行かずに家に残って仕事をした。朝食前に牛の乳を搾り、土曜日には洗濯をした。兄弟たちが豚を殺すと、エマがソーセージやラード、ヘッド・チーズ〔豚の頭や足を細かく刻んで香辛料とともに煮てゼリー状に固めた料理〕を作った。母が家に戻ると、家がすっかり片付いているので驚いた。エマは修繕から料理、掃除まで、すべてをこなしていたのだ。

1906年、18歳になったエマは、8週間家を離れてオハイオ川の対岸にあるウェストヴァージニア州ハンティントンにハウスメイドとして働きに出た。彼女はその仕事が嫌で、できるだけ早く家に戻った。その夏、いとこのキャリー・トローブリッジが、シュガー・クリークに住む祖母のピケット夫人といっしょに暮らしてもらえないかと頼んできた。週の手当ては75セントで、エマの仕事は搾乳、洗濯板

グリーン・タウンシップにある
ブレッシング・スクールの前で。
エマは左から3番目。17歳の頃
（ルーシー・ゲイトウッド・シーズ提供）

での洗濯、アイロンがけ、掃除、鶏の餌用にトウモロコシの粒を外す作業、料理に使う石炭の運搬、そして食器洗いだった。

エマがP・Cに出会ったのはその頃だった。

エマは親元を離れており、彼が結婚を申し込むと、彼女はP・Cと距離を置くようにした。だが、なかなか手に入らないことにうんざりした彼は、エマが彼の妻になることに同意しないなら西部に旅立って二度と戻らないぞと言って脅した。彼女はしぶしぶイエスと答えた。

エマは学校をやめ、家に戻って

服を何着か持ち出すと、叔母のアリス・ピケットの家に向かった。そこではP・Cが、エマの伯父、エイサ・トローブリッジといっしょに待っていた。1907年5月5日、2人は誓いの言葉を交わし、エマ・コールドウェルはP・C・ゲイトウッド夫人になった。

豪華な晩餐で祝い、幌付き馬車に乗ってオハイオ川を遡りガリポリスへ、そこからさらに母の家があるノーサップへと向かった。彼らが結婚初夜を過ごしたのは、ベッドシーツで急ごしらえしたその家の部屋だった。それからP・Cが持っている、シュガー・クリークを見下ろす丘の上の丸太小屋に行った。

ハネムーンの期間が過ぎて間もなく、P・Cはエマを自分の所有物のように扱い、彼の仕事をさせるようになった。モップがけ、フェンス作り、タバコの加熱処理、セメントの混錬のような仕事だ。それはエマが思い描いていたことではなかったが、できるだけのことはしようと努力した。

P・Cがエマを痛めつけたのは、結婚してから3ヶ月経った頃だった。

＊＊＊＊＊＊

グレート・スモーキー山脈以南のトレイルの最高地点、スタンディング・インディアン山は標高1600メートル以上の高さに屹立している。まる一日休息を取り、リーン・トゥの干し草のベッドでぐっすり眠った後、残っていたポテトケーキの朝食を摂り、男性たちと豚に別れを告げてエマは先へと

P・Cとエマ。結婚してすぐの頃
（ルーシー・ゲイトウッド・シーズ提供）

歩いた。ケッズのスニーカーを履いて一歩一歩歩き続け、午前の半ばに山頂に到着した。

その山は、ここを住処とする翼を持つ大きな生き物について語るチェロキー族の伝説にちなんで名づけられていた。稲妻が山頂を砕きその生き物は死んだが、戦士もひとり雷に打たれて石になってしまった。草木も生えない絶壁の上にかつて奇妙な形に突き出た、人のように見える岩があり、山の名はそこから来ていた。

登るのに1時間半かかった。背後にはジョージア州のブルーリッジ山脈の素晴らしい景色があった。

ディープ・ギャップ、マスクラット・クリーク、サッサフラス・ギャップ、ブライ・ギャップを越えて、エマはそこから歩いてきたのだ。彼女の足は医者に診てもらう必要があったがここでやめにするのは早すぎたし、地図さえ持っていない彼女にも、これまでの旅の中での最難関部はこのすぐ先だということがわかっていた。

ビーチ・ギャップとベティ・クリーク・ギャップを抜ける長い道を過ぎてからアルバート山の登りにかかったが、ほとんどの行程では切り立った岩を這い上がり、なるほどこの13日間で一番難儀な登りだった。

その晩、32キロを歩いた後で、彼女はトレイルからさらに3キロほど外れたところまで行って、その夜の居場所を見つけた。ホワイト・オーク・フォレスト・キャンプに無人のリーン・トゥがあったのだ。寒い夜だったので火を熾そうとしたが、マッチが湿っていて火はつかなかった。彼女は小屋の隅に丸くなり、毛布にくるまって震えながら眠りについた。

翌朝は雨だった。そこでトレイルまで歩く代わりに、猟区管理人の小屋に行って自己紹介をした。管理人の名はウォードループといった。管理人夫妻は、町に戻るついでに車で3キロ走ってエマをトレイルまで連れて行ってくれた。彼女はそこからゆっくり歩き始めたが、雨は一日中降り続いた。ワヤ・キャンプに4時に着くと、小さな火を熾して濡れた服を乾かした。最寄りのリーン・トゥは土間になっていて寒かったので、長めの板を火で温めて、その上に横になった。板が冷たくなると、また火で温めるということを繰り返した。

翌朝、6時を10分ほど過ぎて出発した。早起きのナンタハラの鳥たちが出迎えてくれた。ナンタハラは、「日中の太陽の土地」という意味のチェロキー語だ。16世紀にはスペインの征服者エルナンド・デ・ソトが、18世紀にはナチュラリストのウィリアム・バートラムがこの広大な暗い森を訪れた。バートラムがこの森を抜けた時、彼は「歓喜と驚愕の念に満たされ、山また山が連なる、崇高で荘厳、力強く偉大な景観を見た」。そしてこう続けた。

巨大な雲が今や北から南まで黒い翼を広げ、荒れ狂う風にいやおうなく運ばれて、その鉛色の翼で陰鬱な凹地を覆い尽くすと、恐ろしい雷と火の稲妻が硝煙弾雨と降り注いだ。背の高い木々もその怒りに低くひれ伏し、手足のように突き出た大枝は激しくゆさぶられて互いに絡み合った。山々は震え、よろめいている。古代の山がその基盤からゆさぶられているようだ。怒り狂う嵐が天から降り、すべてをなぎ倒して谷を席巻していた。雷鳴が耳を聾し、大嵐の様相に私は意気消沈してしまった。平原へと急ぐものの、私の馬もこのものすごい大音響に怖気づいていた。

今ここに新たなパイオニアが、擦り切れたスニーカーを履いたむくんだ足で歩きながら、ワヤ・ボールド〔ボールドは木のない山頂のはげ山のこと〕を登っていた。そして20年前に市民保全部隊〔1930年代に行われた失業対策プログラム〕が建てた石造りの火の見櫓の階段を上り、息を呑むような周囲の景色、山また山の世界をぐるりと眺めていた。たった一人で、幸福だった。

3

シャクナゲとガラガラヘビ

1955年5月19日〜31日

ワヤ・ボールドを越えてからのハイクは難しかった。トレイルはあまり整備されておらず目印《ブレイズ》もわかりにくかった。ナンタハラ川にかかる鉄橋を渡る頃にはエマはお腹をすかせていたが、食料は尽きていた。あえてトレイルから離れてサッサフラス〔クスノキ科〕の小さな木を見つけ、枝の先についている柔らかな若葉を摘んでサラダを作った。近くにはワイルドストロベリーもたくさんあった。酸っぱかったが味は悪くなかった。

ウェサー・ボールドへの道は川に洗われてしまっていて、泥だらけで歩きづらかった。トレイルの脇に小さい店があったので、エマは食料その他を補充するために立ち寄った。ミルクを1クオート〔1リッ

トル」、チーズクラッカーを少々、イチジクのバー、卵2個、そしてポケットナイフを購入した。持っていた古いナイフはトレイルのどこかでなくしてしまったのだ。

　翌朝、スウィム・ボールドの登りに取りかかった。3時間半かかってあと少しで頂上に着くという時、つるつるした大岩の上で滑って転び、歩行用の杖を折ってしまった。エマは岩から降り、起き上がってどこにも怪我をしたところはないか確かめた。大丈夫そうだったので、また歩き始めた。新しい杖代わりの枝を見つけ、チオア・ボールドの頂上に10時半に到着した。そこからローカスト・コーブ・ギャップ、シンプ・ギャップ、ステコア・ギャップ、そしてスウィートウォーター・ギャップを抜けて下り続け、疲れてきたので寝床を探した。シェルターはなく、高い山が目の前にのしかかるようにそびえていた。宵闇が迫っていた。トレイル沿いに開けた場所があったので、そこで焚き火をし、ひと晩の休息をとった。

エマは不慣れな土地にいた。たった一人見知らぬ場所で、好奇心に満ちあふれてはいるものの、未知に対する不安と恐怖もあった。何日も前に男性たちに出会ってから後、トレイルでは人を見かけなかった。人里を遠く離れ、南部の春の生き生きとした自然と鳥の鳴き声や虫の羽音に囲まれて、毎日が人に邪魔されることなくほぼ同じように過ぎていった。だが、それも変わろうとしていた。

＊＊＊＊＊＊

ガリア郡のオハイオ川沿いには豊かな農地が広がり、こぢんまりとした白い木造家屋が丘の麓に点在していた。時々トタン屋根の納屋に「メールパウチ噛みタバコ」の宣伝〔アメリカ22州に多い時は全部で約2万もあったという、納屋に描かれたメールパウチタバコ会社の広告〕が描かれ、旅人を誘っていた。人々はここでは洪水と吹雪によって時を記録し、自分たちの血筋を聖書の最初の数ページに記していた。祖先はフランスの王党派だったが、詐欺被害に遭っていた。500人の貴族、職人、専門職の人々がオハイオにある土地を1

区画ずつ、実際にその土地を見ることもないまま偽の会社から購入し、1790年1月、大西洋を西へと渡ってきたのだ。到着すると、彼らの所有物件はただの紙切れにすぎないことが判明した。ほとんどの人は2年以内に去っていったが20世帯はそこに留まり、厳しく不確かな暮らしを忍んだ。やがてマサチューセッツとヴァージニアから入植者たちがやってきて、ともに川からすぐのところに安定したコミュニティを創った。彼らはそこをガリポリス、「ゴール人の街」と名づけた。

1世紀が経ち、町には新聞があり路面電車も走り、病院や図書館もできた。電車は毎日ガタゴトと走り、蒸気船がオハイオ川を進み、伝道師たちが駐車場に大きなテントを立てて禁酒を呼びかけた。

町の南、シュガー・クリークのほとりにある丸太小屋で、エマ・ゲイトウッドは最初の子どもを身籠もったことを知った。それは新婚の夫が、初めて彼女を叩いてから間もない時だった。彼は平手でエマを打ち、掌がバチンと頬に当たった鋭い痛みは彼女を驚かせ、恐れさせた。エマはその日中、その夜も、そして次の日も彼の元を去ろうと考えたが、去って一体どこへ行けばよいのだろう。稼げる仕事もないし、貯金があるわけでもない。教育だって8年生までしか受けていないのだ。実家に戻って、まだ子育てに明け暮れている母親のお荷物になるわけにはいかなかった。

だから我慢してP・Cといっしょにいることにした。

1908年10月、第1子のヘレン・マリーが生まれた。P・Cは男の子が欲しくてエマにもそう言っていたので翌1909年に2番目の子どもを産んだが、またしても女の子だった。その子はルース・エステルと名づけられた。3番目の子が生まれたのは1911年6月のことだった。やっと男の子が生まれた。彼らはその子をアーネストと名づけたが、モンローと呼ぶのが常だった。

1913年の春に、P・Cは叔父のビル・ゲイトウッドから1000ドルで、ビッグ・クリークにある32ヘクタールの農場を買った。エマは農場に出て石を運び、タバコの吸枝を取り除き、リンゴを収穫し、丘から牛を追い、増え続ける家族の世話をしながら働いた。彼女は実用的な女性だった。セオドア・ローズヴェルト大統領の自然保護主義に同調する共和党支持者で、何でも自分でやってのけた。1908年発行の一そろいの本を持っていて、それらには家庭療法や、ドアのペンキ落とし、ふけ取り、アリの殺虫剤の作り方などが書いてあった。だが、ぶどうを発酵させてワインを造る方法のページは破り捨てていた。

P・Cのための仕事や料理、家の掃除や子どもたちの世話をしていない時、エマはどこか邪魔にならない場所に座って夢中になって本を読んだ。百科事典も読んだが、特に好きだったのはギリシャ古典の叙事詩、『オデュッセイア』や『イリアス』のような冒険譚だった。時間さえあれば、それらを初めから終わりまで読みふけった。

1914年1月、第4子のウィリアム・アンダーソンが生まれた。その翌年、上の2人の女の子たち、ヘレンとルースはクラウン・シティーのそばの丘の上、州道553号線沿いにあるサーディスの複式学級の学校に通い始めた。

1916年、次に生まれたのが第5子のロウィーナ、その3ヶ月後にはエマはまた妊娠していた。その子が生まれる予定の2、3週間前、P・Cが彼女に暴行を加えた。酒も飲まずタバコも嗜まなかったが、彼は理由《わけ》もなくすぐに怒り出し、エマの顔や頭を殴った。あまりに何回も殴ったので彼女はその後2週間も頭を枕に乗せることさえできなかった。生まれた赤ん坊はエスター・アンと名づけられた。

1918年12月に一家は3万ドルでブラウン・ファームを購入した。子どもたちが故郷として思い出すのは、その場所だった。農場には肥沃な低地があって、丘の上の家から400メートルほど離れたオハイオ川までテーブルのように平らに広がっていた。フロントポーチからは川の向こうにウェストヴァージニアの緑の山々が見渡せた。家は2階にベッドルームが4つ、1階にひとつあって、屋根付きポーチが3つと地下室もあった。客間には、古びて使えなくなったピアノと、馬毛を使ったソファーが置いてあった。ソファーは引き出すとベッドにもなった。ヴィクトローラ蓄音機も本棚の前にあった。居間には暖房用のストーブがあり、台所には調理用ストーブと、手押しポンプがついた流しが備え付けてあって、水は貯水槽から引いていた。ポーチのひとつにはブランコがあり、子ども部屋には冬に使うための室内便器が置いてあった。家の前には1ヘクタールほどの菜園をつくるのに十分な広さがあったので、エマは毎朝早起きして灯油ランプのもとで庭仕事に精を出した。そこにルバーブ、キュウリ、豆、そしてたくさんの朝顔を植えた。

前の農場の売却益は5000ドルしかなかった。それはつまり、居心地のよい暮らしを実現するためには相当な努力を要するということだった。エマは身を粉にして働き、つらくなるほど倹約した。子どもたちもみんなよく働いてくれた。2歳になる頃には床を掃き、卵を集めた。3歳になるとだるまストーブの薪を集めた。4歳で皿洗いと皿拭きをし、5歳ではもう自分たちの服は洗濯できた。

毎朝P・Cは5時に起きると服を着替えて螺旋階段の下まで行き、柱を叩きながら子どもたちの名前を呼んだ。すると、4人でひとつのベッドに寝ていた子どもたちは、それぞれの寝床から飛び起きた。女の子たちは家の掃き掃除、皿洗いと、時には食事の準備も手伝った。朝食が済むと、全員で畑に出て鍬で耕したり、除草や野菜の収穫、タバコの除虫をしたりした。小さい子どもたちの仕事は、マスクメロンやスイカの畑を歩き回りながら、バケツに入れた石灰を散布することだった。

畑の準備として、P・Cは馬鍬《まぐわ》を数頭の馬につないで土を起こした。子どもたちはよくこの木製の平らな器具に乗っかって、裸足を粘土質の土の上にひきずっていった。

エマも毎日畑に出て、作男たちの横で働いた。子どもたちも同様だった。仕事が終わると、子どもたちは低地を横切り、山々と家の間にあるオハイオ川の方へ走っていった。中には向こう岸まで川を泳いでいける子どももいたが、だいたいの子どもたちは浅瀬にとどまって笑いながら水をかけあい、その日の汚れを洗い流した。「オールド・ブラック・ジョー」を歌い、古いタイヤによじ登り、丘を下りながらふざけてたたきあったものだった。

収穫の時期には、マスクメロン、スイカ、トマト、キュウリ、トウモロコシを収穫した。P・Cがその大部分をハンティントンの町で土曜日に開かれる市場へ持って行った。残りは自分たちで食べるか、缶詰にするか、ハイウェイ脇の小さなスタンドで売りに出した。マスクメロンやトウモロコシ1ダースは10セント。キュウリは1本1ペニー。エマは夏と冬のためにたくさんの野菜や果物を瓶に詰めたので、ひんやりとした地下の貯蔵庫の棚には半ガロン〔1・9リットル〕サイズの瓶がずらりと並んでいた。

彼らはブラックベリーから柿や野生のラズベリーに至るまで、自然から得られるもので毒のないものはすべて食べた。鳥や動物たちは飢えない。ならば人間も同じではないかと教えられた。木や藪が与えてくれる食べ物はたくさんある。ヒッコリーの実やブナの実、くるみ、アメリカサイカチの実、メイプルシロップ、野生リンゴ、クワ、プラム、さくらんぼ、ハックルベリー。食用になる植物にはこんなものもあった。たんぽぽ、ナガバギシギシ、ワイルドレタス〔アキノノゲシ属〕、ホワイトトップ〔アブラナ科〕、クローバー、スミレ、メドウレタス、ヨウシュウヤマゴボウ〔若芽は食用になるが、毒がある〕、そしてトウワタ〔キョウチクトウ科〕。無駄になるものなどひとつもなかった。

時折、肥育した豚を男手で殺すこともあった。彼らは火を焚いて、55ガロン〔208リットル〕のドラム缶いっぱいに井戸の水を沸かした。その後、豚を木から吊るして内臓を取り除いた。湯が沸くと重たい豚の屍をドラム缶の中に下ろし、それからまた引き上げて研いだナイフで皮の上の硬い毛を削ぎ落とした。男たちが豚を切り分けると、エマはハムになる部分をもらって下ごしらえをし、燻製小屋でスモークした。頭の肉はすべて取り出して、陶器の壺に入れた塩水に漬け込んだ。時には酢を少々足すこともあった。それでヘッド・チーズを作るのだ。ピーマンの中に千切りにしたキャベツを詰めて、それも塩水の中に漬けた。子どもたちは気持ちが悪くなるくらい食べすぎてしまうことも珍しくなかった。

エマがベーコンを作る時は、外皮を取り除いてから細長く切って厚手の鍋で煮て脂を溶かし、皮を保存した。彼女はそれをパリパリと呼んだ。子どもたちは豚をつぶすのを心待ちにしていた。そのあと学校に持っていくお弁当に、ビスケット〔鋳鉄のフライパンで焼いたスコーンのようなもの〕とホームメイドのジャム、それに豚の腰肉の焼いたのが入ることになるからだ。

エマは家の外の大きな焚き火で大鍋を煮て、アップル・バターも作った。女の子たちには、皮をむいた新鮮なリンゴを長い木のへらでかきまぜる仕事を任せた。彼女たちは時々鍋に近づきすぎたので、アップル・バターが皮膚にはねて熱い思いをすることもあった。

チキン・ダンプリングやチキン・ヌードルを作ることもあったし、特別な場合にはフライド・チキンも作った。毎夏一回、様々な部位の牛肉を満載したトラックで農場を回る行商人が来た。エマはそのトラックを覗いては値段を尋ねた。たくさん買うことはできなかったが、時々は肩ロース肉を買って大きな鍋でシチューを作った。それでも牛肉《ビーフ》は珍しかった。めったに食べられなかったので、息子の一人は納屋に潜り込んで牛の耳にかじりつき、牛肉の味がするかどうか確かめようとしたくらいだった。

朝食は長テーブルに用意した。P・Cがいつも上座だった。作男たちがいっしょにテーブルにつくこともあり、そういう時は17人分の食事を用意しなければならなかった。エマは台所から焼き立てのビスケットをフライパンごと持ってきて、オートミールやコーンミールのマッシュやベーコンを運んだ。パンケーキも出したが、シロップに香りづけはしなかった。

子どもたちが用を足したい時は、「クローゼット」とか「小道の先のバスルーム」と彼らが呼んでいた屋外便所を用いた。3人掛けで、お尻を拭くのにはシアーズ・ローバック・カタログのページを破って、トイレットペーパー代を節約した。学校には徒歩で、時には裸足で通った。1年間に1足25セントの靴を一人2足しかもらえなかったから、長持ちさせなければならなかったのだ。

クリスマスにはP・Cが木を1本切り倒して家まで引きずってきた。年上の子どもたちはポップコーンに糸を通したり、1年前の包み紙やチューインガムを包む銀紙、道で見つけたタバコの箱などでオーナメントを作ったりした。子どもたちの靴下は、オレンジ、バナナ、キャンディー・ケーン、くるみ、新しい鉛筆やハンカチなどでふくらんだ。みんなで使える大きな贈り物としては、ある年にはそりがあったし、別の年にはローラースケートが1足あった。エマは時々女の子たちのために、頭が陶磁器でできていて体にはおがくずを詰めた人形を作った。

P・Cは思想家で、博学多才な人だった。自分の作男たちに過払いして相場を上げても、近隣の住人たちは彼のことを高く評価していた。農場経営を始めて家族を養うようになる前は、15年間学校――複式学級のオーク・デールとウォー・ボトムの学校だった――で教鞭をとっていた。1920年には双子のロバート・ウィルソンとエリザベス・コールドウェルが生まれて、家族はさらに大きくなった。彼は自分の両親のために近代的で立派な家の設計図を描き、さほど遠くない丘の斜面にそれを建てた。スワン・クリークの新校舎を設計し、建築もした。

近所の人々は彼がずば抜けた知性の持ち主であることを知っていた。P・Cは1キロ半離れたところに住む人から大きなタバコの乾燥小屋を100ドルで買い、何千枚もの板に一枚一枚番号をつけて分解し、車で輸送して丘の上まで運び上げ、家の後ろの平らな土地に一枚一枚釘打ちをしながら再建した。このプロジェクトが終了した時、彼はアルミニウムの屋根のてっぺんに登って逆立ちし、そのほっそりとしたシルエットを見上げた作男たちは大歓声を送った。

P・Cは日曜日には子どもたちを教会に行かせた。子どもたちはスワン・クリークの近くのメソジスト教会の座席の一列に詰めて座り、牧師が地獄行きから救済するために長々とお説教をする間、汗をかきながらハエを追い払うのだった。牧師の説教が終わると、P・Cはきまって自分も信徒たちに向かって短い説教をした。

しかしいつも、この尊敬すべき外面を一皮むけば、たちの悪いものが脈々と流れていて、何かのきっかけでかっとなると目がぎらぎらと燃えて青筋が立った。子どもたちは一度父親が、がんこな馬を死にかけるまで革砥《かわと》〔刃物を研ぐのに用いる帯状の革〕で叩きのめすのを見たことがあった。彼は自分の血縁に対しても、ノイバラの小枝や火かき棒のような手近にある物を使ってこらしめようとする傾向があった。

彼の常軌を逸した行動は、うまいぐあいに法律にも縛られなかった。1924年、エマが9番目の子どもを産んだ翌年、P・Cは人を殺したのだ。

P・C・ゲイトウッドとハイラム・ジョンソンはある午後、言い争いになった。州はP・Cを殺人の罪で告発し、裁判がだらだらと続いた。当時まだ12歳だったモンローは、ハイラム・ジョンソンがライフルを持ち出したこと、自分が父親の銃を取ってきて手渡したこと、そしてハイラムが銃口を向けようとする寸前にP・Cがさっと銃を構えてハイラムの額に発砲したことを証言した。ちょうどその少し前にハイラムが喧嘩で負った傷跡が残る箇所のすぐそばだった。ハイラムは意識を回復することなく、4日後に病院で死亡した。

噂によると、P・Cが医療費と葬式代を出したために、ジョンソン未亡人はP・Cを訴えようとしなかったという。だが、ウェストヴァージニア州ハンティントンから来た弁護士が彼女に訴訟を起こすように説得し、彼女の勝訴になった。P・Cは殺人罪で有罪となり、5万ドルの支払いを命じられた。彼が9人の子どもたちを養い、農場経営を続けなければならなかったために懲役は執行猶予にされたが、負債はあまりに大きく、土地の半分は売らなければならなかった。それでもやっていくことができず、年を追うごとに家計は悪くなっていった。1926年にドラ・ルイーズが生まれ、1928年にルーシー・エレノアが生まれる頃には、P・Cは農場経営に行き詰まっていた。1929年8月、彼はオハイオ・タウンシップの田舎の教育委員会に雇用され、学童をシュガー・クリークからクラウン・シティーまで送り迎えする仕事を月75ドルで請け負うことになった。P・Cは中古のピックアップ・トラックを間に合わせのスクールバスに作り変えてやりくりした。翌年も教育委員会は彼を雇用したが、1932年には7ドル安い給料で働くことを申し出たスタンリー・スウェインが雇われた。

そうして余分な収入のあてはなくなり、ゲイトウッド一家は日々を何とか食いつないでいった。大恐慌時代の最悪な時期であり、東部から始まって大平原に向かって国中を襲った干ばつに対処しなければならなかった。作物の価格は劇的に下落した。その年、労働人口の40パーセント近くが仕事にあぶれていた。翌年はオハイオ州の工場労働者の40パーセント以上、建築労働者の67パーセントが失業中で、その多くの者が行くあてもなくアクロンやトレドやコロンバスのような〔オハイオ州の〕都会から離れて田舎に行き、大地の恵みで子どもたちを養おうとした。

丘の上のエマたちの家に、そうした放浪者がやってきて食べ物を乞うことも珍しくなかった。彼らはみな一様に絶望的な表情を浮かべていた。政府からの施しは受けなかったが、エマはいつでも寛大にそうした人々をポーチに座らせ、心づくしの食事を摂らせた。助けを必要とする人に対して、彼女は何でもした。友人が病気になると回復するまで看病することもよくあった。P・Cは時たま放浪者たちがタバコを吸いさえしなければ、納屋に寝ることを許した。子どもたちは時々街道を行く旅人たちについて行った。ある一家のことは歳を取ってからも思い出した。男性は所持品を載せた小さな荷車を犬たちに引かせていた。女性は妊娠していて、小さな子どもを抱きながら、後ろに乗って足をぶらぶらさせていた。

1932年、進歩的なフランクリン・D・ローズヴェルトが、非難にさらされやすかったハーバート・フーヴァーに取って代わると、長いこと共和党員だったP・Cは政党の鞍替えをした。エマはどちらにも与しなかった。選挙が始まった時、P・Cは潰瘍にやられて臥せっていた。世論調査員が彼の投票先を記録しようと訪れたが、エマは彼らを家に入れなかった。この出来事は2人の不仲をさらに助長させることになった。

P・C・ゲイトウッドは、妻と子どもたちの助けもあって持ち直したが、農場は10年と持たなかった。そして彼はますます気難しい人間になっていった。

******

5月が過ぎていくなか、エマは人気《ひとけ》のない森を抜けて歩き続けた。歩きながらブイヨン・キューブを舐め、水があれば必ず手に入れた。ワイルドストロベリーの群生があればきまって布袋を下ろし、持てるだけ摘んで袋をいっぱいにした。シャックスタック山のきつい登りを終えたところに、ゴミ箱の缶の曲がった蓋が落ちていた。そこには喉に潤いを与えるのにちょうどよいくらいに雨水が少し溜まっていた。暴風雨がやってきそうだったので、もっと飲み水を溜めようとエマは蓋をきれいにした。崖っぷちに小さな火の見櫓が立っているだけの空間があり、強風を避けるために板を何枚か立ててから、その屋根つきポーチに寝床を作った。

次の日の午後、ひと組の男女に出会った。トレイルで初めて出会うカップルだった。エマの食料は尽きていて、彼らに状況を説明すると、日帰りのハイキングをしていた彼らは気の毒がって持っていた食料を分けてくれた。土砂降りの中、エマはスペンス・キャンプまで歩いた。あまりにひどい雨で火を熾すこともできなかった。まだ午後の4時だったが、エマは濡れた服を吊るすとリーン・トゥに入り込んで眠ろうとした。全身が湿っていた。

森から男性が現れたのは、彼女が横になってからそう経っていなかった。彼はライオネル・エドナだと名乗り、トレイル上の木に5×15センチの白い目印《ホワイト・ブレイズ》を塗っているのだと言った。おしゃべりしながら彼は自分の夕食を作り、食べ終えるとシェルターの反対側で自分の寝袋に潜り込んだ。眠りにつくまで2人はしばらくの間会話をした。

翌朝エマは早くに出発した。また風が強くなっていて、強烈な突風で吹き飛ばされそうになった。南部の5月にしてはおかしな天気だと彼女は思った。11時から雨が降り始め、2時頃にシェルターに到着すると、そこで今日の行程は終了ということにした。乾いた木があったので、エマは火を熾して洗濯した服を乾かした。

翌日の午後、グレート・スモーキー山脈国立公園の中心に近いニューファウンド・ギャップに来ると、そこで彼女はこれまでに見てきた中で最も不思議な光景に出会った。人気のある国立公園なのであらゆるところに人がいたが、その中に、ティーンエイジャーみたいに互いの背中を叩き合っている十数人の修道女たちがいた。エマが見ていると、そのうちの一人が壁によじ登って叫びながら飛び降り、それを見て他の修道女たちが笑っていた。彼女たちはロックフェラーを讃えるために建設された石のモニュメントの周りで、ふざけあって夢中になって遊んでいた。

すぐそばにバス停があった。靴がぼろぼろになっていたし、レインコートもなしにこの雨の中を歩くのはみじめでもあったので、装備を足してもいいように思った。テネシー州ガトリンバーグは遠くないので、バスに乗って行こうと決めた。その時、修道女たちの一人が近づいてきてエマの写真を撮ってもよいかと尋ねた。

ガトリンバーグで靴とレインコートを買い、軽く食事をしてから、トレイルまでヒッチハイクで戻ろうとしたが、車を停めてくれる人はいなかった。そこでモーテルにチェックインした。

翌朝バスに乗って8時にはトレイルに戻った。新しいスニーカーを慣らすように、彼女は早足で歩いた。その夜、厚い霧がスモーキー山脈に垂れ込めてきて冷え込んだ。エマは平らな石を火で温めて、その上に寝転んで背中を温めた。

翌朝、ノースカロライナ州とテネシー州の境に近い、グレート・スモーキー山脈国立公園の端まで来ると、シャクナゲと月桂樹が見渡す限り生えていてエマはその景色に心を奪われた。一度彼女は道に迷い、青年たちに正しい方角を教えてもらった。雨の中をトレイルに戻ると、道は掘り返されて泥んこになっていた。耕された畑の土が靴にこびりついて、畑の中を歩くのに難儀した。反対側にもう使われなくなった馬車道があってそこを歩いていくと、いつの間にか背の高いシャクナゲのトンネルの中にいた。暗く、不気味な感じがしたが、トンネルの中に雨粒が落ちると、とても美しかった。

5月28日、骨の折れる登りの後、ノースカロライナ州ホット・スプリングスに到着した。フレンチ・ブロード川のほとりのこの小さな町は、過去の出来事を偲ばせた。1914年、第1次世界大戦中のことだ。マウンテン・パーク・ホテルというリゾートのオーナーが、陸軍省と取引して戦争捕虜たちを収容することになった。町の人口の4倍にあたる2200人のドイツ人捕虜たちが列車でやってきた。そのほとんどはイギリスがドイツに宣戦布告した時にアメリカの港に避難していた世界最大の船、ファーターラント号の乗客や高級船員、乗組員だった。

普通の戦争捕虜ではなかったのである。男性たちはスーツにネクタイ姿で、女性たちは洋裁に見事な腕前を発揮した。彼らはホテルの芝生の上に、流木や廃材を使って村をつくり始めた。プリンス・アルバート・タバコのブリキ缶を潰してチャペルまでつくった。町の人々は敵国人たちと親交を結び、毎週日曜の午後には、ともに捕虜たちのオーケストラ・コンサートを楽しんだ。戦後、この合衆国最大の抑留キャンプにいた捕虜たちは、エマの旅のスタート地点、ジョージア州フォート・オグルソープに移された。だが囚われの身だった19ヶ月があまりに楽しいものだったので、ホット・スプリングスに戻って定住する家族も多かった。

その場所の〔よそ者を受け入れる〕兄弟愛を、エマも感じることができた。地域の人々はとてもよい人たちで、誰に会っても食べ物や飲み物を差し出し、食べていけ、飲んでいけと言うのだった。ある女性はバターミルクを1杯とケーキを出してくれ、トレイルでは初めてのことだっただけにエマは喜んで受け取った。その年初めてのセミの鳴き声を聞いた。5月29日、小さな店があったのでエマは食料を買っておこうと思って中に入った。この先は人が住んでいない地域を歩くからだ。だが店に置いてあったのは、ブラック・ビーンズの缶詰と半生のプルーン1箱だけだった。彼女はともかくそれらを買い、乾いて硬いプルーンを口に含んで噛み続けたが、なくなるまでに午後中かかった。

ターキー・ボールド山を登っていく間、太陽が熱く照らしていた。エマがゆっくりと、考えごとをしながら登っていると、何か変な音が聞こえてきた。低くシューシューいう音で、最初は鳥の鳴き声かと思い、エマは怖れることなく歩き続けた。すると何かがダンガリーのズボンに当たった。下を見ると、トレイル脇にガラガラヘビがとぐろを巻いて次の攻撃に備えていた。エマは杖の先端をヘビの方に叩きつけると、横に跳んだ。そして思い切り走った。アドレナリンが噴出し、息が切れて呼吸する度に肋骨がふくらんだ。ヘビはとぐろを巻いたままだった。ありがたいことに、すぐに何メートルも離れることができた。一歩踏み誤るだけで大変なことになるのだとエマは肝に銘じた。

4 野犬

1955年6月1日〜8日

エマが旅を始めてから、かれこれひと月になろうとしていた。

何の音沙汰もない母親が一体どこで何をしているのか子どもたちは知りもしなかったが、誰一人として心配はしていなかった。ママは骨ばっていて頑強で、不在だとしても、どんなことを目論んでいたとしても大丈夫なのだと彼らは知っていた。エマが長いこと留守にするのは珍しくなかったから、そういえば姿が見えないと思ったとしてもそれを長く気にすることはなかったのだ。

エマはノースカロライナ州とテネシー州の間を、トレイルに沿ってジグザグに歩き続けた。喉は渇き、身体中が痛く、疲れていた。切り立った岩を乗り越え、急勾配の高い山腹を登り、屋内よりも屋外で、ウィルダネスに身を委ねて眠ることの方が多かった。そうして記憶という作物を植えつけ、世界と自分自身の心の中を探索しながら、小さなノートに苦労や見返りについて書き綴った。夜にやってきた野犬、キャンプサイトの雰囲気を明るくする居心地のよい焚き火、ピクニック・テーブルでソーセージ・サンドイッチを分けてくれたキャンパーたちの思いがけない善意《トレイル・マジック》のことなどを。

「足が痛い」

「水が見つからなかった」

「慰めのために、また身を守るために、火を焚いた」

そんな風に彼女は書いた。

「1時間経ってもトレイルに戻れなかった時、食料が尽きそうだった」と書いたこともあった。

オハイオ州にいた時は、通りすがりの放浪者でも決して空腹のままにさせなかったエマだが、そんな彼女も時折道を外れた時などに、この長いトレイル沿いの住民から休息や食事の招きを喜んで受けた。これらの人々は、ハイカーたちが一人、また一人とやってくるにつれ、新しいアパラチアン・トレイルというものに少しずつ慣れてきていたのだった。

＊＊＊＊＊＊

このトレイルは、ベントン・マッケイという、ある夢想家の産物だった。ハーバード大学を卒業してから、彼は6週間のハイキングに出かけた。ヴァーモント州のストラットン山の上に立った時突然ひらめきを得て、ウィルダネスに延々と連なる山並みの稜線上に一本のトレイルが走っている光景を思い浮かべた。

1921年、そのアイデアが実を結んだ。友人たちの強い勧めで、彼はアメリカ建築家協会の機関誌に彼の構想を描いた原稿を送ったのだ。マッケイはトレイルの目的をこう記した。「原始の環境を広げ、都市環境に歯止めをかける」こと、そして東海岸沿いの街に詰め込まれている人々にも、広大な自然の背骨のような山脈を利用できるようにすることである、と。その記事が発表されるとマッケイは、関心を持ったハイキング・クラブや法律家、その他この計画の実現のために力を貸してくれそうな人々を巻き込むことに注力した。何百人もの人たちが貢献してくれた。目印《ブレイズ》をつけ、区域《セクション》ごとの地図を作成し、郡庁舎で土地の登記簿や税金の記録を調べ、公共利用できる世界最長の連続した徒歩自然道をあちこちつなぎあわせて何とかつくり上げ、保存していけるようにと動いたのだった。

10年後、トレイルのおよそ半分に目印《ブレイズ》がつけられた。だがそのほとんどは、以前からトレイルがつくられていてハイキングの愛好者たちが古くからいた北東部に限られていた。マイロン・エイヴリーという若くて先見の明がある弁護士が次の手綱を取り、ハイキング・クラブを組織し、まだ開発されていない区域《セクション》の計画を立てる手助けをした。1931年、エイヴリーは、発足したばかりのアパラチアン・トレイル協議会《コンファレンス》〔現在はアパラチアン・トレイル保全協会〕の会長になった。１９３７年にテネシー州ガトリンバーグで会合が行われた時には、トレイルはほとんどできあがっていた。だがそれでもエイヴリーは「アパラチアン・トレイル（ＡＴ）は決して完成しない」ということを知っていた。まるでトレイル自体がひとつの生命体であるかのように移動し、曲がり、常に新しいルートに変更して別の場所に移さなければならないのだ。だがこのできあがりのタイミングは時宜にかなっていた。計画がもし遅れていたならば、アパラチアン・トレイルは存在しなかったかもしれないからだ。

20世紀の初めには、合衆国内で舗装された高速道路はほんの１６０キロにすぎなかった。だが１９３０年代には、まるで汚点《しみ》が飛び散るようにあちこちに町ができ、馬や馬車のためにつくられた道路はすぐに時代遅れになっていった。人口が増加し、アメリカの自動車産業が前代未聞の早さで発展して、国が急激に変化していくにつれ、初期のＡＴボランティアたちは事を急ぐ必要を感じただろう。

実際、ガトリンバーグでアパラチアン・トレイル協議会の集会が行われたのと同じ年、連邦公共事業局は２９００万ドル以上の小切手を切り、政府の復興金融公庫は約４１００万ドル近い額を特定財源債〔当該債券の発行により建設された設備からの収益を償還原資とするもの〕で調達した。そして、１万人が日夜２６００万トンもの土や石を動かし、約３６０ヘクタール分のコンクリートを注ぎ込んで、並行して走るしっかりとした、平らな2本の車線をつくるために働き始めた。道路はペンシルヴェニア州を東と西に分割しながら、州の端から端まで走った。間には１１４の新しい橋があり、加速車線と舗装された路肩もあった。

『ポピュラー・メカニクス』誌は、このペン・ターンパイク〔ペンシルヴェニア・ターンパイク（有料高速道路）のこと〕を「現代の自動車の性能をすべて引き出すことができる、アメリカで最初のハイウェイ」と呼んだ。

巨大道路が誕生したのだ。

皮肉なようだが、この新しい高速道路の発案者は、アパラチアン・トレイルを考え出したのと同じベントン・マッケイだった。北から南へ延びる「原始の環境」についての記事から数年後、『ニュー・リパブリック』誌で彼は次のような構想を描いた。「馬や馬車、歩行者、町も踏切もない高速道路。ドライバーの便宜を図るためのガソリン・スタンドやレストラン以外は何物にも侵害されない、ドライバーのためにつくられた道路」と。

その2年後、目印《ブレイズ》をつけ、整備を行うパイオニアたちの小グループがアメリカのウィルダネスにひと筋の自然歩道をつくり維持していこうと取り組んでいる時、フランクリン・D・ローズヴェルト大統領は第2次世界大戦の最後の銃弾が発射された後に帰還する数百万人の兵士たちがすぐに国の経済活動に従事できるように計画を立てていた。国内の主要都市をつなぎ、地方の農産物集約地点をつなぎ合わせることができる全米高速道路網が解決策になるのではないか。大統領の提案を受けて、ただちに6万4000キロに及ぶ道路の建設および拡張の提案が図面に描かれ始めた。1939年にはフォード・モーター社の「明日のロード」展やゼネラルモーターズ社（GM）の「ハイウェイと地平線」展がニューヨーク国際博覧会で開かれ、アメリカの一般大衆は高速で走れる道路網に大喜びした。

「文明のはじめより、交通が人類の進歩――その繁栄、そして幸福――の鍵でした」とGM社の展示でナレーターは語った。その展示会は、滑らかなボディの車やトラックが走る高速道路が網の目のように広がる、1960年の新しく進歩したアメリカの都市をテーマにしていた。「高速で、安全に設計された1960年のハイウェイ……壮大で美しい国土の迫力満点の景観があなたを待っています」

1953年にドワイト・D・アイゼンハワーが大統領に就任した時、最初に手がけた仕事のひとつは、よりよい高速道路の建設だった。「我々の街は50年前のパターンや慣習、慣例にいまだ堅苦しく従っている。毎年車に乗る人口が何百、何千と増えているというのに、我々の道路網はそのニーズに合っていないのだ」と彼は書いた。

アメリカの道路網は悪くないが、「地形や既存のインディアン・トレイルや家畜の通り道、恣意的な区画分け」などによって形づくられてきたもので、「これまで徹底的な見直しや、10年後のニーズを見据えた計画がなされてこなかった」とアイゼンハワーは考えた。アディロンダック山地で行われた全米48州の知事たちの会合で、アイゼンハワーに代わって出席した副大統領のリチャード・ニクソンは、路上で毎年4万人近くが死亡、130万人が負傷、交通渋滞と迂回による「膨大な時間のロス」、そして裁判所では交通関連の訴訟が山積みであることを嘆き、会場の人々の度肝を抜くような発言をした。500億ドルの予算で全米ハイウェイ・プログラムの10年計画を呼びかけたのだ。

同じ年の10月、エマ・ゲイトウッドの故郷オハイオ州では、3億3600万ドルをかけて建設される州横断高速道路のための最初のコンクリートが注ぎ込まれた。同州は５６００区画の土地を道路用地として入手し、幅約17メートルのくぼんだ中央分離帯によって分けられた高速道路の建設に着手した。舗装された路肩、照明で照らされた15のインターチェンジ、16のサービス・プラザ、料金所、そして救急車の配備が売り物だった。「最低視距〔走行時の見通し〕は２７０メートルで、行く先がはっきりと見えます。最大上り勾配は２パーセント、最大下り勾配は３・２パーセントなので、急坂はありません。普通車は時速１０４キロ、トラックは時速88キロが最高制限速度ですが、スピードを緩めることなくカーブも曲がれます。それだけゆるやかに造られているということです」。『コロンバス・ディスパッチ』紙は滔々《とうとう》と述べた。

２年後、大小の川を越え、湿地やなだらかな丘を横切って、東のペンシルヴェニア州から西のインディアナ州へと道路の帯が延びた。ペン・ターンパイクと合わせると、フィラデルフィアからインディアナポリスまで、道路の長さは９８０キロ以上になった。オハイオ州の人々はこの新しいハイウェイができて大喜びし、スピードを上げた車が滑らかな車道を走って行くのを跨線橋から見物しようと集まった。

アメリカの未来が、５２７０立方センチのＶ－８エンジン搭載のオートマチック車に乗って到来した。１９５５年には、アメリカ人の自動車保有台数は６２００万台になっていた。エマがトレイルを歩き始めてからひと月経った６月、自動車産業はテックス・コルバートやヘンリー・フォード２世のような社長の元で大儲けをしていた。シボレーは６ヶ月で75万６３１７台を新車登録する記録をつくった。全米の雑誌は、新しい56年モデルの車のカラー写真であふれていた。スチュードベーカー、クライスラー、キャデラック、ビュイック・ダイナフローなどが、颯爽としたスタイルとそれに見合った勢いで登場し、「止まるのも動くのも何の躊躇もなく、まるで雲雀《ひばり》が巣から飛び立つように、用意ドンで走り出した」。デトロイトで生産される車は、工場から出荷される度にサイズが大きくなっていった。テールフィンが大きくなり、エンジンの馬力も増した。一家に2台の車を持つ世帯の数は、５年間で３００万増えて、計７５０万世帯にも跳ね上がる勢いだった。これは郊外の暮らしが流行したためである。６００万世帯ほどの車１台の家の妻《ワン・カー・ワイフ》たちは郊外に取り残されていたが、それもじきに変わった。クエーカー・ステート・モーター・オイルやB・F・グッドリッチ・タイヤの広告の周りにはオールド・クロウ・バーボンやステットソン・プレイボーイ〔老舗帽子メーカーの人気モデル〕の広告が並んでいた。

　１９５０年代の自動車の台頭とともに、テレビも普及し始めた。50年代初めにはテレビ・セットのあるアメリカの世帯はわずか9パーセントだった。それが、１９５４年には50パーセント、50年代が終わる頃には86パーセントの世帯がテレビを所有していた。アメリカ人は足の裏で人生を感じるのではなく、ズボンの尻で感じるようになったのだ。

　やがてびっくりするような発見があった。１９５5年3月、エマが出発する２ヶ月前だが、家庭医たちがロサンゼルスで会合を開き、驚くほど無気力な新しい世代の子どもたちについて話し合った。スポーツ界を代表する２人がもたらした知らせは、アメリカの若者たちは歩くことを忘れている、というものだった。

第7回アメリカ一般医療協会年次総会の基調講演でそう言ったのは、カリフォルニア大学のサッカーコーチ、リン・〝パピー〟・ウォルドーフとアメリカのオリンピック・チームのトレーナー、エディ・ウォジェッキだ。子どもたちは1ブロック歩く代わりに車に飛び乗る、と2人は証言した。そしてショッキングなことに、この傾向はすでに子どもたちの体形に明白な変化をもたらしているという。

2人とも、運動選手たちの筋肉を、ゆるめるのではなくむしろ緊急に強化する必要があるのだと話した。自動車の習慣的使用によって、歩く機会がひどく少なくなったことが原因だ。ハイキングに出かける人も同様に減っている、と2人は指摘した。

アメリカは曲がり角に来ているようだった。選択肢を与えられれば、アメリカ人は車のキーをつかむだろう。街も通りも、歩行者のためではなく自動車のために設計されていた。このことは驚きでも何でもなかった。

エマの旅に遡ること93年前に、ヘンリー・デイヴィッド・ソローはもうそのことを予言していた。1862年6月、『アトランティック・マンスリー』誌に掲載されたエッセイ「ウォーキング」の中でソローはこう書いている。

現在この近辺では、最もよい土地は私有地ではない。この景観は誰かのものではない。そしてここを歩く者は比較的自由を楽しむことができる。しかし、土地が仕切られて、そこがいわゆる遊園地になっていく日が来るかもしれない。そこではほんの少数の人々だけが、狭く、限られた悦楽にひたり、柵が増えて、人を誘惑する物や道具が編み出され、人間が公道のみを歩くように制限されて、神の大地の上を歩くことはどこかのジェントルマンの土地に立ち入ることだと見なされるようになる。何かを独占して楽しむということは、一般にその本来の楽しみから遠ざかることなのだ。だから私たちもできるだけ今ある機会を利用しよう。嫌な時代が来る前に。

人類学者によると、初期の人類は一日に30キロ以上歩いていたそうだ。古代から歩くことには精神的、身体的な恩恵があるとされてきた。ローマの大プリニウス［紀元後23―79年］は、歩くことを「意志の薬」と表現した。ギリシャの医者ヒポクラテスは、歩くことは「人間にとって一番の薬」と言い、感情的な問題や幻覚や消化不良の処方箋として歩くことを勧めた。アリストテレスは歩きながら講義をした。何世紀もの間、最高の思想家、作家、詩人たちが歩くことの美徳を説いてきたのだ。レオナルド・ダ・ヴィンチは馬車の往来から歩行者の安全を図るために、高架通路を考案した。ヨハン・セバスティアン・バッハはある時、320キロ以上を歩いてオルガンの達人の演奏を聴きに行った。ウィリアム・ワーズワースは、一生の間に29万キロ歩いたと言われる。チャールズ・ディケンズは

「ナイト・ウォークス」というエッセイの中で、狂気にも近い不眠の恍惚感を捉え、こう書いた。「要するにこういうことだ。歩いて幸せになれ。歩いて健康になれ」。ロバート・ルイス・スティーブンソンは、「どこまでも続く道の素晴らしい仲間たち」と「徒歩旅行者だけが知る短くも貴重な出会い」について書いた。フリードリッヒ・ヴィルヘルム・ニーチェは「歩くことで得られた考えのみが価値あるものだ」と言った。

近年でも、歩き出すことの恩恵について知っている書き手は、無気力な一般大衆に向けて、何度も何度もその怠惰を非難してきた。

1912年の『サタデー・ナイト』誌に、あるジャーナリストはこう書いた。

「もちろん、人々は今でも歩いている。だがそれは、ドアから路面電車へ、あるいはタクシーまで足を動かすという程度にすぎない……。しかし、本当のウォーキングは、ドードーみたいに絶滅してしまったのだ」

エドマンド・レスター・ピアソンは、1925年に次のように書いた。

「歩く時間がないと人は言う。そして200メートル先のところまで行くために、15分間バスを待つ。急いでいて、非常に忙しく、活動的に動いているふりをしているが、実際は怠け者だ。若干の風変わりな人々——主に少年たちだ——のみが自転車に乗る」

メアリー・マゲニスは1931年にこう書いた。

「だが、根っから歩くことが好きな人間にとっては、自動車というのは災難だ……というのも、車に乗らないかと言われると、鋼のように強くない限り、私たちの怠け者根性が時間節約という誘惑に負けてしまうのだから」

ソローの言う「嫌な時代」はついに訪れてしまった。国中、車のキーを手にした人々が足をタイヤに履き替えるというドラマチックな移行をしていた。その結果、死亡率の上昇は驚くべきものだった。道路建設が勢いよく進められていた1934年には、歩行中の死者が2000人、負傷者は8000人増えることが予想された。15年後、これらの数字は急上昇した。自動車事故による死者は一日で30人、負傷者は700人にも及んだ。人間と自動車の「争い」と『サタデー・イブニング・ポスト』誌の記者は呼んだ。「事実上、ライオンがうようよいるアフリカの草原や人食いトラの領域にいる方が、夕暮れ時のダウンタウンの通りを横切るよりも安全ということになる」と彼は書いた。

そしてこの時、機械工学と高速道路建設が合体していく中で、アパラチアン・トレイルという「人々の自然歩道」が、すべての目印《プレイズ》がつけられて一般に開放された。日帰りでも1週間でも1ヶ月でも、ウィルダネスの中に分け入ることができるのだ。

ハロルド・アレンという人がその魅力についてこう要約した。

個になるために人里を離れ、

選ばれた仲間を求めようと制限し、
自由な時をすごすためにさまよい、
黙考するために独りになる、
トレイルはただ北と南に延びているだけではなく、
上方へ、人間の身体、精神、そして魂へと向かっているのだ。

1948年、アール・V・シェイファーが、一回の旅でその行程のすべてを歩いた最初の人となった。最初のスルーハイカーだ。歩き終えた時、彼はこう記した。「太陽の光と影そして雨の中を通り、もうすでに鮮やかな夢のように思えた。もうすでに、また何度でもここに来たいと思うだろうとわかっていた。全世界が遠く下方に見える、雲の高さの山々の上で。生まれたばかりの一日を迎える瞳の横には、風にさらされてきたケルン。白い雲がたなびくところへと、もう一度、都会の喧騒から遠く離れて。そしてこの長い山上のトレイルの冷たく澄んだ山の水で乾杯するのだ」

******

6月4日、エマはテネシー州ローン山の近くのカーヴァーズ・ギャップから下りてきた。あいにく泊めてくれるような場所を見つけることはできなかった。家が大きくなればなるほど、彼女は歓迎されそうになかった。ある女性はひどく横柄な態度で、エマが戸口に来ただけでも侮蔑されたかのように振舞った。施しを求めることにうんざりしたので、ハイウェイの脇にあるモーテルにチェックインした。頭を洗い、洗濯もして、久しぶりのシャワーも浴びて、柔らかいベッドでぐっすり眠った。

翌日の行程はほとんどが舗装道路だったので、彼女はすぐにくたびれてしまった。これ以上歩けないと思った時、小さな家があったので、ポーチで少し休ませてもらえないかと頼んだ。応対した男性は、エマのことを偵察に来た政府の役人なのではないかと勘ぐった。彼はドアの掛け金をしたままで、家の中から網戸越しにありとあらゆるばかげた質問をした。エマは自分が誰で何をしているのかを説明しようとしたが、男性はまだ疑っていた。彼はエマがＦＢＩといっしょにいるのではないかと尋ねた。これ以上話してもらちが明かないと思ったので、エマはポーチから下りてしばらく歩いてから、ようやく7人の息子全員がまだ家にいる一家のところで泊めてもらうことができた。

翌朝5時45分に家を出てから、エマはローレル・フォーク〔フォークは川の支流〕の速い流れによって削られたアパラチアン渓谷を遡るトレイルを歩いていった。ベイツガやスズカケノキの林を抜けて、渓谷を過ぎると、苔むした岩の上を流れる堂々とした滝があった。エマがこれまでに見た中で一番美しい滝だった。

テネシー州ハンプトンへと彼女は急いだが、テネシー川流域開発公社のダムの中で2番目に高い

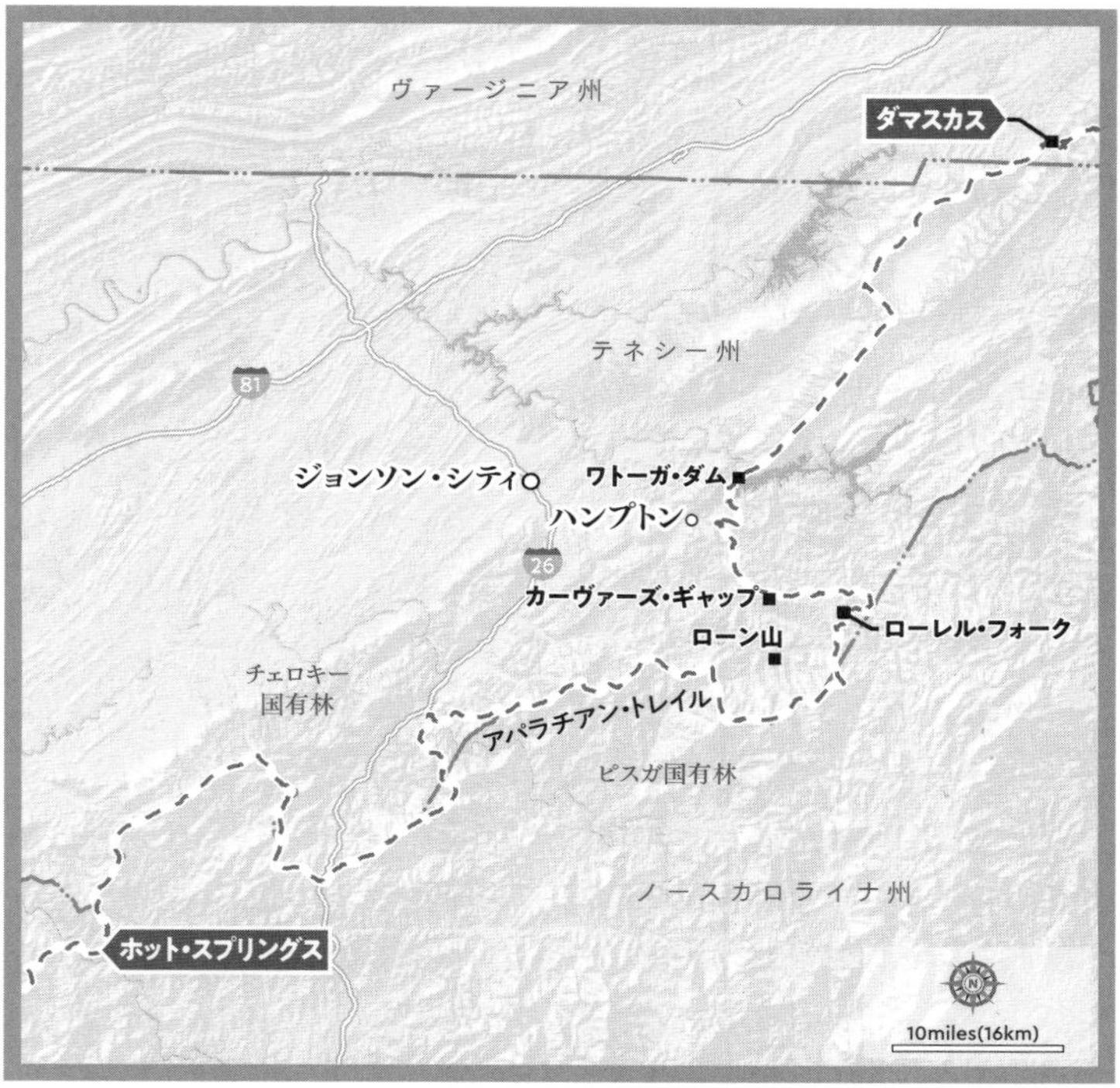

ワトーガ・ダムに到着する前に飲み水が尽きてしまった。エマは2590ヘクタールのダム湖の前に立っていた男性に飲用水があるかどうか尋ねたが、男性はこの辺にはないと答えた。だが、エマは気にしなかったようだ。泉で喉を潤すために立ち止まった時、「とても感じのよい人でもあった」と彼女はノートに書き記した。その夜エマは山の上で眠った。野犬がまたやって来たので、身を守るために火を焚いた。雨が降りはしないかと心配しながら、ほとんど一睡もせずに過ごした。

6月8日、雨とみぞれと強烈な

寒さを伴って、嵐が山を襲った。エマは3枚のコートを含めて、持っていた服を着られるだけ着て、できるだけ早足で歩いたが身体は温まらなかった。トレイルはイラクサや藪がひどくて歩きづらかったが、とうとうエマは州境を越えてヴァージニア州へと、そしてダマスカスという小さな町へと入っていった。

その町はATハイカーたちに親切で、アメリカのトレイル・タウンとして知られるようになるのだが、その日、エマが最もシェルターを必要としていた時には、モーテルから宿泊を拒否された。びしょ濡れの彼女を、モーテルの人たちは中に入れなかったのだ。さらに3ブロック歩いて、エマは貸しキャビンを見つけた。それで十分だった。プライバシーもあるし、誰の邪魔にもならない。服を洗ってからエマはその晩、州境をまたひとつ――これで3つ目だ――越えられたことを祝って、奮発しておいしいステーキの夕食にした。

5 どうやってここに入り込んだ？

1955年6月9日〜22日

いつまでも秘密にしておくことはできなかった。

エマはジェファーソン国有林を通って、それからマンガンの採掘のために寸断されている長い区間を抜けた。さらに進んでヴァージニア州のグロースクローズに近づいた時、桃やリンゴがたわわに実っている一帯があった。唇に果汁をつけながら、エマはお腹いっぱいになるまで食べた。モーテルに泊まろうとしてまたもや横柄な態度で断られたり、ヴァージニア州ゴールドボンドの近くで黒と黄色の大きな蝶を見たり、シンキング・クリーク山の山頂でハクガンの大きな白い羽根を見つけたりもした。夜は、エド・ピュー夫妻、ハッシュ・バートン夫妻、ルー・オリヴァー氏、パイン・リッジのテイラー夫妻、

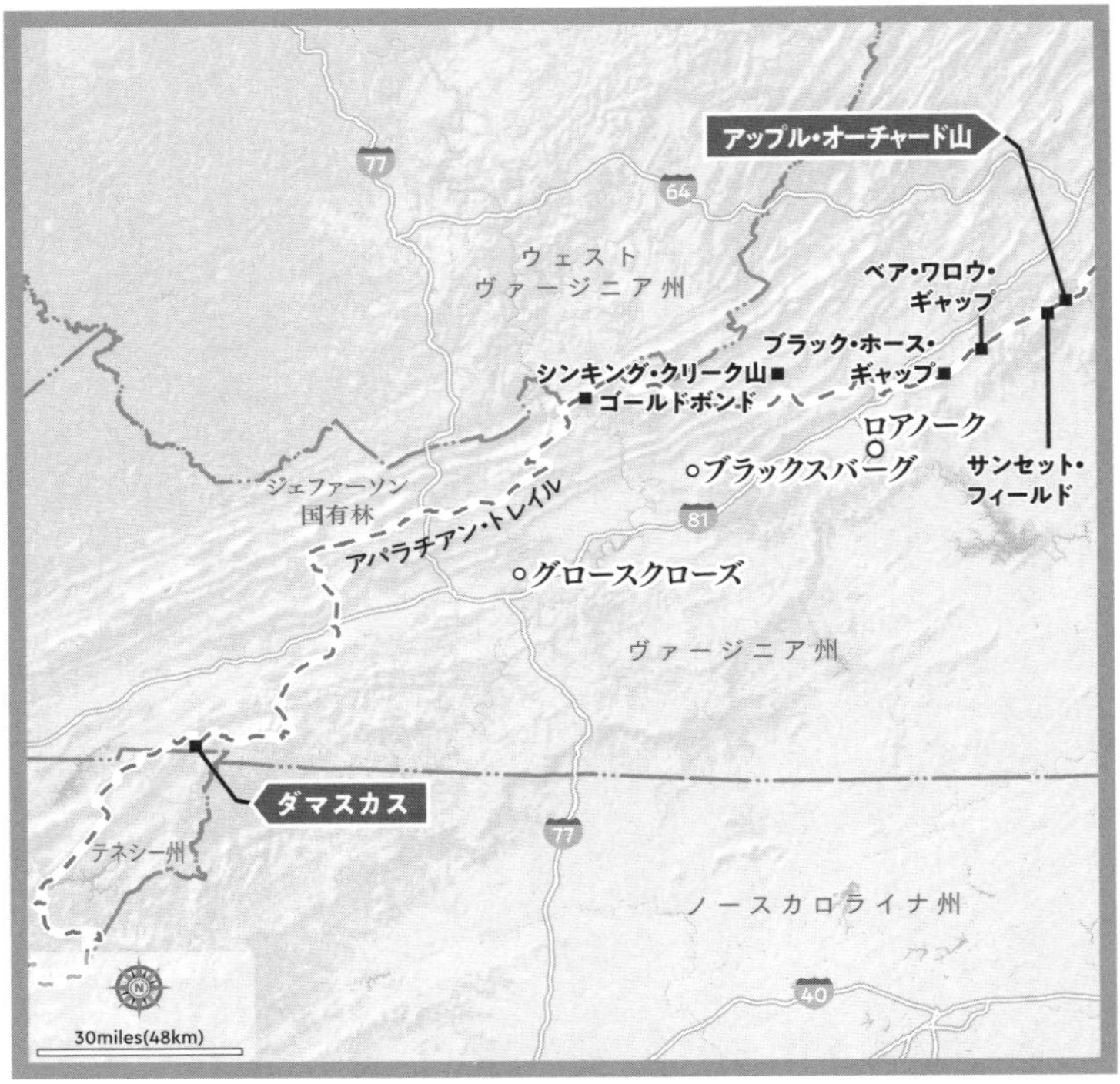

ハリー・セモンズ博士夫妻などがそれぞれ、エマに一夜の宿を提供してくれた。エマのトレイルの話があまりにおもしろいので、彼らは寝る時間になってもなかなか放してくれなかった。

6月20日、日曜日の午後のことだった。エマはガソリン・スタンドで会った男性に、何をしているのか、どこに行こうとしているのかをつい話してしまった。その翌日、エマがブラック・ホース・ギャップの近くまで来て、森の外れで道路から数メートル離れたところに座ってスナックを食べようとしていると、車が1台、目の前で止まって路肩に寄せた。きちんとした服装の2人の男性が下りてきて、彼女の方に歩いてきた。1人目はプレストン・リーチだと自己紹介した。ヴァージニア州ロアノークから来た写真家だった。2人目はフランク・E・キャラハンと名乗った。2人ともトレイル・クラブのメンバーで、エマの旅のことを耳にして、その午後、彼女を追いかけていたのだ。やっと見つかったと2人は大喜びだった。

彼らはエマのしていることはとにかく素晴らしいので、エマの話を広く知らせたいというのだ。トレイルにとってもよい宣伝になるし、この辺の人々も喜ぶだろうと。

エマには確信がもてなかった。家族にはまだ一言も告げていないのだ。その上、彼女のことを読んで知った誰かが危害を加えようとか、歳とった女性だからとつけ入らないとも限らない。そのため2人には断り、協力はしないと伝えたが、相手もあきらめなかった。その晩は、トレイルの近くにあるキャラハンのキャビンで過ごすようにと、彼らはエマを説得した。エマが必ずキャビンまで来るように、彼女の荷物だけは車で運んでいった。エマが残りの16キロの山越えの道を歩いてベア・ワロウ・ギャップに着くと、2人はエマをそこで拾い、キャビンまで車で行った。夕食には猟区管理人のJ・W・ラックもやって来た。夕食といっても、キャラハンが缶詰からお皿にあけただけのものだったが。

旅を始めてから48日目の夜の10時になって、とうとうエマは折れた。

リーチがカメラを構えた。エマはまっすぐ背筋を伸ばして座り、右手を左手で包んで微笑んだ。入れ歯が覗いていた。

その日の日記にエマはこう書いた。「とうとう新聞に見つかってしまった」

翌朝の『ロアノーク・タイムズ』紙の見出しはこうだった。

「オハイオ州の67歳の女性、3300キロのアパラチアン・トレイルを歩く」

3300キロもの山岳トレイルを歩くことを思うと、どんなに頑強な人でもたいてい尻込みするだろう。ところが、オハイオ州ガリポリスから来た67歳のおばあちゃんは、それを楽しんでいる。

ジョージア州からメイン州へと続くアパラチアン・トレイルを歩いているエマ・ゲイトウッド夫人は、昨日はボートトート郡にいて、クローバーデールからベア・ワロウ・ギャップまでの32キロを歩いた。それも、スニーカーでだ。

地元のアパラチアン・トレイル・クラブのフランク・キャラハンとプレストン・リーチが、昨日の午後この精力的な女性にブラック・ホース・ギャップで出会った。ブルーリッジ・パークウェイのレンジャーたちから、彼女の居場所について聞いていたのだ。

11人の子持ちの未亡人であるゲイトウッド夫人が、東海岸沿いの山脈を行く、この

3300キロもの旅に出ようと決めたのは、カリフォルニアで冬を過ごしていた時だった。彼女はアトランタまで飛行機で移動し、5月3日にオグルソープ山から出発した。トレッキングの終点は、トレイルの北の端、メイン州カタディン山である。

キャラハンとリーチによると、ゲイトウッド夫人は謙虚であまり計画について話したがらなかったが、すべての荷物が布袋ひとつに納まる身軽さだった。トレイルを歩くかわりに乗り物に乗せてもらうことは拒むが、トレイルから近くの町まで行って戻ってくるために車に乗せてもらうことは快く受け入れる。

オハイオ州の主婦であるゲイトウッド夫人には、孫が26人、ひ孫も2人いる。

今日はピークス・オブ・オッター地域の北部からジェームズ川まで移動するつもりだ。

「登りの方が下りよりも楽」と彼女は言い切った。

ニュースは伝わった。その時のエマは知らずにいたが、彼女のニュースはまたたく間に国中に広まり、ロサンゼルスからニューヨークまで、様々な新聞のコラムで話題になるのだった。テレビのショーでも彼女のことを取り上げようとやっきになった。噂が野火のように広まると、エマが通り過ぎた町だけでなく、通らなかった町からもレポーターがやってきて彼女を待ち受け、どうやってここまでできたのか、今どんな気分か、なぜ歩き始めたのかと質問攻めにするようになる。エマはグランマ・ゲイトウッドと呼ばれ、町角で、はたまた議会のホールでもその名がささやかれるほどになるのだった。

その朝にはまだ一地方紙の小さな記事になっただけだったが、それでもエマはもう家族に知らせるべき頃合いだと考えた。近くの店で絵葉書を数枚買うと、それらを投函した。出発した時、家族には「歩きに行く」とだけ伝えていた。それがどういう意味だったのか、今わかるというものだ。

＊＊＊＊＊＊

アパラチアン・トレイルは、終点を目指して歩くようにつくられたわけではなかった。望む限りいつまでも居心地よく姿を消していられる未開の地なのである。トレイルを最初から最後まで一気に歩き通そうと考える人など、初期の頃には誰もいなかった。セクション・ハイク〔トレイルの一部の区間を歩くこと〕はいい。デイハイク〔日帰りハイキング〕もいい。だが、5ヶ月もの間行方知れずになり、大地と力比べをしながら、精神的、身体的な忍耐力を極限まで試すなど論外で、トレイルはセクションで考えるべきものだったのだ。牛が部位によって切り分けられた牛肉となるように。食事の席について一頭分の牛肉を食べるなど、たとえそれぞれの部位が一切れずつだったとしても論外だ。1948年以前は、そんなことは不可能だとさえ思われていた。

どのくらい時間がかかるのか？　どんな装備が必要か？　どの地図がいるのか？　どこから、いつ出発したらよいのか？　それらは未知のことだった。だが、人間の精神は答えを見つけるすべを心得ているものだ。最初の実例は、苦悩を振り払おうとする一人の男性だった。

アール・シェイファーは第2次世界大戦から、本人いわく「困惑し、うつ状態で」帰還した。いっしょにATを歩こうと言っていた友人を、彼は戦争で失っていた。エマ・ゲイトウッド同様、彼も『アウトドア・ライフ』誌の記事を見て興味をかきたてられ、このトレイルを歩くことを再び考え始めた。屈強なハイカーであるシェイファーにとっても、障害は多すぎるほどだった。一面にはびこる藪、歩道を遮る倒木、目印《ブレイズ》のない荒れた区間。完成から11年経って、トレイル全体は放置され、忘れられた存在になっていたのだ。

彼はニューヨーク州ホームズからアパラチアン・トレイル協議会《コンファレンス》（ＡＴＣ）の会合宛てに絵葉書を送った。

花は咲き、鳥は歌う
晴れでも雨でも
春とともに僕は山の上を歩く

これが、シェイファーからATCが受け取った最初の葉書だった。終点のカタディン山まで来た時、協議会のメンバーの中には彼が歩き通したことを疑う人もいたが、シェイファーがスライドや日記を見せ、詳細にトレイルについて語るのを聞いてやっと納得した。『アパラチアン・トレイルウェイ・ニューズ』誌は、裏表紙に「全トレイルを継続して歩く旅」という小さな見出しの宣伝記事を載せただけだったが、世間の耳目を引くには十分だった。新聞のインタビューを受けたし、『ナショナル・ジオグラフィック』誌でも注目された。同誌はレポーターにトレイルを歩かせてもみた。この自然歩道は全米の人口の約半数が暮らす6大都市圏のすぐ近くにあったが、シェイファー以前にはその存在はほとんど知られていなかった。シェイファーへの注目がトレイルの知名度を高めたのだった。

シェイファーが成し遂げたことを他の人が再度行うまでには、3年の月日を要した。1951年にスルーハイクしたのは、ジーン・エスパイという あごひげを生やした24歳のイーグルスカウト〔ボーイスカウトの最高ランク〕だった。彼は自分がまだ2人目のスルーハイカーだということを、それを裏付けた新聞記事を読むまで知らなかった。もうすでに多くのハイカーによって行われてきたものと思い込んでいたのだ。チェスター・ジェンギルースキーとマーティン・パーペンディックの2人が、メインからジョージアまでの北から南へ歩く最初のスルーハイカーとなり、1952年にはジョージ・ミラーが5人目のスルーハイカーとなった。彼は72歳だった。セクション・ハイクを重ねて全トレイルを踏破した初めての女性は、メアリー・キルパトリックで、彼女は最後のパートを１９３９年に歩き終えている。

　他には謎めいた人物もいた。１９５２年、ＡＴを歩くハイカーたちから、ディック・ラムとミルドレッドというカップルに出会ったという報告があった。２人は夫婦だと多くの人が思い込み、女性の方はミルドレッド・ラムだと言われていたが、実際には彼女の名はミルドレッド・リゼット・ノーマンだった。アメリカ人平和主義者でベジタリアン、平和活動家の彼女は、友人のディックとともに長い旅に出たのだ。紙幣を持たず、装備もわずかだった。朝鮮やベトナムでアメリカが戦争をしていた時代を通じて、教会や大学で話をし、後に平和巡礼者《ピース・ピルグリム》として知られるようになった。彼女とディックは北はサスケハナ川までハイクし、そこからバスでメイン州へ向かい、カタディン山から南に向けて歩いた。

　だが、ハイカーたちは誰一人大して注目されなかった。というのも、それぞれの経過報告はまったくないか、あってもほんの時たまだったからだ。ハイカーたちの多くは後で本を書くこともあれば、スルーハイクを計画している人たちと定期的に連絡を取り合うこともあった。だがその頃はまだシステムが整えられておらず、信頼が置けるものとは言えなかった。ＡＴＣはこうしたトレイルの踏破に大いに注目している唯一の団体で、ハイカーたちが旅のレポートを提出し、しかも正確に報告しているのだと当てにすることしかできなかったのだ。

　第一、アメリカ人たちはこうしたことにそれほど関心がなかった。あるいはうわのそらだったのかもしれない。第2次世界大戦が終了し、1953年には朝鮮戦争も終息に近づいた。だが、アメリカの兵士たちが祖国に戻るやいなや冷戦の抜き差しならない状況に陥り、ソ連との水爆競争が始まった。水爆開発のニュースは国民に強い衝撃を与え、放射性降下物、メガトン〔核爆弾の爆発力を示す単位〕、放射能の遺伝子への影響などが夕食のテーブルで話題になるほどだった。

1954年3月1日、米国は最新の水爆を太平洋のビキニ環礁に投下した。海軍は7万7000平方キロメートルの海域を危険ゾーンとして船籍の進入を禁止していた。ところが、日本の第五福竜丸という漁船が入り込んでしまっていたのだ。爆弾が炸裂したのは、福竜丸の漁師たちがちょうど延縄《はえなわ》を撤収している時だった〔当時、第五福竜丸はアメリカが最初に設定した危険水域の外で操業していたが、数時間にわたって放射性降下物の降灰を受け続け、船員23人全員が被曝した。のちにアメリカは危険水域を拡大し、第五福竜丸以外にも危険区域内で多くの漁船が操業していたことが明らかとなった〕。その中の一人が記者たちに語ったのは、心をつかまれるような、恐ろしい光景だった。

「私たちは不思議な炎の閃光を見ました。まるで太陽そのものみたいにまぶしかったんです。空は真っ赤や黄色に燃え上がっていました。輝きはその後数分続いたでしょうか、それから黄色味が少しずつ消えていって、鉄が冷めていくような鈍い赤い色が残りました。その5分後です。たくさんの雷鳴がひとつにまとまったみたいな音とともに、爆風がやってきたのは。その次に私たちが見たのは、ピラミッド形の雲がわき起こって、まったく奇妙な感じの曇り空になったことでした」

数時間後、福竜丸の乗組員たちの上に細かな灰が降り注ぎ始めた。実験場から130キロ近く離れた地点で、乗組員たちは船倉がいっぱいになるまで延縄を引き揚げ続けた。福竜丸は2週間後に日本に戻ったが、乗組員たちは火傷や吐き気、歯茎からの出血を訴えた。放射線を浴びた漁獲の7500キロ近いマグロは、すでに国中の市場に売られていた〔同船の水揚げしたマグロは約9400キロ近かったという記録もある〕。大衆はパニックになり、反米感情が日本人の間に湧き起こった。9月には乗組員の一人の無線通信士が死亡し、日本人で最初の水爆の犠牲者となった。

最新の水爆の前例のない破壊力の全容がついに示され、世界中を震撼させた。1個の水素爆弾が130キロ離れた場所にいた漁師たちをこのような目に遭わせられるならば、もしそれがマンハッタンに落ちたらどうなるだろうか？　あるいはロンドン、あるいは東京に落ちたら？

イギリスの新聞は「水爆は中止せよ」という見出しで騒ぎ立てた。ウィンストン・チャーチルは「相互恐怖による平和」を予見した。ソビエト共産党の第一書記、ニキータ・S・フルシチョフはこう言った。「我々は資本家階級に勝り、彼らより前に水爆をつくり出したのだ。我々を脅かせると思ったのだろうが、いかなるものも我々を怖がらせることはできない。なぜなら、一発の爆弾が意味するものを彼らがよく知っているならば、我々も同様だからである」

アメリカはこの新しい破壊兵器を携えて、世界中の至るところで国際関係の紛争の先端にいた。

1955年には、アメリカ政府は国民に、空からやってくる砲火に備えさせようとやっきになっていた。アメリカ原子力委員会は、100万ドルをかけてネバダの砂漠に「USAサバイバル・シティー」

と呼ぶ村をつくり、そこに家具や機器を備えつけ、マネキンを置いて、典型的なアメリカの家庭を具現化した。それからその村に核爆弾を投下し、その様子を国営テレビで放送した。家具はこっぱみじんになり、マネキンたちは焼け焦げになった。だが、厚いコンクリートのシェルターの中にいた犬やネズミは助かった。連邦民間防衛局のある官僚は、生き残る唯一のチャンスは「もぐるか逃げるか」だと言い出す始末だった。

アメリカ人が恐れていたのは、共産主義者の爆弾だけではなかった。恐れていたのは、共産主義者そのものだった。第2次世界大戦終了後、世界は一方にソ連、もう一方にアメリカという2つに分断されていた。そして1955年には、アメリカにおける共産主義に対する恐怖は相当なものになっていた。新聞には国家機密を盗むスパイ団や政府機関に潜入したエージェントなどの記事があふれていた。大統領は行政局長たちに、忠誠心が疑わしいと思われるもっともな理由のある職員がいたら解雇するように指示し、軍事や民間産業において共産主義者の影響がどれだけあるかを調べるための委員会が議会に設置された。図書館では共産主義の文学は禁書扱いになった。大学では教授たちに〔国家への〕忠誠を誓わせた。全人口1億6000万人の10パーセント以上にもなる2000万人ほどが、連邦安全保障調査の対象となった。

共産主義者を追跡するのは、ウィスコンシン州選出の上院議員、ジョゼフ・マッカーシーだった。彼は1950年に、アメリカ国務省は共産主義者と反体制分子の巣窟であると告発した。1954年には、この猪首の激情的な政治家は、ワシントンで最も物議をかもす人物となり、マッカーシズムという新語まで作られた。恐れを知らぬ愛国者と言う人もいれば、危険ないかさま師だと言う人もいたが、マッカーシーが権力の切っ先にいることは誰の目にも明らかだった――彼が国務省から譴責《けんせき》されるまでは。

国中が共産主義で大騒ぎしている中、1954年5月に最高裁がそれとは別の分裂と社会不安をもたらす道筋をつけることになった。「人種分離教育機関は本来不平等である」とし、公立学校における人種隔離に終止符を打ったのだ。この決定は賞賛と苦悶とを引き起こした。

「少しずつ、我々は完璧な民主主義へと向かっている」と『ニューヨーク・タイムズ』紙の社説は述べた。

「裁判所はずうずうしくもすべての法と前例を無視したのだ。ジョージアは従わない」とジョージア州知事のハーマン・タルマッジは語った。

この決定はアパラチアン・トレイル沿いのいくつかの州、特に南部の州に最も大きな打撃を与えた。当時、17の州で分離教育が必要とされていた。そのうちの6州（ジョージア、メリーランド、ノースカロライナ、テネシー、ヴァージニア、ウェストヴァージニア）はATの本家本元だし、その他の4州（アラバマ、デラウェア、ケンタッキー、サウスカロライナ）もトレイルに近かった。トレイルからさほど遠くないウェストヴァージニア州ホワイト・サルファー・スプリングスでは、1954年9月に25人ほどの黒人生徒が学校に行こうとしたところ、300人の白人生徒たちがストライキを行った。その晩、何百人もの白人保護者たちが集まって、翌日学校に来ようとする黒人生徒を排除することを採決した。登校した黒人生徒は一人もいなかったが、この動きはデラウェア州ミルフォードやメリーランド州ボルチモア、そしてワシントンDCにも広がった。

それとはまた別の、この時期のショッキングなニュースは、未成年犯罪件数の急速な増加だ。ニューヨークでは「殺人を楽しむティーンエイジャー」という見出しで派手に書き立てられていた。ブルックリンのきちんとした家庭の4人組の少年たちが、男性1人を殺し、もう1人を叩きのめしてからイースト川に投げ込み、2人の女の子たちを鞭で打ち、さらに別の男性に火をつけた。

国中で子どもによる殺人がニュースになっていた。デトロイトでは12歳のバスケットボール選手が、別のチームの選手を試合後に殺した。トレドの17歳は女の子をレイプした後に殺した。デモインの14歳のベビーシッターは、ベッドから抜け出したという理由で8歳の男の子を殺した。国の18歳以下の男女の犯罪率は、1953年から1954年の間に8パーセントも上昇した。

こうした騒ぎは大きな心配事となり、エルビス・プレスリーの名が知られるようになる2年前から、大人たちはそれが社会的な要因のせいだと考えていた。壊れた家庭、テレビの犯罪番組、漫画、戦争の脅威からくる緊張などである。そしてもうひとつ、要因としてとがめられたのが、娯楽の不足だった。

＊＊＊＊＊＊

エマがヴァージニア州ロアノークの近くのサンセット・フィールドを出発したのは朝の5時半だった。トレイルはたどるのが難しくなってきた。道の大部分には草が生い茂り、目印《ブレイズ》が見えない。驚いたことにあるところではトレイルがまっすぐに背の高い金網へと向かって延びていて、その先には大きな金属製装置のようなものが見えていた。トレイルの跡は見当たらなくなり、一体どこで道を間違えたのかわからなかった。金網に沿って少し行くと低い鉄条網があったので、ズボンをひっかけないように注意しながら乗り越えた。鉱滓《スラグ》を敷いた道に出て、その道をたどって幹線道路まで歩いた。するとまたトレイルが見つかった。おかしいと思いながらも、さらに2回鉄条網を乗り越えたが、それでも先へ進み続けた。

すると彼らが目に入った。十数人の若者たちがエマの方に向かって一団となって行進してきて、まるで幽霊でも見るかのように彼女を見つめていたのだ。

「アパラチアン・トレイルはどっちでしょう?」。エマは大声で言った。

若者たちのうちの一人――その人が上官だろうと彼女は思った――が一団から離れて彼女の方にやってきた。

「公園道路を通っていただかないと困ります」と彼は言った。

「じゃあ、この印は何のためにあるの?」と彼女は尋ねた。

「それは以前のトレイルです」と彼は言った。

エマは知らなかったのだが、前の年に航空防衛軍団はベッドフォード空軍基地と呼ばれるレーダー基地を、ここアップル・オーチャード山の上に設置していたのだ。国土の周辺に沿って配備された多くの移動式レーダー基地のひとつの歯車として。それは冷戦が始まってから10年目の、大がかりな安全保障対策だった。この山上における飛行隊の任務は、未確認の飛行機をレーダーで見つけ、侵入機に対して迎撃機を誘導することだった。

隊員たちは空ばかり見上げていて、地上にはあまり注意を払っていなかった。だから今、オハイオ州ガリア郡のエマ・ゲイトウッド夫人を囲んで、彼らは呆然と立ち尽くしていたのだ。

「ありがとね」とエマは言った。

そして向きを変えるとゲートの方に歩いて行った。隊員たちは何も言わなかった。ゲートに近づくと、それまで寝ていたかのように守衛が目をこすりながら小屋から出てきた。

「どうやってここに入り込んだ?」と男はしわがれ声でものうげに言った。

「いくつか鉄条網をくぐり抜けてきたのよ。逮捕されて銃殺刑ってところですかね?」と彼女は言った。

守衛はぶつくさ言ったが、ゲートを開けてエマを外に出してやった。十分遠く離れたと思ったところで、エマはこらえきれずに笑い出した。その夜、エマは空き家になっていた農家のフロントポーチに上がり込んだ。近くの牧草地では牛たちが草を食んでいたが、人の姿は見えなかった。彼女はノートを取り出して、こう書いた。

「あれほどおかしな場面はなかったから、離れたところに行って大笑いするのが待ちきれなかった。あのお兄さんたちの表情といったら！」

6

私たちの喧嘩

1955年6月23日～7月5日

エマの足はひどいありさまだった。

まず足指だが、爪が欠けてつぶれたようになっていて、まるで岩をずっと蹴り続けていたかのようだった。両足の中3本の指はかぎ状に曲がって固まり、第2関節から先がほぼ垂直に下を向いていた。長いこと小さすぎる靴に押し込められていたせいだ。小指は両足とも中心の方に向かっていて、両足の外側には大きな腱膜瘤《バニオン》ができていた。

だが中でも一番驚くべきは、足の親指だった。足の甲から中心に向かって45度の角度で飛び出しているのだ。足の甲の中足骨が趾骨と出あうところから突き出ていたのは、ボールベアリングみたいにふくれた腱膜瘤《バニオン》だった。

足そのものは幅広で扁平だった。血管の筋が地図上の線のように表面を覆っていた。外から見えない血管は太い足首の方に向かい、それから砂時計のようなカーブを描く、痛めつけられてきた細い脛《すね》へ、さらに不自然にふくらんだ出っ張りに覆われた、異様にぼっこりしている膝へと走っていた。

エマの脚は酷使されてきており、足の部分はスニーカーで、膝はダンガリーの内側に隠されていたが、今は両方とも刻一刻と濡れてきていた。彼女はでこぼこのトレイルを、6月末の土砂降り雨の中、ヴァージニア州で最も登りがきつい山のひとつ、標高1238メートルのザ・プリーストを越えて歩いていた。下りながら、一連の泡立つ滝があるタイ川を渡り、リーズ・ギャップに来たところでレイン・ハットをなくしてしまった。少し引き返して捜してみたが、運がなかった。骨の髄までびしょ濡れになった時、トレイルの脇で牛の乳を搾っている人に出会った。キャンベルというその男性に、エマはどこか泊まれる場所はないかと尋ねた。彼は自分の家にエマを招いたが、それはトレイルから丘を越えてずっと下っていったところにあった。家の女主、シス・キャンベルは80代だったが、その家は主よりさらに古そうで、家具も昔からずっとそこにあるようだった。家には電気が通っていなかったので、シス・キャンベルはろうそくを灯してエマを2階へ案内した。

翌朝は晴れ渡り、エマはヴァージニア中央部を抜けて北上した。北の方のウェインズボロの近くにハワード・ジョンソンズというレストランがあると通りすがりの人から聞き、エマはその日ずっと温かい食べ物のことばかり考えながら歩いた。最初に見かけた家でレストランへの行き方を訊いた。その家に住むE・B・リックス夫妻はとても親切で、一休みするようエマを招き入れてくれた。彼らの家は素敵だった。中庭には板石が敷き詰められ、そこからはエマが想像もできないくらいに美しい渓谷の景色が見られたのだ。夫妻はエマの話に魅せられて、ぜひ夕食までいるようにと頼んだ。特にリックス夫人はエマを質問攻めにした。エマが床についた後、夫人はウェインズボロの『ニューズ・ヴァージニアン』紙に電話をかけた。

翌朝、2人はエマを数キロ離れた町まで車で送ってくれた。エマはレストランで朝食を摂ってからドラッグストアに寄っていくつか買い物をした。それから通りを渡って別の店が開くのを待った。新しいズボンを1着、レインコート、そして新しい靴を買うためだった。買い物を始めたちょうどその時、エマを見つけて大きな笑みを浮かべながら早足で近づいてくる人がいた。

「新聞社の者ですが」と男性は言った。

またもや見つかってしまったのだ。記者はリックス夫人に電話をかけ、エマが靴を買いに店に寄っていると聞いたのである。今回はエマはそれほど気にしなかった。結局、もう知られているのだ。記者の質問にはすべて答えた。

持っている布袋についても、どうやって作ったのかも話した。記者は手に取ってみて、袋がいっぱいになったら5キロ強だろうと考えた。寒い夜には寝袋もなくてどうやって暖かく過ごすことができたのかと彼は尋ねた。平らな石を焚き火で温めて、その上にもたれて温もったのだとエマは答えた。クマが怖くて眠れない夜が幾晩もあった、とも話した。まだ一頭も遭遇してはいないが、クマが近くにいることを示す痕跡はたくさんあった。ガラガラヘビのことやトレイル上にシェルターの数が十分にないことも話し、「うまくいけば」9月後半には歩き終えることができるだろうと言った。

トレイル・マジックについて、幾人かがいかに歓迎してくれたかを話した。「一夜の宿と食事を提供してくれた素敵な人たちにたくさん会ったし、私がそばにいることを嫌がる人たちにも会った」とエマは語った。

ここまで歩いてきた印象を尋ねられて、エマはこう言わざるを得なかった。『ナショナル・ジオグラフィック』の記事はすごく楽な旅のように書かれていたけれど、「聞いていたよりも大変だった」と。

インタビューが終わると、エマはレインコートと靴と靴下、食料を少し買って、再びトレイルへ、それからソーミル・シェルターへと向かった。その日の午後、『ニューズ・ヴァージニアン』紙の1面下段の記事にエマの話が載った。見出しは、「ジョージアからメインまでハイキング中の67歳の女性、ウエインズボロに到着」。

67歳という歳になると、多くの人は安楽椅子に腰かけることを選ぶだろう。

だが、オハイオ州ガリポリスのエマ・ゲイトウッド夫人は違った。

27歳から47歳までの11人の子どもがいるゲイトウッド夫人は、5月3日にジョージアからメインまでのアパラチアン・トレイルを歩き始めた。

それ以来、67歳のこの女性はすでに1450キロを歩いている。


記者は、エマが今立っている場所から西におよそ480キロ離れたオハイオにいるエマの家族にその記事を送ってほしいかどうか、彼女に尋ねた。

「家の人たちはね、私がどこにいるのか知らないのよ」とエマは言った。

＊＊＊＊＊＊

森に行けば隠れることができた。いつだって。

「いつも森の中でたくさん歩いていましたとも」と、何年も後になってからエマは新聞記者に語った。「森の静けさや穏やかさがいつだって素晴らしく思えて、私はその安らかなのが好きだった」

エマのことを頭がおかしいと思う人もいたが、森には彼女の性分を満足させる何らかの安らぎがあったのだ。森に行くとエマは満ち足りた気持ちになった。特に家庭が暴君に支配されていた時には、森の中は居心地がよかった。後年エマは子どもたちに、彼らの父親から目の周りに青あざをつくられ、唇を血だらけにされたばかりか、飽くことを知らない性欲の持ち主だったために日に何度も彼を受け入れさせられたことを打ち明けている。当時子どもたちはそんなことは知らなかったが、静かな夜に母親が子どもたちのベッドに避難してくることには慣れていた。彼女は夫の隣で横になることに耐えられなかったのだ。

父親が母親に何をしたか、子どもたちは見たことを、歳をとっても忘れていなかった。夜中に聞こえてきたくぐもった物音。エマの顔にできたあざ。少しずつ少しずつ擦り切れていったエマの忍耐力。5番目の子のロウィーナがいつも思い出すのは、2階の窓辺にたたずんで外を眺めていた母のシルエットだった。その時手が伸びてきて、母の髪の毛をつかんで床に引き倒した。ロウィーナが叫び声を上げると姉がやってきて平手打ちし、黙らされたことを覚えている。ルイーズが思い出すのは、父が母のことをこの気狂いめと言いながら顔をげんこつで殴っていたことだった。末っ子のルーシーは叫び声を聞いて2階に駆け上がると、父が母に馬乗りになって両手で首を絞め、母の顔が青黒くなっていたことを記憶していた。ネルソンは、父が母を打ちすえているのを見て父を引き離し、その隙に母が森に逃げていけるようにしたのを覚えていた。

子どもたちはこんな噂があったことも覚えている。父はお金を、家族のお金を持って、ウェストヴァージニア州ハンティントンまで行き、自分の欲望のために使っていたのだと。母の言うことは気が狂った人間の言うことだと、父は近所の人たちを納得させていたのだと。父が母の頭に打ち下ろしてほうきを壊してしまった時でさえ、本気で愛しているからだと世間を納得させることができたほどだった。

「あちこちに青あざや黒あざをこしらえていたことが何回もあったけれど、だいたいは顔にできていた」と後にエマは書いている。「妊娠中でも叩かれたり殴られたりしなかったことはないし、何度も私は外に出されて、行ってしまえと言われた。あれほど異常な癇癪《かんしゃく》持ちといっしょに暮らすことは、とてつもない悪夢だった。彼は罪のない顔をして、私には手もあげたことがないという演技ができた。そして私が正気でないからどうにかしなければならないと言うのだった。私にどの精神病院に行きたいかとさえ訊いてきたから、アテネだろうがどこだろうが、その他どんなところだって家よりはましだと言ってやった」

エマは時々やり返すこともあった。それも彼女の気性の表れだ。そして自分を失わずにいられた。次の逸話はその後何年も語り伝えられた。

エマとP・Cが夫婦喧嘩をしていて、作男たちは外で働いていた。エマは家から飛び出して、トウモロコシを満載した荷馬車の後ろへ走って回り込んでから、その上によじ登った。P・Cはすぐ後から明確な意図を持って追いかけてきて、家に立てかけてあった鍬をつかんだ。作男の一人が彼を止めた。

「奥さんを殺しちまいますよ」と彼は言った。

「構わないで」とエマは叫んだ。「これは私たちの喧嘩なんだから」

2人の関係が悪化するにつれ、家計もますます苦しくなっていった。P・Cは1935年に、裕福ないとこのメイベル・マッキンタイアに手紙を書いた。農場を維持するためにお金を借りたいと頼んだが、いとこは貸そうとしなかった。「農業局にはその手の用意があるでしょう？　そこがどうにかしてくれるのではないですか」といとこは書いてきた。

P・Cはこのニューヨークに住むいとこには、家庭内の問題について話していた。いとこのメイベルはO・O・マッキンタイアという、当時最も有名な著述家の一人と結婚していた。彼の「ニューヨークの日々」というコラムは、500もの新聞に掲載されていたのだ。メイベルは1937年に、ガリポリスにある自宅の改修をするためにP・Cを雇った。メイベルの立てた予算を上回ると、P・Cは家庭内の問題のせいにした。

「あなたの家の問題についてはとても同情します。だけど残念ながら、それとこの仕事の契約の話は別物です。あなたが報告書を作成できないほど問題をかかえているのであれば、誰かに報告させなければなりません。これは仕事の話であり、それ以外のものではありません」と彼女は書いた。1937年11月のことだった。その3週間後にP・Cは〔追加の〕費用を支払い、態度を改めた。「家でのごたごたがなかったならば、あなたは進行状況に従ってきちんと報告できていたことでしょう。そうすればお互いにやきもきすることはなかったことと思います」とメイベルは書いた。「ともかく済んだことはよかったです。あなたの方の問題も解決されるよう願っています」

問題は解決しなかった。

その間ずっと、森はエマにとって息がつける場所だった。時には歩いていったまま、一日中、あるいは少なくとも彼の気分が落ち着くまでの間、家をあけていたこともあった。森の中でエマは生気を取り戻した。彼女は詩を書いた。春について、小川がさざめきそよ風がやさしく枝を揺することについて、森の奥深くの赤根草《ブラッドルート》やアネモネやミスミソウについて書いた。蛇行するオハイオ川、ロマンチックなタグボートの船着場について書いた。クリスマスの時期について、そして一人になることについても書いた。いくつかの詩は暗く、P・Cとの関係についてその時に感じていたことを表現しているようでもあった。

彼女は男をつかまえて、ロープで縛り付ける
まるで窒息したかのように舌がだらりと垂れている
彼女は怯えているようで、髪は乱れたまま
足で男の首ねっこを押さえつけたまま
女は死に物狂い、こんな時代には
男はめったにいないし、いても気難し屋ばかりの時には

それがエマの運命だった。そして彼女はうまくやってきた。だがもうそれもできなくなった。彼があ

まりに残酷なので、もう一度殴られたら命の保証はなかった。１９３７年の冬が来ると、エマはまだ家で暮らしていた子どもたちに、愛している、じきに呼びにくるからと告げた。大きい子どもたちには年下の子どもたちの世話をするように言い、常にお互いのことを気をつけているようにと言い聞かせた。そして彼女はこっそりと家を出た。

＊＊＊＊＊＊

ヴァージニア州の美しいシェナンドア国立公園を抜けるトレイルは快適だった。長く易しい登りは、これまで越えてきた山々の１６００キロと比べたら、まるで苦にならなかった。天気すらよくなっていた。6月28日には34キロ、6月29日には32キロ歩いた。主な栄養源は野生のブラックベリーだった。6月30日は午前中にたっぷりと歩いた後、ビッグ・メドウズ・ロッジで昼食を摂り、その近くのキャンプ場でボーイスカウトの一団と出会った。エマがこれまでどこを歩いてきて、何をしているのかを知って、少年たちはエマの写真とサインを欲しがったので、彼女はそうしてやった。有名人になったみたいだった。

ホークスビル山にはシェルターがあって、一晩中ブヨに悩まされながらもそこで眠った。

翌朝は5時半に出発し、１６０キロの細長い国立公園を抜けて、よいペースで歩いた。トレイルはし

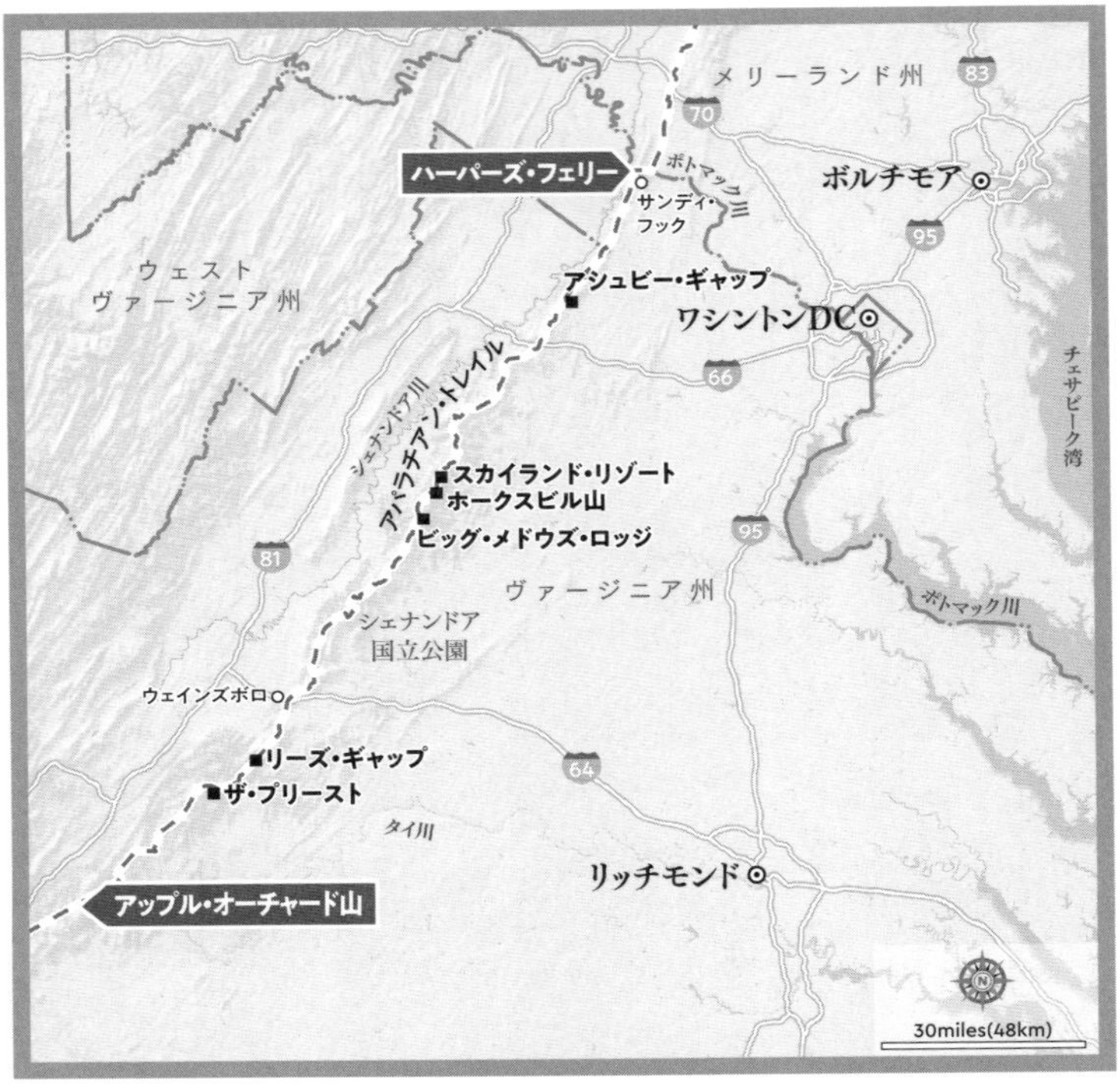

ばしば古い石垣に沿って延びていて、エマは4頭立ての馬車に乗った人の写真を撮った。

こうした丘は、何千年もの間アメリカ先住民たちの故郷だったが、やがてヨーロッパからの入植者たちが東から侵入してきた。1700年代初期に、遠征隊がブルーリッジ山脈を越えてからすぐのことだった。入植者たちの多くはペンシルヴェニアからやってきて低地に農地を求め、よい土地が少なくなるにしたがって、山の方へと移っていった。土地を開墾し、狩りをし、獣を罠でつかまえて、家畜を育てた。彼らはそこで200年もの間、自分たちの暮らしをたててきた。だが1920年代になって、学者たちがこの地域の社会「問題」、すなわち、非識字、貧困、非合法性、公衆衛生についての調査を始めた。

人々を山間から移動させ、尾根に舗装道路を走らせて、東部の街から観光客がやって来てドライブを楽しめるような土地に変貌させるという大規模な計画が始動した。1926年、議会はシェナンドア国立公園の設立を認可し、ヴァージニア州は土地の獲得に乗り出した。時には人々の意思に反しても強制的に移住させることもあった。1936年には、フランクリン・D・ローズヴェルト大統領の市民保全部隊が石橋やシェルター、ロッジなどをつくり始めた。彼らの手際には目をみはるものがあった。その年、国立公園がオープンし、かつて牧草地だったところはほどなく回復してウィルダネスとなり発展していった。

エマはスカイランドという1890年代にオープンしたマウンテン・リゾートを見つけた。興行師の才覚を持つ社交的ビジネスマンが、都市化され機械化された暮らしから逃れよう、と都市に住む人々を招いたのだった。その後、プライベート・リゾートは公園の管理下になったが、樹皮で作られたように見えたそのロッジはそのまま訪問客が使えるようになっていた。エマはよいピッチでメリーランド州に向けて歩き、7月4日〔独立記念日〕に、アシュビー・ギャップに程近い道端で、紙幣3ドルを見つけた。ご暗くなってきていたので、彼女はその幸運の紙幣をモーテル1泊とフライド・チキン5個に充てた。ごちそうだった。

とうとうメリーランド州に入った。そこはサンディ・フックという、鉄道線路に沿って人家がほんの少し立っているような小さな町で、チェサピークやオハイオ運河からそう遠くはなかった。アナ・フレミングという女性に会って自己紹介すると、一夜の宿を提供してくれた。その晩、夕暮れ時にエマはメリーランド・ハイツまで歩いていって、崖に腰を下ろしてウェストヴァージニア州ハーパーズ・フェリーの絵のように美しい小さな町を見下ろした。170年前、トーマス・ジェファーソンはその景色を「自然の中で最も並外れた風景」と呼んだ。最初にフランスで出版した本の中でジェファーソンは、ポトマック川がブルーリッジ山脈を抜けてシェナンドア川と合流するこの景色のためだけにでも、大西洋を航海する価値はある、と書いている。

エマが見下ろす町は、その狭い煉瓦造りの通りや小さいながらも堂々とした建物から教会の尖塔や丘の上の墓地に至るまで、歴史が息づいていた。そこは奴隷制度廃止論者のジョン・ブラウンが革命の火蓋を切ることができると信じた場所だった。南部の奴隷制度の流れを一変させて、シャープス・カービン銃を向けることで抑圧されている人々を解放することができるのだと。ヴァージニア州はブラウンを反逆罪で絞首刑にした。だが彼の襲撃は南北戦争の契機となった。南北戦争中、ハーパーズ・フェリーでは8回も戦いが繰り返され、その度に北軍と南軍の間で支配が入れ替わった。最後の戦いが行われたのは、エマが崖の上に腰かけた日から91年前のことだった。両軍にとって、ハーパーズ・フェリーは敵地への突破口だったのだ。その後もここは、W・E・B・デュボイスと彼の仲間たちがナイアガラ運動を始めた場所ともなった。全米有色人種地位向上協会に発展した運動である。

この小さな場所に、それほど多くの変化と残虐行為があったのだ。それほど多くの流血と浄化、死と再生があったのだ。

「美しい景色だった」とエマは日記に書き残している。そして独立記念日の翌日、彼女はまた立ち上がってトレイルを歩き始めた。

7

女放浪者《レディー・トランプ》

1955年7月6日〜15日

トレイルが見つからなかった。

トレイルはハーパーズ・フェリーを通ると聞いたので、メリーランド州サンディ・フックから出てそのまま道を歩き、ポトマック川を横切る鉄道の橋を渡って町に入ったのだ。聖ピーター・カトリック教会の近くの電信柱に古い目印《ブレイズ》があったが、トレイルは見つからなかった。標識を探して崖の上まで行ってみたものの、夕方にはサンディ・フックに戻ってきた。そこにいた人が、トレイルのルートが変わったのだと教えてくれて、エマは別の方角へと歩き出した。チェサピーク川とオハイオ運河に沿って、3キロほど離れたウェヴァートンに着いた時には夜になっていた。

翌日は、1827年にジョージ・ワシントンの最初の記念碑が建てられた、ワシントン・モニュメント州立公園を通り抜けた。夕方になってからエマはそこで消防監督官に出会い、彼の自宅のリビングルームにある簡易寝台に泊めてもらうことができた。彼はブーンズボロにある新聞社に電話をかけてエマを電話口に出したので、彼女は答えるつもりのなかった質問に答える羽目に陥った。17日間でこれで3回目だった。迷惑ということではないが、一体何を騒いでいるのか彼女にはよく理解できなかったのだ。

翌日、エマがペン・マー公園を抜けてメイソン・ディクソン・ライン〔メリーランド州とペンシルヴェニア州の州境で、南部と北部の境界〕に向けて歩いている時、AP通信からの短い特報が輪転機で新聞に印刷され、束にされて牛乳配達用のケージやカバンの中に入れられ、新聞配達の少年少女らの自転車に載せられて、国中の何百、何千もの家々の前庭やポーチへと放り込まれていた。そしてエマがその夜リーン・トゥに腰を落ち着けた頃、全米津々浦々のアメリカ人たちは、縁もゆかりもない人間の、長く孤独な、信じられないような徒歩の旅についての詳細を読んでいたのだ。

メリーランド州ブーンズボロ、7月8日（AP通信）

66日間、1600キロを歩いてきて、アパラチアン・トレイル3300キロを単独で踏破する最初の女性になるというエマ・ゲイトウッド夫人の固い決意に変わりはなかった。しかも67歳という年齢だ。

オハイオ州ガリポリス出身で、11人の子の母であり、23人の孫がいるおばあちゃんであるこの女性は、昨日近隣のワシントン・モニュメント州立公園で小休止した際、その点を強調した。この調子ならばグランマ・エマは、メイン州のカタディン山に9月中には到着するだろう。彼女はスタート地点であるジョージア州のオグルソープ山を5月3日に出発している。

16キロ近くの袋を担ぎ、寝袋で眠るか途中のリーン・トゥのシェルターで夜を過ごしてきた。靴は2足履き潰したが、情熱はさめることがなかった。

「アウトドアが大好きなのよ」と彼女は語った。

記事はおおよそ正しかった。ただ、荷物は16キロもの重さはなかったし、寝袋は持っていなかった。そしてこの調子でうまくいくなら、カタディン山に9月までには着くことができるだろうと思われた。歩き通すことができたならばの話だが。トレイルの一番の難所はこれからだった。彼女の名は知れ渡ってきて、ますます多くの人々が彼女を引き止めて話をしたがった。しかも天候は予測できなかった。

北西部では、1955年の夏はここ数年で一番寒く、じめじめした夏になろうとしていた。畑の干し草にはカビが生え、イチゴは大きくならなかった。だが、シカゴでは大火のあった1871年以来の記

録の中で一番暑い7月になろうとしていた。北東部の大部分は干ばつに苦しめられていた。ニューヨーク州は連邦政府に対し、干ばつの被害に対する援助を訴えていた。一方、テキサス州ではあまりに雨が多く、農民たちは砂嵐《ダストボウル》〔1930年代にアメリカ中西部で断続的に発生した砂嵐〕からの復興について話すことなどやめてしまった。さらに不思議なのは、めったにない冬の嵐が起こったことだった。大晦日に発生した嵐は、1月1日にはハリケーン・アリスへと発達し、数日後に消滅した。プエルト・リコの歴史学者たちは、これは史上初の冬

の嵐にあたるのではないかと議論した。１８１６年に似たような嵐があったことは記録されていたが、その発生が9月だったか1月だったかを判断できなかった。いずれにしても、この嵐は気象学者たちを困惑させていた。「ことによるとこれは、ここ数十年の間観測されてきた全般的な温暖化が一因かもしれません」と国立気象局の気象学者は書いている。

その年の暮れまでに、気象局は熱帯低気圧を13回記録した。そのうち10回はハリケーンの強さとなり、過去にそれだけの回数を上回ったのは一度だけだった。55年のハリケーン・シーズンは「史上最も甚大な災害をもたらし」「その被害は過去のすべての記録を上回った」と述べられた。エマ・ゲイトウッドが何も知らずにメリーランド州を北へ向かって歩いていた7月の現象について、気象学者たちは次のような仮説を立てた。北大西洋で発生した大気波が熱帯低気圧のように発達して、アゾレス諸島にあった気圧の尾根では、上層の高気圧性循環が北東方向へとヨーロッパの方に強く張り出して北東への気流を起こし、その渦度《うずど》フラックスによってスペインとアフリカの海岸に沿って異常なほど急激で深い気圧の谷がつくり出されたというのだ。そしてこの気圧の谷の底で、北からの低気圧性渦が入り込み垂直方向の不安定な空気と結合して、もうひとつの嵐が生まれたのだと学者たちは書いた。

エマ・ゲイトウッドは、こうしたことは何ひとつ知らなかった。木々、花々、動物たちと風雨や日射などの自然の力が、孤立した彼女の世界だった。その夜、彼女はトレイル脇のリーン・トゥで眠りに落ちていった。

3人の若者が真夜中頃に、シェルターに泊まろうとやってきたが、中に年配の女性がいるのがわかると、引き返して去ろうとした。エマは呼び寄せて、スペースはたっぷりあるから、ここで寝ても一向に構わないと伝えた。翌朝、若者たちが寝ている間に彼女は出発し、よいペースで進んで州境を越え、ペンシルヴェニア州に入った。そこはカレドニア州立公園に近く、ブルー山とサウス山の間にある谷間で、タデウス・スティーブンス〔同州選出の下院議員〕の所有になったこともある土地だった。これから370キロはペンシルヴェニア州を通ることになる。エマは服を洗濯して焚き火で乾かし、再び歩き始めるまでの間眠った。

チンカピン・ヒルの南側の急斜面を登っている時、何か不自然な物音が聞こえてきた。振り向いてみると、後ろからハアハア言いながら登ってくる男性が目に入った。髪の毛が目にかかり、登りに苦労していたが、どうやらエマに追いつこうとしているらしい。記者だろうと思い、エマは立ち止まった。

その男性はウォーレン・ラージと名乗った。彼はバード・ウォッチャーで、エマのことを新聞で読み、その朝彼女に会おうと出発したということだった。時間は取らせないから、少しだけ質問させてほしいと彼は言った。二つか三つだ、と。2人はペンシルヴェニアの森の中で丸太に座って話し始めた。2時間後、もう行かねば、と彼は言った。エマにさよなら、幸運を祈ると言ってから、また座り直して2人でさらに1時間話すことになった。1955年7月10日、ウォーレン・ラージは教会と日曜学校に行きそびれ、エマ・ゲイトウッドはその日はもう歩くのはやめにした。

ミショーでマイゼンハルター夫人からよいレタスをもらい、パイン・グローブ・ファーネスでは食料が手に入った。そこはようやく到達したトレイルの中間地点で、独立戦争の時に武器が製造された木炭火力の高炉があったためにファーネス〔溶鉱炉〕と呼ばれている。エマがオハイオから来たボーイスカウトの一団のリーダーと話をしていた時、森林管理人がエマを電話口に呼んだ。相手は州立公園の管理責任者だった。彼はボルチモアのラジオと新聞のレポーターであるコンウェイ・ロビンソンとの面会を取り付けたがっていた。エマのニュースがついに大都会の新聞に掲載されるのだ。ロビンソンはペンシルヴェニア州ブランツヴィルでエマと会いたいと言ったので、翌朝早く、6時前にエマは出発した。だが脇道で迷ってしまい、ようやくトレイルに戻れた時にはもう午後になろうとしていて、まだあと何キロも行かなければならなかった。この区間は特に岩場続きで、どっちを向いても岩また岩だった。ブランツヴィルに着いた時にはもう夕方の5時になっていた。ロビンソンは午後中ずっと待っていて、日が落ちる前に彼女を再び森に連れて行ってエマが歩いている写真と映像を撮った。満足できるまで撮影すると、エマの声を録音した。お礼にロビンソンは夕食をごちそうしてくれた。

＊＊＊＊＊＊

彼女は〔西海岸の〕パシフィック・コースト・ハイウェイを横切って、生まれて初めて見る海の砂浜を

初めての海。
シール・ビーチとハンティントン・ビーチの間で
（ルーシー・ゲイトウッド・シーズ提供）

歩いた。よそゆきの靴を履き、長袖の麻のドレスを着て、白い花を横に付けた麦わら帽子をかぶっていた。カリフォルニアの風が塩水と砂を肌に吹きつけた。全身を覆う水着に身を包んだ男の子たちが、波の中で水をはねかせていた。1937年のことだ。

エマは海を見つめ、そのシンプルな美しさをじっくりと眺めた。家からこんなにも遠く離れた場所で、娘たちのことが気にかかった。

エマは西部へ逃れてきていた。彼女の家族のほとんどが何年も前にたどった旅路と同じだった。エマの母と弟はカリフォルニアにいたし、妹はサンタアナに家があり、そこには予備のベッドもあった。ガリア郡でのゴタゴタが落ち着くまで居候しても構わないと言ってもらっていた。エマは久しぶりに会う家族の近況を聞けることを喜び、母は苦労して家に戻ってきた娘を温かく迎えてくれた。だが、子どもたちを残してきた悲しみは、エマをやるせない思いにさせた。子どもたちを呼び寄せて養うだけの余力はないし、エマに対するような扱いをP・Cが子どもたちにすることはないとわかっていた。以前にも一度ひどく殴られた後に、まだ幼かったルイーズを連れてカリフォルニアに移ったことがあったが、一時のことだった。エマはそこに1年近くいたが、P・Cがこれからは変わると約束したのでオハイオに戻ったのだ。だが今回は違った。はたして戻ることがあるのか彼女には確信が持てなかった。

子どもたちを後に残していくことについては、罪悪感にさいなまれた。だが他にどんな手立てがあったろうか？　P・Cは決定的に彼女に暴行をしたのであり、彼を遠ざけられるだけの力がないならば、エマに残された手段は家を出て西へと向かうことだけだった。

1937年11月18日、エマは娘たちに手紙を書き、2枚綴りの紙を封筒に入れて投函した。差出人住所は書かなかった。

愛するルイーズとルーシーへ

ずっとあなたたちに手紙を書きたかったのだけど、お父さんに居場所を知らせたくなかったのです。あの人のことは最悪の悪夢でした。あの人が私を放っておいてくれることを神さまに願います。彼にはそばにいてほしくないので、もうあきらめてくれればよいのにと思っています。昨日は大きな菊の花束を送ってきたけれど、見たくないのですぐに墓地に行っておじいちゃんとマータのお墓にお供えしてきました。新しいドレスや靴やコートをもらえていることと思います。あの人がいる限り戻ることは考えられないし、私につきまとっても無駄なことなのです。あなたたちのことや、あなたたちにしてあげられただろうこと、してあげたいことなどは、できるだけ考えないようにしています。ただ事態が変わって、いつかいっしょに過ごせるようになることを願って日々を過ごすばかりです。忍耐強く、よい子でいてください。そうすればお父さんのようにみじめな思いはしなくてもすむでしょうから。ひどい言葉を投げつけられても、もしあの人が余計な手出しさえしなければ、あなたたちとまだいっしょにいられたのに。でも、もうすべて過ぎてしまったことです。とても残念だけど、もう遅すぎます。これ以上私を困らせるならどこか外国へ行きます。そうすればもう私を困らせるようなことはしないでしょう。もう二度とあの顔を見たくありません。あの人の暴力には十分に苦しんできたので、今後１００年間はご免です。

いつの日かまたいっしょになれることを願いながら、
たくさんの愛とともに、あなたたちの

ママより

娘たちはガリア郡の家でこの手紙を読んだ。2人は9歳と11歳で、その手紙に込められた痛みは十分に理解することができた。2人は父親の手先にも使われて、父の命令で、どんなに母がいなくて寂しいか、どんなに会いたいか、そしてどうかお願いだから戻ってきて、と書かされた。これは下手な芝居だとその時の2人にさえわかってはいたが、父に協力した。そして手紙のやりとりは続いた。

＊＊＊＊＊＊

道路は平らで何も生えておらず、アスファルトの2本の帯が目の前に続いていて、まるで終わりがないように思えた。足が痛んだ。一日中ハイウェイを歩き、アメリカで最初の有料道路で、東はデラウェア川から西はエマの故郷のオハイオ州まで延びる新しいペンシルヴェニア・ターンパイクも歩いて越えた。夕方5時半頃になって、一軒の家が見えたので、許可も得ずにエマはフロントポーチまで歩いて行って、どすんと腰を下ろした。中にいたマッカリスター家の人たちは、窓からこのみすぼらしい闖入者を眺めていた。頭のおかしな老人と思われたようだったが、エマはそれを否定しようとはしなかった。疲れすぎていたのだ。しまいに家の人たちから素性を尋ねられると、彼女は自分のしていることを話した。するとマッカリスター家の人々は少し好意的になって、夕食に招いてくれた。食べ終わると、一家は泊まっていかないかとエマに言った。

翌日は午前中いっぱいかかって、ゴツゴツした鋭い岩々を越えていった。これは最終氷期の氷河が後退する際に南側に残していった地形である。このセクションはトレイルの中でも一番岩が多いところで、ひとつひとつの岩がまるでわざとへりに置かれているかのようだった。エマには新しい靴がどうしても必要だった。履いていた靴は、足のこぶに当たらないように横の部分を切り取って履き心地をよくしていたが、歩き続けているうちに足がむくんでしまったのだ。

11時を少し過ぎた頃、ペンシルヴェニア州ダンカノンの町外れにやってきた。エマはバーミューダ・ショーツを履いていたが、ダンガリーの長ズボンに履き替えるべきか考えた時には、もうすでに町に入っていた。フロントポーチで子どもたちの集団が遊んでいたが、彼女が道路を歩いてくるのを見て一人の男の子が遊び仲間に向かって叫んだ。

「見て！　女放浪者《レディー・トランプ》だ！」

エマは歩き続けた。あざけりの対象として指さされたことは、これが最初でも最後でもなく、それにひるむことはなかった。数分後、女放浪者は広大なサスケハナ川を渡り、渡り終わった橋のところにあった小さなレストランに立ち寄った。そこでトマト・サンドイッチを注文し、さらにバナナ・スプリットも頼んで気分を盛り上げた。

夕食の後、水を探しに出た。午後9時になっても、水は見つからなかった。布袋の中から懐中電灯を探り出して、道路脇に立ってそれを振り、車が停まってくれることを願った。やっと停まってくれた一台には女性2人と彼女らの子どもたちが乗っていて、エマは泊まるところ、または水だけでも得られるところを探しているのだと話した。彼女がぎゅう詰めになって乗り込むと、車はそこから24キロ走って一軒の家の前で停まった。そこがエマのその晩の宿となった。翌朝、家主はエマを車でトレイルまで送ってくれた。

足がずきずき痛むことを除けば、ペンシルヴェニア州東部――当時トレイルはフィラデルフィアから約160キロ西にあった――のハイクは易しかった。難題は泊まる場所を見つけることだった。7月15日、エマは24キロ歩いてから一軒の大きな家に寄って、空いている部屋はないか尋ねた。家の中で女性が家事をしているのが見えたが、戸口に出てきたその女性は関節炎がひどくて泊めることはできないと言った。その次に訪ねた家では、家主が出てきて、余分なベッドも部屋もないとにべもなかった。立て続けに8軒の家を訪ねたが、どの家でも断られた。

次に訪ねたのは少し小さめの家で、ぽっちゃりしたブロンドの髪の女性が戸口に出た。余分な寝床はないと言ったが、子どもたちを離れにやって、そこにエマのために簡易寝台を用意してくれた。もしよかったらフロントポーチのブランコの方がいいのだが、とエマは言い、暑い夏の夜にそこで眠った。女性は夜の間にエマの服を洗濯しておいてくれた。

8 注目

1955年7月16日～26日

鋭い岩が彼女の足をさいなんでいた。一歩ごとに痛みが走る。エマはベテランの山男が履くような硬い靴底のブーツではなく、すぐに擦り切れてしまうゴム底のスニーカーを履いていた。応急処置として、捨てられていた男物の靴のかかとのゴムの部分を、土踏まずのサポートとして足底にテープで貼りつけていた。彼女の靴は、ダニエル・ブーン〔18～19世紀の開拓者、探検家〕が履いていたモカシンと大差ないものだった。ブーンはこの近辺で生まれ、幼い頃からこの辺りの山の中で狩りや釣りをしていたのだ。

エマはやっと足を休められるとほっとして、ハートレイン・キャンプサイトで一夜を過ごした。それから翌日の午後になって、ペンシルヴェニア州ポート・クリントンという幅の狭い、小さな町に入って行った。新しい靴を一足買おうと店を覗いてみたが、その店はひどいありさまで今までに見たことがないほど雑然としていた。箱が山積みになっていて、触るものすべてに何層ものほこりが積もっていた。エマはそこでスナックを少量買って、少しの間ポーチに座っていた。そこから通りを歩いてキング・フィッシュ・ホテルまで行き、部屋が空いているかどうか尋ねようと思っていたのだ。ちょうどその時、近くの家の女性が大声を出した。

「あなたがトレイルを歩いてるっていう女の人かい？」と彼女は尋ねた。

「そうですよ」とエマは答えた。

スウェイバーガー夫人というその女性は、とても興奮していた。エマはそれを見て嬉しくなった。女性が息子をエマの横に立たせて写真を撮ると、今度は彼女の娘がエマにいっしょに来てくれと言い出した。角を曲がったところで、トレイルに興味を持っている彼女の夫に会うためだった。

エマの知名度はまた上がっていた。彼女がトレイルを歩いている話は野火のように広がっていたのだ。メリーランド州ブーンズボロのＡＰ通信の特報は実際ガリア郡まで届いていて、新聞は今や全国的に注目を集めているこの地元の女性についての関連記事を掲載した。

「南に行く」と言って4月にここを出てからの彼女の居場所は、金曜日の午後メリーランド州ブーンズボロからの知らせが届くまでは不明だった。ジョージア州オグルソープ山から、14の州を通り、8つの国有林と2つの国立公園を抜けて、北の終点である標高1600メートルのメイン州カタディン山までうねうねと続くトレイルのどの辺りを歩いているのか、正確なところはわからなかったのである。

新聞記者はエマの長男のモンローにインタビューした。モンローはガリア郡のオハイオ・ベル電話会社で電報担当主任を務めていた。彼は驚いたようだったが、心配してはいなかった。

「私たちも昨日まで、母が何をしているか確かなことは何も知らなかったんです。まあ、ちょっと怪しいなとは思っていたんですが」と彼は言った。「母は自然が大好きで、ものすごく健康だし、彼女より何歳も若い人よりよく歩けます」

ペンシルヴェニア州バークス郡を抜ける区間のATで、エマはシケラミー・スカウト保留地のボーイスカウトのグループに出会った。彼らはすぐにそのことを『リーディング・イーグル』紙のコラムニストに連絡した。エマが彼らに話したのは、アメリカマムシ3匹とガラガラヘビ2匹を避けて通ったこと、凍るように寒い夜を5回ほど寒空の下で過ごしたことだった。少年たちはエマがスニーカーを履いているのを不思議がった、とコラムニストは書いた。「彼女はスニーカーを履いていた。専門家と言われるような人ならば、楽にハイキングするためには、重すぎはしないがハードな使用に耐えられるだけの、ある程度の重さがある頑丈な靴を履くことを勧めるだろう。だが、67歳の女性が3300キロを歩くとなると、足の管理についての専門家と呼べる人など本人以外にはいないのかもしれない」

エマの徒歩旅行のニュースは、ニューヨーク市で創刊したばかりの『スポーツ・イラストレイテッド』という雑誌の若い記者のところにまで届いた。記者のメアリー・スノウは、アパラチアン・トレイルを歩くこの風変わりなおばあちゃんなら、よい特集記事になるかもしれないと思い始めた。これまでの新聞記事は「いつ、どこで、誰が、何を、どのように」という疑問は取り上げていたが、一番重要な「なぜ」という興味深い疑問にはまだ誰も触れていなかった。スノウは、それだと思った。だが、まず考えなければならないことは、ウィルダネスの中を一日に22キロもの速さで歩く人をどうやってつかまえるのか、ということだ。

一方、エマはエマで、むくんだ足以外にも問題を抱えていた。ペンシルヴェニア州ポート・クリントンでは一晩ぐっすり眠れたので、そこを出発した翌日の午後の歩きは順調に楽しめた。ブルー山のキャビンに1ドルで泊まり、翌7月19日の朝、ペンシルヴェニア州パーマートンへと向かった。そこでホテルに宿泊しようとしたのだが、宿の人たちは泊めてくれなかった。エマは自分がどんな姿に見えるのかと疑問に思った。その朝水道を見つけて顔を洗ったのはよいが、櫛がないのでもつれたダークグレーの髪の毛はとかしようがなかった。そこでキャンプファイアー場をくまなく探し、フォークを見つけ出して櫛がわりにしたのである。だがもう一軒のホテルも不首尾に終わり、疲れ果てたエマは、今夜はどこに行ったらよいかと思い悩んだ。

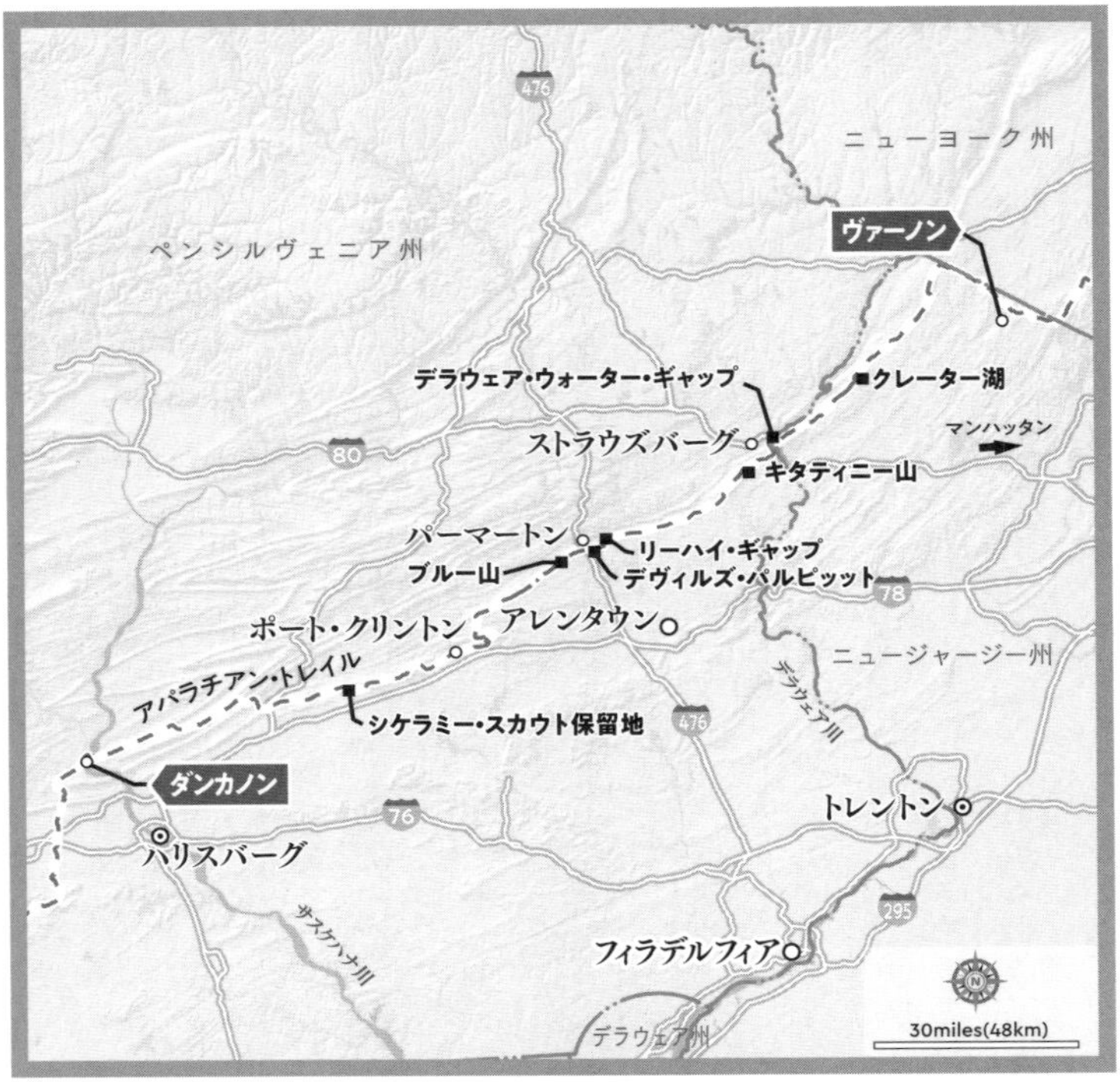

夕闇が迫る中、路肩を歩いていた時、車が横に停まった。運転していたのは先ほどのホテルの若い女性だった。良心がとがめたのだろう。エマに車に乗るように言い、パーマートン市内に連れて行きたいと言った。数分後ホテルに到着し、エマは一晩2ドルの部屋に泊まることができた。足を風呂に浸けてから、サンドイッチでも食べようと通りを歩いてサリーズ・レストランへ行った。そこである人がラルフ・レーに会うべきだと言うと、ウェイトレスのサリーが電話をかけてくれた。

　メガネをかけた70代のレーは、

ニュー・ジャージー・ジンク社を定年退職しており、彼自身かなり本格的なハイカーでもあった。ワシントン山に登っただけでなく、昨年の春にはリーハイ・ギャップの悪魔の説教壇《デヴィルズ・パルピット》と呼ばれる岩層に至るアパラチアン・トレイルの整備を手伝っていた。彼はトレイルのこのセクションのことなら、自分の裏庭みたいによく知っていた。

　レーが自宅に泊まっていくようにと招待してくれたので、エマはホテルに荷物を取りに行き、彼の家のフロントポーチまで歩いて行った。2人は夜遅くまで話し込み、2人の絆はその後何年も続くことになった。レーがアレンタウンの新聞社に電話をかけると、2人の記者がやってきてまたインタビューになった。記者はエマに、トレイルを歩いて一番驚いたことは何かと尋ねた。

「新聞ですっかり評判になったことだね」とエマは答えた。

　翌朝、レーは町の反対側にあるグランツという店まで車で連れて行ってくれた。まだ開店時間前だったが、レーが同行者は誰なのか店員に説明すると、店員はお役に立てるならと喜んで中に入れてくれた。エマは足に合いそうな女性用の靴を見て回ったが、一番大きなサイズでも小さすぎた。エマの足は女性の靴が履けないほどむくんでしまっていたのだ。そこで履き心地がよさそうな男性用の靴の8½サイズに足を入れてみた。もっと足が膨れあがっても少し余裕がありそうだった。その靴にウールとナイロンの靴下を1足ずつ、それとヘアピンを購入した。店員は親切にも1袋5セントのライフセーバーズ・キャンディーを3袋おまけにつけてくれて、幸運を祈ると言った。

レーはエマがトレイルを離れた地点のリーハイ・ギャップまで車で送り、そこから2人で山頂までの崖を登った。レーは急な土手を登るのに助けが必要ではないかと思っていたのだが、驚いたことにエマは荷物の袋と楓の杖を持って、自力で岩壁をよじ登った。

彼は下からさよならを言い、彼女は再び一人になった。

＊＊＊＊＊＊

1938年2月20日、エマは娘たちにまた手紙を書いた。カリフォルニア州サンタアナにある妹のルーシーの家からで、エマはそこで准看護師としての仕事を得ていた。彼女は家族を残してきた決断に深く苦しめられ、家に戻るようにという夫からの何度もの誘いに悩まされていた。その時になってもまだ家に戻ることを考えていたのだ。

愛するルイーズとルーシーへ

お手紙にバレンタインのキャンディーまで送ってくれるとは、なんてかわいい子たちでしょう。描いてくれた絵も大好きです。それに学校でちゃんとやっているとのこと、とても嬉しいです。いつかいっしょになれて、あれこれしてあげたいことができるといいのだけれど……。今いるところは素敵な場所で、いろいろな種類の、きれいな花もたくさん咲いていています。もっといろいろ書きたいところだけど、以前私がオレンジ郡にいた時のように、お父さんがこんな風にたくさんの花に囲まれた山の家に住む男性に宛てて手紙を書いてきたりするでしょうから。日曜日はお休みなので、おばあちゃんと過ごすためにここに来ます。かなりドライブしないといけないけれど、母親といっしょにいられるのはよいことですからね。あなたたちもお母さんといっしょだったらいいと思うでしょう？　オレンジをいくつかもいで、昼食《ディナー》にフルーツサラダを作りました。都会の人たちはランチというのでしょうか……。脇腹が時々かなり痛みます。夜など痛くて眠れないこともあるくらいです。早くお医者さんに診てもらわなければ。床に投げ飛ばされたせいでこうなったとわかったら、お父さんはきっといい気味だと思うでしょうね。お父さんが私の胸の上に跳び乗ったところが、まだ青あざになっています。でも、腫れはひきました。今ではベッドに入ると、何もかも平和で静かです。あなたたちは元気で、私の自慢のよい娘《こ》たちでいてください。

たくさんの愛とともに、

ママより

エマの脇腹の痛みはひどくなっていた。彼女は週6日働いていたが、すぐに医者にかかれるほどの稼ぎはなかった。手紙を書いた数日後、彼女はあることを思いついた。娘たちのところへ戻り、P・Cに医療費を払わせるという計画だ。それがどのような結果をもたらすとしても。

その決断はもう少しで彼女を死に追いやることになった。

＊＊＊＊＊＊

シャクナゲの花のトンネルと見事な滝がある、見晴らしのよいデラウェア・ウォーター・ギャップはすぐそこだった。エマは暗くなる前にそこに着こうと懸命に歩いていた。キタティニー山の隆起した岩場を越えて、夜になる前に寝場所を見つけようと急いで下っていたところで、彼女は滑った。

ひどく転んだわけではなかったが、膝に鋭い痛みが走った。怪我した箇所を調べ、片足に全体重をかけてみた。幸い、ひねったところは大したことはなさそうだった。だがトレイルでは小さな怪我も致命的になることがある。歩くことで繰り返し負荷がかかり、悪化した場合はなおさらだ。これから先のニューハンプシャー州、ヴァーモント州、メイン州には最大の難所の高い山々が待っている。最高のコンディションでなければならない。歩き続けると、暗い中に水たまりとピクニック・テーブルがいくつかある場所が見つかった。近くに人家はないと聞いていたので、エマはそのテーブルをベッドにしてそこで睡眠をとろうとした。

そこが地元民のいちゃつく場所だったのかどうかわからないが、夜の間に何回か車が公園に入ってきて、角を曲がりながらヘッドライトで照らしつけた。その度にピクニック・テーブルの上に疲れはてた人間が横たわっているのを見つけると、何者かに追いかけられてでもいるように、大急ぎで車をUターンさせて逃げて行くのだった。あとには半ば眠りながらくすくす笑う老女が一人残されていた。

＊＊＊＊＊＊

7月22日の朝エマが村に着いたのは、トレイルを歩き出して5分しか経っていない時だった。なかなか眠りにつけずに苦労した場所のすぐ近くに、ホテルやモーテル、レストランや家々があったのだ。時刻は5時45分でどこも開いていなかったので、店が開くまで少し待つことにした。出発前に何か食べておきたかったのだ。歩道にいた2人の男性が彼女を見ると、レストランは8時に開くと教えてくれた。それまで待つことはできなかったので、エマは橋を渡ってデラウェア川を越えてニュージャージー州に入った。80日間歩いてきて、これで8つ目の州だった。ニュージャージーに入ってほどなくして、ジープが一台やってきて停まり、運転席の窓が開いた。制服姿の警察官だった。

「名前は？」と警察官は尋ねた。

エマは何か悪いことをしたのかと危ぶんだ。その物言いから、何か厄介なことになりそうな気がしたのだ。路上生活者と間違われたのかもしれない。

「エマ・ゲイトウッドです」と彼女は答えた。

「あなた宛てに電話がかかってきているんだ」。そう言うと、彼は助手席側のドアを開けた。エマが乗り込むと、そこから遠くない警察署まで車は走った。『スポーツ・イラストレイテッド』誌のメアリー・スノウという記者が、ニューヨーク市までコレクトコールで電話をかけてほしいと言ってきたのだった。電話が通じるまでに1時間かかった。警察官はエマが電話をかけている間、ミルク1杯とドーナツでもてなしてくれた。ようやくメアリー・スノウと話すことができた。しばらく話してから、メアリーはエマに、どこにいるのか知らせるために月曜日にまた電話してほしいと告げた。少しの間いっしょについて行って、トレイルを歩くおばあちゃんの特集記事を書きたいのだ、とメアリーは言った。エマは別に構わなかったので、電話をかける約束をした。

その翌日は苦しい、期待外れの日だった。デラウェア川流域にそびえるキタティニー・リッジを通るトレイルは厳しかった。エマの捻挫した膝ではあまり遠くまで行くことはできなかった。その日はクレーター湖から5キロ弱のところの道端で眠った。夜、鼻をひくつかせながら一頭の鹿がやってきた。クマでなくてよかった、と彼女は思った。次の夜は、戦没者を讃えるオベリスクが建てられた、ハイ・ポイント・モニュメントで過ごした。翌日の宿はなんと、療養所だった。エマは玄関前の草の上に腰を下ろし、事業主が出てきて中に入れてくれるのを待った。

7月26日、ニュージャージー州ヴァーノンのアパラチアン・ロッジまでやってきた。小屋の中には軍隊用の簡易寝台があった。このペースで行けば、翌日の午後にはハドソン川流域に近づいて、ニューヨーク州に入れそうだった。そこでメアリー・スノウに会うことになっていた。

9 働きづめの人生

1955年7月27日〜8月2日

川沿いのやせ地の町、ニューヨーク州ポート・ジャーヴィスのちょうど南の地点で、エマは南に向きを変え、くねくねと州境に沿って歩いていった。東側には肥えた黒土の低地帯があり、ニューヨーク州のグリーンウッド湖でトレイルが北に向きを変えるまで続いていた。それからまた東のパリセーズ・インターステート公園の方へと向かった。そこは何百万もの人々が忙しく動き回るマンハッタンから64キロほど北に行ったところだ。

モンバシャ湖で、エマは泳ぎに来ていた男性と2人の子どもたちに出会った。湖はトレイルができる以前は私有地だったと男性は言った。彼らの後をついて行きながらエマが歩いてきたトレイルについて話すと、男性は興味を示した。エマは持っていた新聞の切り抜きを袋から取り出して彼に見せた。女性が近づいてきてメアリー・スノウだと名乗ったのはその時だった。

月曜日も火曜日も電話をかけたのだがメアリーにはつながらなかったので、エマは彼女が待っていたことに驚いた。少し話をした後、トレイルが州道17号線と交差する地点で数時間後に会おうということになった。州道17号線は観光客たちが街とキャッツキル山地の間をヒヤヒヤしながら往復するルートだった。スノウとはそこで別れた。エマは歩き始め、やがてトレイルは急峻で危険な岩登りになった。空を突く岩は苦悶の摩滅《アゴニー・グラインド》と呼ばれ、成人男性が思わず弱音を吐くことで知られた。片脚が使い物にならなかったエマは、「かなりきつい岩場のトレイルだった」と後で日記に書いた。

州道17号線に着くと、スノウが警察官の妻とともに待っていた。いっしょに車に乗って警察官の自宅に行き、昼食後にまたトレイルに戻った。そこから、この新しい知り合いとのハイキングが始まった。スノウは次から次へと質問を投げかけ、2人は話をしながら歩いた。エマは、蛇やその他の生き物は注意して避けるようにしていると言った。それからトレイル上で見つけられる野草や液果《ベリー》など食料となるものを食べたことや、見知らぬ人からのもてなしにあずかったことなども話した。親切な人もいれば愛想の悪い人もいたとエマは語った。彼女は落ち着きはらっていて、メインまでの道を歩き通すことに自信を持っているようだった。

スノウには他のことも話した。カタディン山の頂上で、もしそこまで行けたなら、その時には何か特別なことをしようと思っていると。

この区間のトレイルは平坦で歩きやすく、8キロも行くとフィンガーボード山の新しい石造りのシェルターに到着した。スノウは翌朝9時半に、ハドソン川沿いにどっしりとそびえる、数キロ先のベア山で会おうと言った。トタン屋根のシェルターには若者が2人いた。特大の巨岩の上に建てられていて、両端に暖炉があったが、中は汚れていた。

毛布を敷くのによさそうな草地があったので、エマは中で寝る代わりに外で眠ることにした。若者たちは大きな岩の後ろの葉陰に移動した。夜間に雨粒が落ちてきたのを感じ、エマは持ち物をつかんで暗いシェルターの中に入った。若者たちのために懐中電灯をつけたが、2人は雨の中でも平然と眠っているようだった。だが、彼女には休息が必要だった。ベア山に時間どおりに着くためには、早く出発しなければならないのだ。そこまでの登りは困難なものになりそうだった。

＊＊＊＊＊＊

エマがカリフォルニアから戻ると、家計は火の車だった。P・Cはエマがいない間に農場経営に失敗し、借金の返済ができず、債権者たちをなだめることもできなかった。1938年には農場を手放さなければならなくなった。

彼らはオハイオ州クラウン・シティーから川を遡ったところにある、もっと小さなジョージ・シーツ農場を買い、5月30日に転居した。だがそこも翌年には出ることになる。P・Cは何かにとりつかれたようになっていた。彼は一時たりともエマから目を離さなかった。フェンスづくりだろうが岩削りだろうが木の伐採だろうが、エマがいっしょに来なければ仕事に出かけようとしなかった。

時折エマは紙袋にサンドイッチを少し忍ばせて、末の2人の娘たちを連れて、野の花を見つけに森に行くことがあった。丘を越え、谷に分け入り、一日中歩き回って、赤根草《ブラッドルート》やアネモネ、トキワナズナ、キンポウゲやエンレイソウの花を見つけた。ある時、ポッサム・ホロウの近くに花を探しに行った時、小糠雨が降ってきて森を洗い、苔に覆われた大きな岩が大地から突き出た場所に出た。そこには優美なミスミソウが一面に咲いていた。一生忘れられない光景だった。

その年、見分けがつかなくなるほど殴られたことが10回あった、と後にエマは書いている。

＊＊＊＊＊＊

7月28日の朝早くから、ベア山の観測所の近くに記者たちが集まっていた。一団の中には『スポーツ・イラストレイテッド』誌のメアリー・スノウもいて、9時半に到着することになっていたグランマ・エマ・ゲイトウッドを待っていた。10時を過ぎ、11時を過ぎ、正午になっても、エマは姿を現さなかった。新聞記者やカメラマンたちはがっかりしながら、そして少し心配しながら、一人また一人と立ち去っていった。メアリー・スノウはあきらめなかったが、昼食を食べにいったん山を下りることにした。

エマは時間に間に合うように一生懸命歩いたが、トレイルのこのセクションは険しく、怪我をした脚には登りは厳しいものだった。ハイカーたちのグループに追いついたので、ベア山まであとどのくらいかと尋ねてみた。

あと11キロだね、と一人が言って地平線の先を指差した。エマは歩き続けた。

4時間後、エマが山頂に着いた時には記者たちは誰もいなかった。すぐにメアリー・スノウと背の高い警察官がやってきて、警察官がエマの写真を撮った。エマは手を腰に当て、布袋を左の肩に乗せていた。サンバイザー代わりの緑の眉庇《グリーンアイシェイド》〔白熱電球から目を守るためのひさし〕が褐色の額を隠していた。観光客も何人かエマに気がついて写真を撮った。写真撮影が終わるとエマは山を下りた。麓でスノウがエマを拾い、車でレストランへ連れて行ってくれた。その晩はハドソン川の西岸にあるフォート・モンゴメリーのキャビン代をスノウが払ってくれた。エマはスノウと別れてから、服を洗濯し、暖炉で乾かしてから眠りに落ちた。

地図を探したが見つからなかったので、翌朝6時に、スノウが前日車で迎えにきてくれた場所まで歩いて戻り、一番近くの白い目印《ホワイト・ブレイズ》を見つけると、そこからベア・マウンテン橋まで目印《ブレイズ》に従って行った。

橋は31年前に完成した、鉄とコンクリートから成る見事な吊り橋だった。エマは自動車の通る橋から下方に鉄道用の線路が走っているのを見つけた。まさか橋を歩いてハドソン川を渡るとは思いもよらなかったが、車がびゅんびゅん通り過ぎる横をエマは一歩ずつ歩いて行った。橋の真ん中で立ち止まり、空と川の中間からの景色を眺めてみた。川を下っていけばニューヨーク市、北にはアメリカ陸軍士官学校のあるウェストポイントがあり、手入れされた敷地に戦死者のためのモニュメントが点在していた。独立戦争時、入植者たちが英国船を上流へと遡らせないため、ハドソン川を横断する巨大な鎖を設置したのはこの場所だった。

橋を渡ってから平坦な低湿地帯を歩いていくと、8時頃にガールスカウトのキャンプに出くわした。キャンプ地の人たちはまだ眠っていたので、エマは物音を立てて寝床から飛び出させた。彼女たちはもっと早く起きてキャンプをたたむつもりでいたのだ。エマは先を急ぎ、その夜はトレイルのそばで落葉を集めてその上で眠った。

朝5時半にまた出発した。エマは喉が渇いていたので水を探して歩くと、ごぼごぼと流れる水音が聞こえてきた。音の方へ進むと新しい井戸があったが、流れ出ているのは泥水だった。そばの家に近づいていくと、女性が親切にもエマの水筒に水を満たしてくれ、朝食もごちそうしてくれた。

さらにトレイルを行き、フィッシュキル山中にあるニューヨーク州ストームヴィルの近くまで来た時、失われた村《ロスト・ヴィレッジ》と名づけられた場所に来た。博物館のように見えたので中に入ってみた。この失われた村は

2ヶ月前にオープンしたばかりで、経営者は近年、この場所がアメリカのカウボーイ発祥の地だという、論議を呼ぶ主張をしていた。言い伝えられているような西部ではなく、ニューヨークからわずかな距離にあるこの場所から始まったというのである。数年前のある週末、州北部に土地を探しにやってきた2人の都会人がこの場所を発見した。石でできた家の基礎や様々な陶器、鉄のやかんなどを発見した2人は、古地図を検証した結果、最初の「カウボーイ」たちは家畜泥棒のイギリス人たちだったと公に主張することにしたのだった。

イギリス人たちは山中の無法地帯にある野営地から、金持ちのオランダ人入植者たちを襲ったのだという。2人は夫が時事評論家で妻が作家ということも手伝って、この話は新聞に書きたてられた。経営者らは入場料を徴収していた。

エマは彼らの主張については何も言わず、辺りを見回してから立ち去った。後でその時のことを日記に「ニセモノのにおいがぷんぷんしていた」と感想を記している。

7月30日の日が暮れる頃、エマはニューヨーク州ホームズ村から程近い場所にある、ラディントン・ガールスカウト・キャンプへのサイド・トレイルをたどった。ホームズ村は最初のスルーハイカー、アール・シェイファーがアパラチアン・トレイル協議会《コンファレンス》に向けて先駆けとなる手紙を送った村である。エマが自己紹介すると、キャンプの指導者たちは泊まっていくように勧め、夕食後はエマを炉の前に腰かけさせて、女の子たちを、小さい子らを前にして、その足元に座らせた。エマは子どもたちにこの旅のエピソードを次から次へと話して聞かせた。話し終わると、女の子たち全員がエマのサインを欲しがった。震える手でエマは紙一枚一枚にサインした。

その夜エマはテントの中の簡易寝台で眠り、翌朝早く、食事係はエマを満腹にしてくれた上にトレイルで食べるお弁当とブイヨン・キューブもひとつかみ持たせてくれた。次の日、ニュークリア湖を過ぎ、バートン・ブルックとスワンプ川を越えて、夜までにはニューヨーク州ウィングデールにあるもうひとつのガールスカウト・キャンプに着いた。そこでまた楽しく交流しながら、〔糖蜜入りの〕黒蒸しパンとセロリの夕食を味わった。

8月1日、エマはニューヨーク州を出てコネチカット州に入った。彼女のスニーカーで踏みしめる9つ目の州だ。暗くなる前にフーサトニック川流域を30キロ遡ってコーンウォール橋まで行きたかったのだが、一日中懸命に歩いたにもかかわらずそこに着く前に空が真っ暗になってしまった。エマが砂利の山道を歩いていると、車がやってきて停まり、酒を飲んで濁ったような目をした男性が彼女を眺めた。

「もう夜だってのに、なんだってこんなところを歩いてるんだ？」と彼は尋ねた。

エマは暗くなる前に町に着こうとしているのだと言った。

「乗りな」と彼は命令口調で言った。「ここから1キロも行かないところに妹が住んでるからさ、そこまで連れてってやるよ」

エマはためらった。この男性を信用してよいものかどうか自信がなかった。

「さあ、乗れってば。今晩コーンウォール橋に着くのは無理だよ」と彼は言った。

エマはそれが賢いやり方かどうかわからなかったが、その人の言うとおりにした。ぼんやりしているようだし、どうみても強い酒をたっぷり飲んできたように見えた。だが、彼は約束どおりにしてくれた。男性の妹、チャールズ・モア夫人は、その晩エマをこれ以上歩かせようとしなかった。

翌朝早起きしてエマは男性が車で拾ってくれた地点まで歩いて行き、そこからモア家までもう一度戻って朝食を摂った。これまで彼女は一歩たりともトレイルの行程を飛ばして歩くことはなかったから、ここでズルをするわけにはいかなかった。コーンウォール橋へと8キロ歩き、自分宛ての郵便物がないかと郵便局を覗いた。エマ宛ての手紙はなかった。彼女はシェナンドア国立公園で会った、パトリック・ヘアという地元の男性のところに電話をしてみたが、誰も出なかった。その晩は地元新聞の記者のクラレンス・ブレイク夫人の家で夕食をごちそうになった。

翌日、『ウォーターベリー・リパブリカン』紙にエマの記事が掲載された。その時エマは絵のように美しい峡谷沿いのトレイルをたどっていた。澄んだ水が流れる滝をいくつも過ぎ、太陽の光をほとんど遮る背の高いベイツガの樹冠の下を通り、さらに巨大な岩のある高原を抜けて壮大なカテドラル・パインズの中へと歩いていた。そこは30メートルの高さで空に向かって伸びるストローブマツとベイツガの原生林だった。

「おばあちゃん、猛スピードで歩く」というのが記事の見出しだった。

エマは靴を3足履き潰し、歩き始めてから3ヶ月で11キロ近く体重を落としたとブレイクは書いた。

「旅の始まりですら、できごころのようなものだった。ゲイトウッド夫人は水筒と11キロ強の荷物と必要ないくらかのお金を持って出発しただけだった。ゲイトウッド夫人はハイカーとしての特別な訓練を受けていたわけではなかった。ただオハイオ州の農場で11人の子どもたちを育てながら、働きづめの人生を送ってきただけだったのだ」と記事にある。記事には彼女の決意と、「雨でも晴れでも」一日におよそ27キロのペースを身につけた経緯が書かれていた。

晴れていれば楽だった。

10

嵐

1955年8月3日～11日

8月3日の朝、仏領ギアナの沖合を航海していた汽船モーマクリード号の船員たちは、西から吹いてくる異常な強風に気がついた。風とともに、にわか雨と時化《しけ》がやってきた。同じ頃、そこから数百キロ北の地点では、「アフリカの太陽」号という貨物船が強烈な熱帯波〔熱帯赤道付近に発生する大気中の波。偏東風波動ともいう〕の中にいて、どっしりとした船がまるでおもちゃみたいに放り上げられていた。10時には別の汽船ボネール号がフロリダ州マイアミにある国立気象局に、気圧の低下と風速18メートルの北東の風を記録したと無線通信してきた。6メートルの高さで波が砕け、熱帯波の先端では渦が生じていることが明らかになってきた。

ハリケーンの発生である。

偵察機が嵐の目を確認した。嵐は55ノット〔秒速28メートル〕の速さで風を押し出し、勢力と暴風域を徐々に拡大しながら時速26キロで海水温の高い北大西洋上を西北西の方向に押し寄せてきていた。海面から湿った熱帯の空気を吸い上げ、上空に冷たい空気を放出しながら、まるで呼吸し、成長する生き物のようだった。嵐の目がリーワード諸島の北部とプエルト・リコから80キロ北を通過した時、最大風速は56メートルと推定された。嵐は何キロも続く大雨の帯を、指のように、あらゆる方向に広げていた。

その後の何日かでハリケーン・コニーは方向を変え、失速してから北へ、それから北西へと方向転換することになる。フロリダを避け、ノースカロライナをなぎ倒し、大西洋岸を一掃して、ニューイングランド南部へと向かい、嵐が通った町では新しい地図が必要になり、人々が愛する人や自らの命を失い、堰が決壊し、川が岸を乗り越えたせいで樹木につかまりながら何時間も恐ろしい時を過ごす人たちも出てくるのだった。

だが、ハリケーンが上陸する前のゆったりした日々、死亡記事が書かれ国中のニュース雑誌が1955年の天気が記録史上最悪かどうかを問いかけるようになる前、ニューイングランドの人々は日常の仕事にとりかかろうとしていた。コネチカット州の小さな町エイムズヴィルのエヴァ・ベイツの家で、朝6時少し前に目覚めたよそ者にも同じことが言えた。エマは袋を肩に担いでアパラチアン・トレイルへと戻った。林の中の沼沢地までやって来ると、蚊の大軍が分厚い雲のようになって地面から湧き上がっていた。エマは何度か手でたたきながらもっと高い土地へと急ぎ、ようやく蚊が少なくなったと思ったところで立ち止まった。

たかってくる蚊と格闘するのにうんざりしたので、安雑貨店で蚊よけのオイルを買おうと町に入っていった。コネチカット州サリスベリーというこの町は、道の途中の広い空間という程度の町だったが、何年も前には「革命の兵器庫」として知られた場所だった。200年もの間、人々は地面から鉄鉱石を掘り出して、器具や銃や大砲を製造していたからだ。

エマが町を出ようとしていた時、新聞に載っていたハイキングのおばあちゃんだと気がついた女性が、通りの向こうから声をかけた。彼女はエマを家に呼び入れて、ミルクと甘いケーキをふるまってくれた。エマが再びトレイルを歩き始めようとした数分後、首からカメラを下げた男性が道に立っているのに出会った。彼は写真を撮らせてくれないかと尋ねた。エマは別に気にしなかった。その10分後、新聞記者がエマを引き止めて、旅についての質問をした。毎度のことになってはいたが、エマはいつになったらメイン州にたどり着けるものやらと思うようになった。

エマはタコニック山脈の南端のライオンズ・ヘッドを一気に登り、そこからさらにコネチカット州最高峰のベア山に登って、苔むした岩々の上を舞い落ちる滝がいくつもあるセイジズ峡谷を進んだ。エマはそこで初めてヤマアラシに出会った。そして出発してから93日目に、マサチューセッツ州に入った。これで9つの州を通ってきたことになる。

その日の午後、エマはボーイスカウトの一団といっしょに歩いたが、夜が近づいてもシェルターが見つからなかったので、少年たちは歩くのをやめてキャンプを設営することにした。エマは彼らを残してエヴェレット山に登った。山頂に火の見櫓はあったがシェルターはなかった。そこからの眺めは思わず息を呑むものだったが、崖の上は岩場で眠るには適していなかったので、もう少し先に行き、暗くなる頃に大岩の脇で落ち葉を集めて積み上げた。

エマが眠りに落ちようとした時、人の声が聞こえた。スカウトのリーダーのうちの一人の声だった。起き上がってみると、彼らは山頂にいて木々の間を懐中電灯で照らしながらシェルターを探していた。トレイルの地図を持っていたにもかかわらず、彼らはシェルターを見つけられなかったのだ。リーダーたちはスカウトの少年たちとエマを残して、暗闇の中に分け入った。少年たちは喉が乾いているようだった。水筒に水が少しあったのでエマは彼らに分けてあげようとしたが、少年たちはもらおうとしなかった。リーダーたちが戻ると、エマは自分の落ち葉の寝床へと戻った。

次の日の8月5日から雨が降り始めた。

これまでも遅々としたつらい行程だったのが、さらに時間がかかるようになった。エマはその日の午前中4キロほどしか進めなかった。午後にジョー・サイファートという名の、ニュージャージー州ニューアークから来た男性に会った。彼はトレイルを北から南へ、エマとは反対の方向でスルーハイクしようとしていた。2人は1時間ほど話をしたが、雨がひどくなってそれ以上会話を続けることができなくなった。日没後、3軒の家が固まって立っているのが見えたが、どの家もエマを招き入れてはくれなかった。エマは雨の中、もうひとつ山を越えてから、ようやくノリス夫人という親切な人に出会った。翌日の晩は、一日中雨の中を歩いた後にムーアという男性のところに泊まろうとしたが部屋がなく、代わりに彼の車を使わせてもらった。エマはシートを倒して、一晩ぐっすり眠った。ピクニック・テーブルよりはずっとよかった。

翌朝、一時的に雨雲が途切れ、エマはマサチューセッツ州ワシントンに入った。そこで出会ったフレッド・ハッチンソン夫人はエマのことをベリー摘みに来た人と思い、水筒に水をくんでくれようとしたが、エマが話をすると昼食に招待してくれた。その後は長椅子での昼寝、お決まりの新聞記者のインタビュー、さらにベッドでの一晩と続いた。

＊＊＊＊＊＊

8月8日、月曜日の朝、エマはマサチューセッツ州ピッツフィールドに近いワーナー・ヒルとタリー山を越えて行き、ダルトンの町に近づいていた。その頃ハリケーン・コニーはフロリダ州ウェスト・パーム・ビーチの東800キロにあって最大の勢力に発達し、アメリカ東海岸にねらいを定めて北北東へと時速24キロで進んでいた。中心付近では風速60メートルの風が渦巻き、暴風域は560キロ北まで広がっていた。海軍の偵察機がハリケーンの目を計測すると、直径が64キロもあった。ジョージア州コヴィントン出身のパイロット、R・T・ピットマン少佐は、ハリケーン・コニーのことを「今まで見た中で最大」と表現した。また、アイオワ州ウォータールー出身のアルフレッド・M・ファウラー大尉は、以下のように描写している。

> 目の中では、まるで大きな円形劇場の真ん中に座っているかのようだった。白い雲の帯が巨大な環になって取り巻いている。下には層積雲が層になっていて、上には輝く青空がある。我々は1万フィート〔3048メートル〕の高さまで上昇したが、円形劇場の壁はさらに高くそびえていた。

その上、中心は暑く、湿っていた。摂氏30度の熱帯の空気だ。

国立気象局は、ロードアイランド州ブロック島からノースカロライナ州ハタラス岬に至る小型船舶に対して警報を発し、大西洋岸の人々は庭にあるベンチやテーブルをしまったり、保存食料品を買いこんだり、窓に雨戸を打ちつけたりした。気象局は「猛烈なハリケーン」と呼んだが、嵐がこれからどんなコースをたどるのか知る人は誰もいなかった。

マイアミの気象予報士ウォルター・デイヴィスはAP通信にこう伝えた。「我々も的確な予報を目指

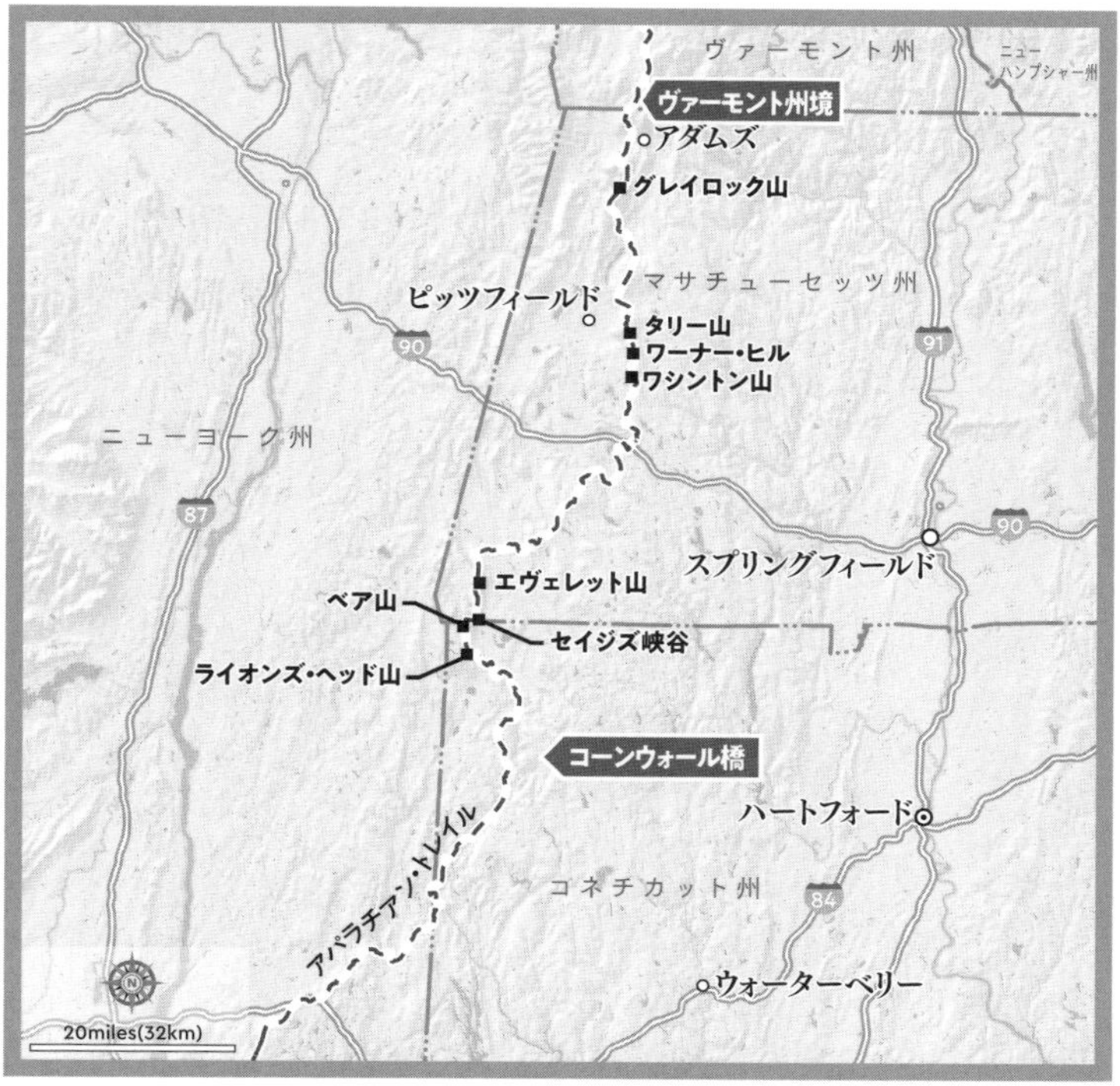

して努力しています。最も有力な見解は、コニーが気圧の谷の南側の影響を受けて北方へ向かい、それから北東に進むというものです。結果は時間が経てばわかることですが」

その日の午後、エマがダルトンの郵便局に立ち寄り、郵便局員がエマに気づいて部屋中の人たちに紹介していた頃には、巨大な嵐は増大し、勢力を拡大しながら北西に向かってものすごい速さで進んでいた。ノースカロライナ州ルックアウト岬からヴァージニア州ノーフォークにかけて、警報を示す旗がはためき、1メートルの高潮となった。700人の陸海空軍の飛行士や海兵隊員たちが、飛行機や車両を海岸から内陸にあるサウスカロライナ州スパータンバーグまで移動させた。海岸には巨大な波が押し寄せ、風速34メートルの強風がハリケーンの中心から480キロ北まで吹き荒れていた。ノースカロライナ・ハイウェイ・パトロール、赤十字災害スペシャリスト、民間航空パトロールの隊員たちが、派遣救助隊として組織された。

その晩、エマがマサチューセッツ州チェシャーに入り、ルロイズ・ツーリスト・ホームにチェックインした頃、大西洋上ではまた別の気象異変が起こりつつあった。ハリケーンから十分に距離を置いたリーワード諸島の北端から800キロの洋上を航海していた船から、大雨の降水帯と風速20メートルの強い東風が報告されたのだ。ハリケーン・コニーが海岸に向けてゆっくりと進む一方で、その後を追うようにしてまた別の不気味な嵐が発達しようとしていた。

この2つ目の低気圧に予報士たちは困惑した。じきに勢力を弱めて大西洋上で消滅するのだろうか？　もうひとつの気圧の谷が北に抜けると弱まるだろうか？　あるいは、強さを増してコニーの後を追って合衆国へ向かってくるのだろうか？　そうなれば、海岸沿いの人々にとって悪夢のような状況となるだろう。

＊＊＊＊＊＊

8月9日の朝、エマの目の前にマサチューセッツ州の最高峰、グレイロック山が、北へ向かって急速に移動する下層の暗い雲の向こうにそびえていた。ここまでのバークシャー郡が明るく親しみやすかったとすれば、標高1064メートルのグレイロックはかかってこいといわんばかりだった。

この山はアメリカ文学界の数々の偉大な作家たちに創作への刺激を与えてきた。ハーマン・メルヴィルは、エマが歩く150年前に、グレイロックから着想を得ながら『白鯨』に取り組んだ。ピッツフィールドの書斎の窓から眺められるその山が、メルヴィルには鯨に見えた。ヘンリー・デイヴィッド・ソローは『コンコード川とメリマック川の1週間』の中で、1844年にこの山に登ったことを書いている。ウォールデン池のほとりで暮らす実験の1年前のことだ。疑いなくこの山には何か特別なものがある。だが2人の作家の見方は明らかに異なっている。ソローの『1週間』と、グレイロックを舞台にしたメルヴィルの短編小説『ピアッツァ』では、ともに探求の旅をする男性が女性に出会う。『ピアッツァ』の語り手にとってその女性、すなわち「優美な窓辺に座る妖精の女王」は、落胆を象徴する。語り手は麓の町から見えた不思議な光の源を探すために山に登るが、そこに住んでいたのは一人の孤児で、その少女もまた同じように不思議な光が遠く麓の語り手の家から差してくるのを不思議に思っていたのだ。ソローにとって、山の女性は「生き生きと輝く目」をしていて、「私がそこから来た下界というものに興味津々だった」。そして彼は「よく手入れされ、ゆったりとしたこの家に翌日戻り、何か気晴らしでもあれば、もしかしたら1週間もそこにとどまる」ことも考えるのだ。この相反する山の女性に象徴されるグレイロックに対する見方について、学者たちは何十年も頭を悩ませた。だが、双方の女性がなぜ下界から隔絶されたままずっとそこに留まっていたのかについては、ほとんど語られることはなかった。

そのほぼ1世紀後、追い風を受けてグレイロックにやってきたのがエマという女性だった。彼女は正午に登頂し、山頂のレストランでハンバーガーと牛乳1杯を味わい、デザートにはアイスクリームを食べてからノース・アダムズへと下っていき、トレイル脇ですっかり居心地よく野宿をした。

エマは翌日もまだバークシャー山脈を歩き続けた。男の子3人と女の子6人の高校生たちと時にいっしょになりながら、谷を抜けて森に入っていった。エマは彼らに旅の話をし、みんなでおしゃべりしながら笑いあった。

「うちのおばあちゃんがあなたみたいだったらよかったのに」と1人の女の子は言った。

エマはまるでハーメルンの笛吹きになったような気がした。

日暮れ頃、女の子たちは引き揚げたが、男の子たちはエマといっしょに歩き続けた。彼らは湧水のあるところまでエマを案内し、その傍らに落ち葉を集めて寝床を用意してくれた。その後、彼らはお元気で、と言ってトレイルを戻っていった。エマは日記に彼らといっしょにいてどんなに楽しかったかを記している。それから落ち葉の上でくつろぎ、ようやく眠りについたのだった。

＊＊＊＊＊＊

その夜、エマが夢を見ている間、1300キロほど南では巨大な波がサウスカロライナ州マートル・ビーチからノースカロライナ州ウィルミントンまでの海岸をなめるように洗い始めていた。上げ潮が1・5メートル、1・8メートル、2・1メートルと、通常より高くなって押し寄せた。強風が襲いかかって浜辺の小屋の屋根板を吹き飛ばし、釣り用桟橋の板をめくり上げ、木の枝をひきはがし始めた。ハリケーンの中心が陸に近づいてくると、低地では竜巻が発生して、サウスカロライナ州のコンウェイ、ラッタ、ディロンやバックスポートなどのタバコ産地を進んでいった。竜巻がなぎ倒していった跡は、幅180メートル、長さ400メートルにもなり、女性1人とその娘2人と息子1人も怪我をした。別の竜巻がその240キロ北のノースカロライナ州ゴールズボロで起き、タバコの乾燥小屋を破壊し、男性が妻と3人の子どもたちと暮らしていた家を吹き飛ばしたが、怪我人は出なかった。

海岸線沿いでは何千人もの避難民が、もっと内陸にある教会や学校や他のコンクリートでできた建物に詰めかけた。農民たちはタバコの乾燥小屋に目張りをした。病院は補助電力に切り替えた。海軍は戦艦を固定した。ノースカロライナの州兵たちは、ニュー・バーンの海岸線の住民たち2000人を高台へと避難させた。マサチューセッツ州ボストンから160キロ東の海上では、建設労働者たちがレーダーを設置する人工島の巨大な脚を沈め、固定しようとしていた。

つかの間、嵐は沖合で速度を落とし、湿気を吸い上げてやや温度も下がった。中心がノースカロライナ州モアヘッド・シティーの付近に上陸した時には、ハリケーンは風速約45メートルの風を吹き出し、記録的な降雨をもたらした。屋根をはがし、家々を海へと押し流した。鋼鉄でできた桟橋もずたずたにした。それからゆっくりと北へ進路を変え、ニューイングランド方面へと新しいコースをとっていった。

生き物のようなこの嵐の1900キロほど後方の赤道に近い海域で、2つ目の低気圧の風が急速に強まっており、リーワード諸島の北東で大きなサイクロンの渦巻が観測された。その熱帯低気圧は、ダイアンと名づけられた。偵察機が2つ目の嵐の上を飛んで計測したところ、風速22メートル近い一定の強風が観測され、その風はさらに強まっていた。

＊＊＊＊＊＊＊

8月11日の早朝、エマがトレイル脇で目覚めると、雨が降っていた。午前中は一人で歩いたが、頭からスニーカーまで、すぐにびしょ濡れになってしまった。州境をバシャバシャと横切って、マサチューセッツ州を離れてヴァーモント州に入った。ここからはグリーン山脈を通るロング・トレイルで、アパラチアン山脈の中でも標高の高い、困難なセクションであり、道は雨のせいでひどい状態だった。靴は泥だらけになって歩きづらく、時に危険でもあった。午後になって、ボーイスカウトの一団といっしょになった。いっしょに歩くのは構わなかったので、エマは10代の子どもたちと同じペースで進んだ。リーダーの一人が歩き方を参考にするかのように、時々自分に目を向けているのにエマは気がついた。しばらくしてから彼は声をかけてきた。エマの歩きぶりをほめ、エマのエネルギーと歩き通そうという決意が素晴らしいと言ってくれた。悪い気はしなかった。

ボーイスカウトたちと別れてから、エマはしばらく一人で歩いた。雨雲がまだ大地を濡らしていたが、ようやく池のそばのシェルターに到着した。20代前半の若者2人がすでにその小さなキャビンに腰を据えていた。ずぶ濡れのエマが入っていった時、2人は火を熾して夕食の支度をしているところだった。あまり歓迎している様子ではなかったが、エマがそこを出て行くわけにはいかないことは明らかだった。

ハロルド・ベルは海軍を退役したばかりで、スティーブ・サージェントはアナポリスの海軍士官学校を出たばかりだった。2人はマサチューセッツ州からヴァーモント州キリングトンまで、釣りや探検をしながらロング・トレイルを歩いているところだった。この人里離れた困難なセクションのトレイル上で高齢の女性に会って驚いた2人は、エマを招き入れて少し話をした。エマがはるばるジョージアから歩いてきたと聞いて若者たちはいたく感銘を受けたが、彼女が肩に担いでいる荷物が9キロにも満たない袋だということにはさらに驚いた。10日間のハイキングのために、この海軍の若者たちはそれぞれ25キロのバックパックを担いできていて、自分たちがまるでバカみたいに思えた。

寝る時間になると、彼らは天井から毛布を吊るして部屋を分けた。エマがトレイルで出会った多くの人々と同様、この若者たちもエマのことを一生覚えていることになる。この偶然の出会いによって、そしてさらに数日後に再び出会った際に起きた出来事によって。

11

シェルター

1955年8月12日〜13日

その金曜日は、ニューヨーク市の記録に残る中で最も雨量の多い8月の一日だった。ハリケーン・コニーはノースカロライナ州モアヘッドに上陸し、それから大西洋岸をこそげるように北上していったのだが、ちょうど北東部で猛威をふるい始めたところだった。大都市ニューヨークでも洪水で10人が死亡し、犠牲者の数はまだまだ上昇しそうだった。木曜日の真夜中から金曜日の真夜中にかけて、コニーはニューヨークに150ミリ以上の雨を降らせた。都市のあちこちが洪水に見舞われる状況下、民間防衛プログラムの6万人のボランティアがいつでも動けるよう待機していた。『ニューヨーク・タイムズ』紙の見出しはこうだった。「北部で吹き荒れるコニー、水爆何千発にも匹敵する威力」

嵐が去った後には、水浸しになった破壊の跡が延々と続いていた。ノースカロライナ州ウィルミントンの市庁舎は46センチも浸水した。ヴァージニア州ハンプトン・ロードの近くでは、ハリケーンの強風が貨物船2隻を衝突させた。ノース、サウスの両カロライナ州にある70ヶ所の赤十字のシェルターは1万4756人の避難者たちを収容した。畑にあるタバコとトウモロコシの多くはだめになった。

メリーランド州ノース・ビーチでは、若い女性がよろめきながら荒れたチェサピーク湾から上がって浜辺に倒れ、地元の人々が警報を鳴らした。64年前に製造され、観光客を乗せてクルーズ中だったレヴィン・J・マーヴェル号というスクーナーの残骸が、岸に打ち上げられた。日付が変わる頃までに、検死官は10体の遺体をノース・ビーチ消防署に並べた。みな救命胴衣をつけたままだった。

コニーの後ろにも、もうひとつの嵐があった。8月11日から12日にかけての夜中に、この季節で4番目のハリケーンは突如、北東に進路を変え、速度を増していった。急速に勢力が拡大し、一晩で風速が22メートルから56メートル近くになった。

コニーの北側の降水帯は文字どおりニューイングランド全体を覆い、コネチカット州にわずか2日間で200ミリ以上もの雨を降らせた。その北では、雨がグリーン山脈とホワイト山脈に降り、小さな流れは急速に水かさを増して川岸にあふれ、速度を上げて下流へ、より大きな川へと流れていった。

水浸しになったニューヨーク市の北方320キロの森の中のキャビンで、エマは目を覚ました。小さな暖炉の火のおかげで、乾いた服を着られることが嬉しかった。海軍の2人は、しばらくここにいて釣りをする予定だったので、エマは彼らに別れを告げて小雨の降る中トレイルを歩き出した。夜が明けると、近くの池の水があふれてトレイルが水びたしになっているのが見えた。川を渡る木の橋は、今では丸太が並んで浮かんでいるような状態だったので、川を渡ろうとしてすぐに彼女の足は濡れてしまった。エマは肩の上にビニールのケープをはおっていたが、濡れずにいるのは無理だとすぐに悟った。歩き始めて数分後には、服はびしょ濡れ、袋も濡れて重たくなった。

ブロムリー山には手入れの行き届いたよいシェルターがあると聞いていたので、歩いている間ほとんどの時間、エマは雨から逃れて服を乾かし温かい食べ物にありつくことばかり考えていた。午後遅くになって、開けた場所に来てシェルターが見えたところで、エマは道に立ち止まって思わず目を疑った。外から見ただけでも、想像を超えるようなみすぼらしさだった。そもそも、そのシェルターは打ち捨てられていた。ドアは蝶番が外れ、窓は壊れていた。中に入ると、屋根の穴から水が漏れて、したたり落ちていた。木の床はヤマアラシがかじった大きな穴があいていた。調理用ストーブは使えなかった。

エマは古いハシゴに濡れた服をかけて、暖炉の火の上に広げた。持ち物を乾かそうと火を焚いたが、すべてのものがぐっしょりと濡れていて、十分な火が熾せなかった。がっかりはしたが、利用できるものはすべて利用した。屋根の大きな穴からしたたる水は、服の洗濯には申し分のない流れとなった。その晩は雨漏りのせいで寝床も濡れ、とぎれとぎれにしか眠ることはできなかった。

＊＊＊＊＊＊

1939年7月にP・C・ゲイトウッドは2つ目の農場を売り、ウェストヴァージニア州バーカーズ・リッジに引っ越すことを家族に告げた。そこで彼はさらに小さな土地を買い、タバコを育てるつもりだった。農場は荒れていて、フェンスもつくり直さなければならなかったが、そこには丸太小屋があって羊を数頭飼う余裕があった。エマはオハイオ州を去りたくなかったが、争っても仕方がなかった。そこでトラックに荷物を積み込み、川を渡ってハンティントンの29キロ東へと移っていった。道中ずっとエマは静かに泣いた。

3人の子どもたちがまだ家で暮らしていた。15歳のネルソン、13歳のルイーズ、そして11歳のルーシーは、学校に通っていた。エマは、割り当てられたタバコの生産量を農家が守っているかどうかを調べる行政監督官の職を得た。彼女は新しい暮らしの中で最大限のやりくりをした。〔古布で〕ラグを編み、野菜を育て、詩を書く時間も見つけた。よりよい暮らしへのあこがれを綴ったような詩だった。エマが故郷ガリポリスの新聞社に送って掲載された無題の詩がある。

家庭をつくるいろいろな物、
本や紙に細い紐、

髪を整えるための櫛やブラシ、
繕いもののカゴや安楽椅子。
時計、音楽、聖なる書物、
台所のコンロと料理するための食物。
小さな足音が歩き回り、
2階から聞こえてくる、出たり入ったり。
床の上に小さな物が散らかる、
電車に車、人形も転がる。
子どもたちの服と子どもたちの寝床、
餌をやらねばならない子猫。
犬は吠えて教えてくれる
誰かが暗がりの中で訪ねてくれば。
母は善良で優しく、
子どもたちを抱えて辛抱強く。
父は大きな地位を占めねばならず、
請求書の支払いのみにあらず。

どんなにつらく、嵐のような時にあっても、
みんなをひとつにする心を持って。
日々の暮らしには優しさがなければ、
もしも輝きあふれる家ならば。

P・Cは野焼きをしてわずかばかりの作物を植えた。毎週土曜の朝、彼はアームスター・キンガリーといっしょに出かけていって、日曜の夕方まで戻ってこなかった。どこにいたのか妻は聞きさえしなかった。どこにいたって構わなかったからだ。

エマ・ゲイトウッドが夫の手で殴られた最後の日となったのは、1939年の9月初旬のある日曜日のことだった。夫からの虐待に対する忍耐もついに尽きた。

その詳細は、後年エマに名誉を与えた様々な伝記的読み物の中には見出せない。彼女について書かれた新聞や雑誌の記事は何百もあるが、その中にも見出すことはできない。実際、酒もタバコも嗜まず、ののしることもしないエマは、当時P・C・ゲイトウッドがまだオハイオ州で健在だったにもかかわらず、新聞記者たちには何年もの間、自分は寡婦だと話していた。この暗い時期の詳細は家族の間だけの秘密であり、家族も長いことそれについてあまり触れてこなかった。

9月のその日、P・Cとエマは言い争いになり、それが2人の最後の喧嘩に発展した。何がきっかけ

だったのか誰も覚えていないので、当然どんな順序でその出来事が起こったのかについては人によって言うことが違う。知られているのは、当時15歳のネルソンが、家の中で父親が母親を襲っているのを見つけたことだ。父は母の顔を殴っていて、その顔は腫れて、あざができていた。上下の歯も折れた。左の耳は真っ黒で、耳の上のほくろが引きちぎられかけていた。肋骨の1本にもひびが入っていた。

ネルソンは幼い頃から歳のわりに小柄だったが、筋肉質で体重は68キロ近くあったので、父親をつかまえて腕を押さえつけ、床から持ち上げた。母親に逃げろと言うと、彼女はドアから外へ飛び出して森の中へと逃げた。ネルソンがあと数秒押さえてから手を放すと、父親は妻をつかまえようと駆け出した。エマを見つけることはできず、家に戻ってきた彼はネルソンの前を通り過ぎてストーブまで歩いていった。そして鉄の火かき棒をつかんでネルソンの頭上にふり上げた。

「よく狙いを定めて振れよ。一度きりだからな」とネルソンは言った。

父は振り下ろさなかった。

P・Cはその日出かけていったので、エマは彼がいない間に家に戻った。P・Cはその後、保安官代理もしくは治安判事を連れて戻ってきた。家族の中には、P・Cの友人で地域に政治的権力を振るっていたアームスター・キンガリーが、エマを逮捕させる糸を引いたと考える人もいる。いずれにしても、P・Cはトラックを停めて降りてくると、後ろに保安官代理を伴いながら家に向かってまっすぐに歩いていった。彼が玄関のドアを開けると、妻は2キロの小麦粉の袋を持って待ち受けていて、彼に向かって投げつけた。小麦粉は夫の顔に真っ向から当たり、そこらじゅうに真っ白な粉が舞い散った。見ていた4人の言うことは、この小麦粉事件が保安官代理の見ているところで起きたのか、あるいはその前だったのかなど、細かな部分に違いはあるが、ルーシーとルイーズがびっくり仰天していたということは皆覚えていた。保安官代理が母親を車へ連行した時、ルイーズはエマの手帳を取りに家に駆け込んだ。ルーシーは保安官代理が引き離すまで母親にしがみついていた。

保安官代理はエマを車に乗せ、隣町のウェストヴァージニア州ミルトンまで連れて行った。そこで彼女は身に覚えのない罪で調書を取られ、留置場の独房に入れられた。エマは何が起きても自分を見失うことはなかった。

＊＊＊＊＊＊

靴が濡れていた。靴下も濡れていた。ダンガリーのズボンも濡れていた。シャツも、布袋も濡れていた。8月13日の早朝にエマがブロムリー・シェルターを出発した時、雨はまだ降り続いていた。

ハリケーン・コニーは海岸沿いに進みながら、記録的な量の雨を降らせていった。反時計回りに回転する巨大な雲が大西洋の水を陸にもたらし、今や五大湖地方に向かって進んでいた。午前10時に嵐はペンシルヴェニア州の南境を越えて、ニューイングランドの横をかすめながら要石州《キーストーン》〔ペンシルヴェニア州のこと。独立当時13州の中央に位置していたことから〕を斜めに切り裂いて傷跡を残していった。静かな嵐の目はハリスバーグを通り、ピッツバーグとエリーのやや北東を過ぎてから、エリー湖とカナダのオンタリオ湖へと移動していった。風速は25メートルにまで落ち、気象予報士たちはコニーをもはやハリケーンとは呼ばず、温帯低気圧と呼ぶようになった。

だが、雨はまだ降り続いた。

2日間にニューヨーク市では228ミリ以上もの雨が降り、グランド・セントラル駅では数時間列車が止まった。コネチカット州の大部分では降雨量は200ミリ以上となり、この地域の多くの世帯で電気や電話が使えなくなった。ホワイト、グリーン、タコニック、アレゲーニーといったアパラチア山脈の北の山々はどこも水浸しになり、川は激流となって、ものすごい量の水を下流へと押し流していた。ペンシルヴェニア州のスクルキル川とデラウェア川、ニュージャージー州のデラウェア川とラマポ川、ニューヨーク州のデラウェア川とネヴァーシンク川、ヴァージニア州とメリーランド州を流れるポトマック川、マサチューセッツ州のウェストフィールド川、そしてコネチカット州のノーガタック川とマッド川へと注いでいったのだ。多くの川は氾濫水位ぎりぎりとなっていたが、さらにもうひとつの不規則な動きをする低気圧が数日遅れで北に向かっていた。

グリーン山脈国有林を抜けるアパラチアン・トレイルで、エマは歩くというより流れの中を進むと言った方がよいくらいだった。稜線上ではハリケーンの残滓の風が強く吹きつけていた。エマは覚悟を決

めて自然と対峙し、歩みを進めていた。ぬかるみと強風とたたきつける雨の中を14キロ歩き続け、マッド・トム・ノッチ〔ノッチは狭いV字谷〕の近くの小さなシェルターでようやく豪雨から一息ついて、湿ったランチを布袋から取り出した。午後もそのまま歩き続けたが、思うように速くは歩けなかった。ペルー・ピークのそばにあるグリフィス湖という小さな湖のほとりにまたシェルターがあった。そこには若い黒人青年の一団がいた。ハーレムのローマ・カトリック教会の、やや年長の2人の白人が彼らのリーダーだった。ウィルダネ

スへの旅に来たところ、嵐に遭ってここから動けないでいるのだと2人は言った。

エマは彼らといっしょになったことを喜んだが、このような一行にトレイルで出会ったのには驚いた。新聞は毎日読んでいたので、1955年当時、黒人がアメリカ国民の10人に1人の割合だった時代の、人種間の緊張についてよく知っていたからだ。

その年の5月に公立学校における人種分離を違法とする最高裁の判決が出て以来、その反発が各地で起こっていた。ローザ・パークス〔公民権運動の発端をつくった活動家〕の名前が人口に膾炙《かいしゃ》するようになるのはその4ヶ月後だったが、連邦政府が平等に向けて行動を開始するにつれ、反発の火花がアメリカ全土で燃え上がり始めていた。連邦取引委員会は、駅の待合室や州をまたぐ交通機関での人種分離は違法であると規定した。ジョージア州の前知事は「神は人種分離を擁護する」と書いたが、そのジョージア州の合衆国控訴裁判所はアトランタの公立ゴルフコースを黒人ゴルファーにも開放するよう要求した。ヴァージニア州リッチモンドの裁判所は、市バスでの人種分離を禁止した。

多くの場所で、政府による平等促進の実施は、優位を維持しようとする白人たちの決意を強くすることになった。サウスカロライナ州では、ニグロ・リトル・リーグの野球チームが州の選手権に勝ち進むと、対戦相手の55の白人チームが棄権する事態になった。アーカンソー州では、人種分離政策に反対する説教を行ったバプティスト教会の牧師が、信徒たちによって解任された。マイアミでは、地元の共和党員によって催されたエイブラハム・リンカーンの誕生日ディナーに招待された、政治的に頭角を現していたアフリカ系アメリカ人の一団が、到着後にホテルから追い出された。クー・クラックス・クラン〔白人至上主義の秘密結社〕よりは秘密主義でも暴力的でもないが、それと似たような白人市民会議が、新たな権利を主張しようとする黒人に社会的圧力を加えようと、南部の州で次々に誕生した。

エマは若者たちに話しかけ、しばらくの間旅の話などをした。シェルターは2・4m×6mの広さしかなく、自分が泊まればいささか狭くなりすぎると判断した彼女は、先へ進み続けることにした。土手を歩いていくと、リトル・モンド池のそばで勢いよく流れている川に着いた。そこでは渡ることができなかったので、もう少し森を抜けて上流へ歩いていくと、流れの上を丸太が渡してある場所に出た。注意深くバランスをとりながら、彼女は落ちずに渡りきることができた。トレイルをさらに少し進むと、狭く平らな区間で小川があふれてトレイルが川になっていた。水は用水路を流れるように道を流れていた。流れに一歩踏み入ると水が膝の高さにまで来てしまったので、彼女は足を抜いて後戻りした。ハーレムの一団のいるシェルターで一晩を過ごすしかないだろう。

エマは住民がほぼ白人のみで、完全に分離された地域の出身だったが、人種差別をすることはなかった。彼女は子どもたちにも、肌の色や暮らしぶりなどにかかわらず、他の人を尊重するように教えた。子どもたちが人種に関する侮蔑語を使うことを許さなかったし、自分が扱ってほしいと思うように他の人を扱いなさいと教えていた。トレイルでのある出来事が、こうした姿勢を如実に表していた。エマを夕食に招いてくれたアフリカ系アメリカ人の夫婦は、エマが席に着いてから食事を出すと自分たちは退席してしまったのだ。エマは2人が同席するまで食べようとせず、そんな風に遇されたことに戸惑っていたようだった。

＊＊＊＊＊＊

若者たちはトウモロコシパンの塊を2つ焼いていた。彼らはうまいことコンロをこしらえて、熾火を使って料理をしていた。そして料理が終わると、パンをひと塊分食べ、もうひとつは翌日の行動食にした。

寝る時間になるとエマは片隅で小さくなって、屋根からしずくが垂れるので毛布にもぐりこんだ。眠りに落ちる前、隣で寝ていた若者が、明らかに眠っていたようだったが、エマの体に腕を回してきた。エマは彼のぐったりした腕を押し戻した。彼はまた同じようにした。エマはまた戻した。彼はまた繰り返した。

その6日前、評判の高い聖職者で全米黒人地位向上協会の地方支部役員であるG・W・リー師が、ミシシッピ州ベルゾーニで何者かによって襲撃され、殺された。その7日後には、シカゴからミシシッピ州マニーの家族を訪ねてきた14歳のエメット・ティルが、白人女性に向かって口笛を吹いたという理由で、誘拐され、殺害されてタラハッチー川に投げ込まれた。同じ日、8月13日にはラマー・スミスという黒人男性が、ミシシッピ州ブルックヘイヴンの裁判所が見える場所で、白昼堂々銃で撃たれて死亡したが、警察は殺人の罪に問われた白人男性に不利な証言をする目撃者を一人も見つけることができなかった。

だがアパラチアン・トレイルの、ヴァーモント州グリーン山脈の混み合った小さなシェルターの中では、歳取った白人女性がハーレムの黒人青年の腕の下で眠っていたのだった。

12

必ず歩き通す

1955年8月14日〜15日

エマの息子たちは泳ぎが得意だった。彼らはタバコ畑での労働が終わると、オハイオ川へ走って行って冷たい水の中に飛び込んで一日のほこりと汗を洗い流したものだった。対岸まではかなりの距離があったが、その気になれば川を横切って向こう岸まで泳いでいくことができた。まるで鰓《えら》でもついているかのようだった。

母のエマは泳げなかった。泳ぎを習ったことは一度もなかった。もしエマをオハイオ川に落としたら、根性と気合でしばらくの間は頭を水の上に出していられたとしても、彼女には水に浮くための基本ができていなかった。

アパラチアン・トレイルの旅に出るための準備をしていたことをエマは家族に一言も言わなかったが、旅に出る前、南オハイオの森にいたエマの姿を友人や知人が数ヶ月にわたって目にしていたことを家族たちは後で知った。必要不可欠な装備は何か、軽量でエネルギーを保持するにはどんな食料がよいのか、緊急時にはどんな救急用品がいるのかということを決めるために、エマは密かにウィルダネスに泊まりで出かけていたのだった。

こうした事前準備はしたものの、泳ぐための技能を身につけることはしなかった。それがあれば、グリーン山脈の小川や渓流の水量がどんどん上昇を続けていた8月14日には、少なくともいくらかは心強くいられたことだろう。

8時頃、エマはハーレムから来た若者とリーダーたちといっしょに出発した。その日の午前中、彼らはトレイルの大部分膝まである深さの水を苦労して歩き、やがて幅5メートル弱の流れの速い川に行き当たった。彼らは徐々に水の中に足を踏み入れていった。水はエマの膝の上まで来ていた。ゆっくりと横切りながら、リーダーは注意して若者たちを見守っていた。彼らは杖を支えにして連なりながら速い流れに逆らい、一人一人安全に渡り終えた。

ほどなくしてテン・キルンズ川に着いた。その川はトレイルを横切っていて、やはり増水していた。岸から岸までは6メートルあった。川の真ん中に大きな岩があり、その岩の手前の流れは岩の向こう側よりも速くはなかった。まず2人のリーダーたちが注意深く、巧みに対岸まで渡った。次に若者たちが

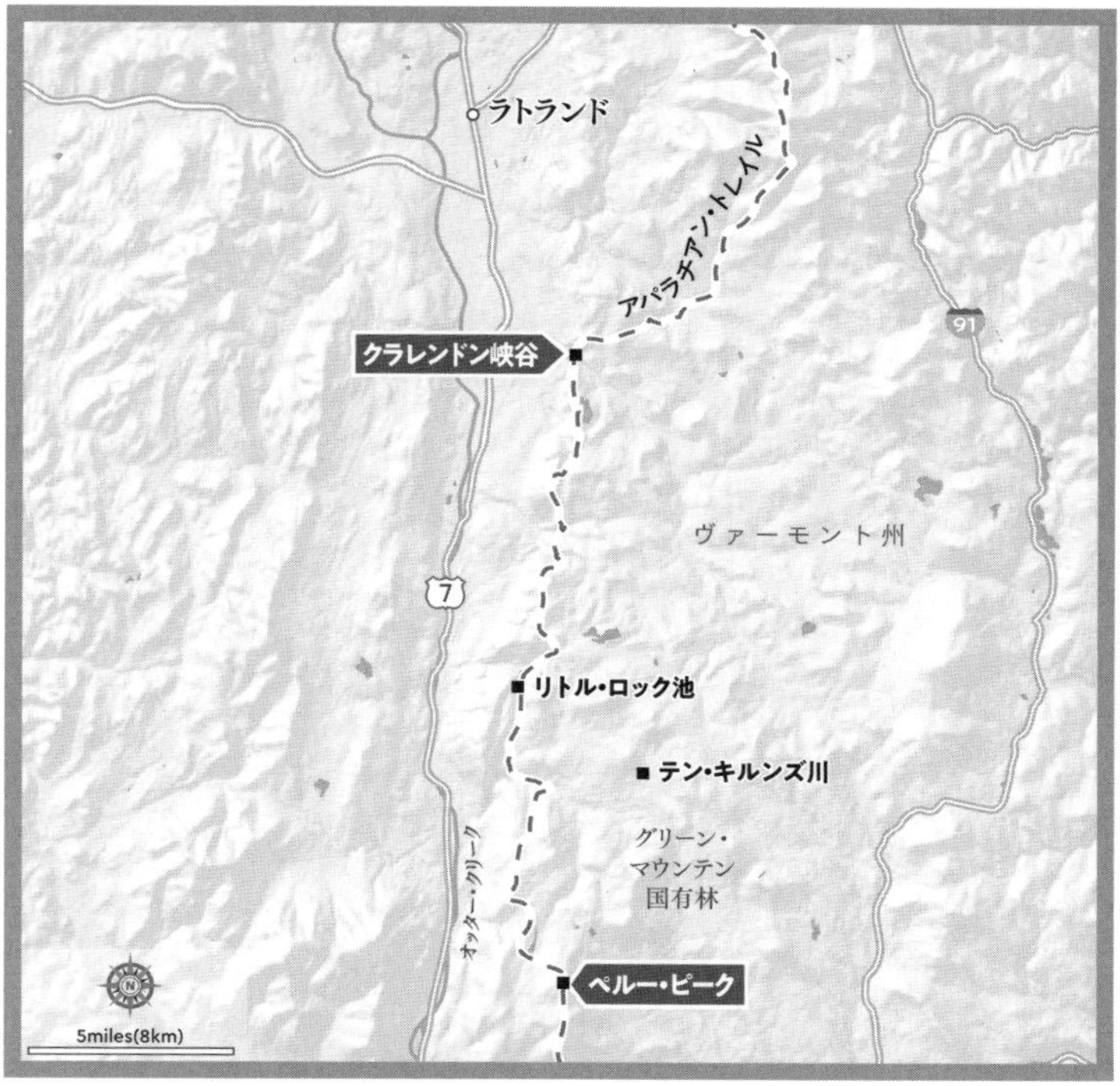

渡り始めた。中央の岩まで歩き、そこから先はリーダーの一人が持つ棒につかまりながら少しずつ、強い流れに逆らって渡っていった。

エマが最後だった。一歩ずつ小幅なステップでさほど急ではない流れを岩まで歩き、そこから荷物をリーダーの一人にほうってから、棒をつかんで荒い流れに向かった。速い流れに足を入れると、足が持っていかれそうになった。エマは棒をしっかりつかんで進み続けた。足で川底を感じながら、バランスをとり、対岸へ到着した。

午前中で雨はやみ、太陽が照りつけた。びしょ濡れになったエマの服も乾き始めて、事態は好転しつつあるようだった。一行はオールド・ジョブ・シェルターで昼食を摂ろうと立ち止まり、若者たちは近くに生えていた青いりんごをもいでは投げ合って笑っていた。その後数時間歩いて服は完全に乾いた。彼らは丸木橋を渡って、小さな島の上にあるシェルターに来た。常緑樹で覆われた山々がリトル・ロック池の水面に映り、ニジマスがたくさんいる美しい場所だった。

エマはそこに泊まろうかと考えた。そうしたいのはやまやまだったが、ここ2、3日のつらい行軍で遅れが出ているので、進んでおく必要があった。彼女はハーレムのグループに別れを告げて、いつものペースを取り戻して農地を11キロばかり抜け、低地を長い距離歩いて、その夜の寝床のバッファム・シェルターに着いた。彼女は日記にこう書いた。「若者たちは、1人を除いてみな有色人種だったが、みんなよい子たちだった」

エマの日記にはそれ以外彼らについては書かれていない。偶然の出会いについて書かれたこの日記を読んだ人は誰でも、彼らはただウィルダネスへ旅をしに来たローマ・カトリックの若者たちだったと思うだろう。彼らのことは何十年もの間知られることはなかった。だが、白人リーダーの一人が2010年に亡くなる前に、エマ・ゲイトウッドとトレイルで出会ったことを詳しく語っていたのである。デイヴィッド・ルーミス牧師は、この雨に降られた数日間のことを次のように書いている。

21になった夏、私はニューヨークの東ハーレムの教会で働いていた。当時そこは人口密度が世界で最も高く、殺人事件の発生率がそれを証明していた。コンクリートの隅々までがギャングたちの闘いの場となり、夏の暑さが火に油を注いでいた。

敵対する二大ギャングたちの間を取り持ち平和の仲立ちをしたいという希望を持って、当時務めていた教会は私に、それぞれのギャングから4人の大物たちを連れてヴァーモント州のアパラチアン・トレイルへ1週間のハイクに行かせた。街の暑さから逃れて、教会が全額負担する1週間の休暇を嫌がる人間は、8人のうち誰もなかった。

1日目、私たちは24キロ歩いた。思いがけずハリケーンが内陸に進んできたが、ハリケーンが来る前にトレイル脇の2・4×6メートルの広さのリーン・トゥまで行き、そこで足止めされることになった。夜になって、157センチの背丈のおばあちゃん、エマ・ゲイトウッドがキャンプにたどり着いた。彼女はジョージアからメインまでの全トレイルを歩き通す夢を実現しているところだった。あざをつくり、疲労困憊、装備も食料も増水した川に流されて、彼女は困り果てていた。事態が微妙だったのは、エマが育ちのよい南部の白人女性だったからだ。彼女の南部なまりも、8人の若い黒人男性たちと至近距離で過ごさねばならないことからくる居心地の悪さも隠しようがなかった。彼女の苦境に、8人全員が冷たい視線を投げつけていた。

雨風が激しかった。(中略)自然の猛威が私たちを圧倒し、リーン・トゥの中にあった緊張を文字通り解いていった。あのハリケーンは、私たちをまったく共通の厳しい難題に直面させ、誰にも共通する人間性というものに立ち戻らせたのだ。救命ボートに乗った人々のように、私たちはみな水の上に浮かぼうとしていた。枯れ枝を折って熾した焚き火の番をするために交代で立ち、それによって5人が手足を伸ばして眠れるようにした。外でびしょ濡れになりながら枯れ木を集めに行く役も交代で行った。

雨があがるとハイキングに出た。増水した激流を渡る時、エマは若者たちの背中におんぶされた。一人で渡ろうものなら、下流に流されてしまっただろう。エマをおんぶした若者は誰もが、川の真ん中でエマの細く骨ばった腕が首の回りをぎゅっと締め付けてくるのに耐えながら、どうにかしてバランスを保たねばならなかった。

＊＊＊＊＊＊

メアリー・スノウが書いた『スポーツ・イラストレイテッド』誌のエマの記事は、トレイルを歩く彼女の白黒写真とともに8月15日に掲載された。その日はエマが死にかけた日だった。見出しは「あっぱれな人」。

オハイオ州ガリポリスの67歳のおばあちゃん、エマ・ゲイトウッド夫人は、ジョージア州のオグルソープ山からメイン州のカタディン山までの3300キロのアパラチアン・トレイルを通して歩く最初の女性になろうと思っている。5月初めにゲイトウッド夫人は一人で、地図もなく、トレイルの白い目印《ホワイト・ブレイズ》をたどり始めた。そして今週、コネチカット州カテドラル・パインズで、ゲイトウッドおばあちゃんはこれまでの2400キロあまりを振り返った。自然の中ではよいことも悪いこともあった。3匹のアメリカマムシと2匹のガラガラヘビを注意深く避け、1匹のガラガラヘビは攻撃してきたところを杖で弾き飛ばした。シェルターが近くにない時は、石をいくつか温めて、凍えずにすむようにその上に寝た。ハックルベリーをおやつにかじり、カタバミの若葉をサラダにして、体に塩分を補給するためにブイヨン・キューブをなめた。

様々な人たちに出会った。水さえくれなかったけちな人もいれば、トレイルで食べなさいとフライド・チキンを持たせる親切な主婦もいた。

ゲイトウッド夫人はこのトレイルを歩き通せると、静かに自信を持っている。「脚の骨でも折らない限り、必ず歩き通すつもり。そしてカタディン山のてっぺんに着いたら、『アメリカ・ザ・ビューティフル』を歌うのよ。『海から輝く海まで』とね〔「アメリカ・ザ・ビューティフル」はアメリカの愛国歌。その中の一節で、大西洋から太平洋までの意〕」

******

朝6時に出発してから午前中いっぱいかけて、草が生い茂る厄介な道をクラレンドン峡谷まで歩いた。この峡谷は他よりもさらに幅広く、岸から岸まで12メートルはあった。たとえ増水していなくても橋を必要とする広さだ。古い橋は随分前に焼け落ちていて仮の橋が作られていたのだが、この暴風雨で新しい橋も流されてしまっていた。渡ることは不可能だった。

エマが峡谷を少し上流の方へ歩いていくと、深さが1メートル弱しかなさそうな箇所があった。だが流れが速く、一人で渡る気はしなかった。そこで誰かに声が届かないものかと、森に向かって叫んでみた。近くにいる誰かが渡渉できる地点を知っているかもしれないからだ。返事はない。彼女は一人きりで、行き詰まってしまった。

エマはそれ以上進めなかった。

エマは湿った服を袋から出して、日の当たるところに広げて乾かした。待たなければいけないのなら、せめて何か有益なことをして荷を少し軽くした方がよい。毛布も広げて、日向ぼっこもした。何日間も灰色の雲が空を覆っていた後で、暖かな光はありがたかった。

そして彼女は待った。正午になっても誰もやってこなかった。1時になっても、2時になっても、3

時になっても。長いこと彼女は何もせずに過ごした。すると4時頃になって、誰かがやってくる物音がした。エマが立ち上がってトレイルを見ると、誰であろう、それはハロルド・ベルとスティーブ・サージェントだった。4、5日前に出会った海軍の2人だ。たとえ計画したとしてもこれ以上うまくはいかなかっただろう。エマは驚いたと同時に、2人に会えてとても嬉しかった。

2人は散々な目に遭っていた。海軍から離れて、ちょっとした息抜きのアウトドア旅行として始まった彼らの旅は、びしょ濡れの旅になってしまっていた。トレイルにいた9日間のうち、8日間は雨だった。2人とも足には水膨れができてひどいありさまだった。

エマは2人に窮状を伝え、今や幅広い激流となっている峡谷までいっしょに歩いていった。2人の若者は流れを調べて、注意していけば渡れると判断した。彼らはバックパックを置いた場所まで戻った。一人がバックパックからパラシュートコードの大きな束を取り出した。彼はエマの袋を自分の大きくて重たいバックパックの上にしっかりとくくりつけてから、コードを自分の腰に回して縛った。もう一人も腰にコードを回して縛り、二人は川の縁まで歩いていった。

エマは2人の間に立った。2人はコードをエマの腰の回りに巻きつけて、2人の間にしっかりと結びつけた。人間サンドイッチだ。結び目をしっかりと締めると、それぞれエマの手を握りながら、ごうごうと流れる奔流をゆっくりと渡り始めた。水は少しずつ上がっていき、彼らの膝を越え、腰まで来て、さらに胸まで来て体に強く押し寄せた。彼らは流れに対抗して精一杯ふんばった。エマは目をつぶり、足で川底の石を感じながら、つかめるものなら何でもつかもうとした。滑りやすい危険な場所を、一歩一歩。

首まで水につかった。エマは目を開けたが、彼女を下流へ引きずり込もうとする流れを見ることはできなかった。その代わりに彼女はあごを上げ、空を見上げた。そして若者たちの手をぎゅっと握った。

彼らのうちの一人、サージェントは、57年後にこう語っている。あの川を渡った時のことはあまりに恐ろしく、79歳になった今でも夢に見るのだと。「かろうじて渡渉に成功したんだ」と彼は言った。もう一人のベルは、水がどれほど速く流れていたかを覚えていた。一歩踏み誤ればロープにからまったまま全員が下流に流されてしまっただろうとも感じていた。何十年も経ってから、2人は同じ場所を訪れた。2人ともエマが気さくながらきっぱりとした性格だったことを懐かしく思い出していた。「あの人はタフなおばあちゃんだったよ」とベルは言った。

だがその日、激流の真っ只中の危機一髪というところにいる時、エマ・ゲイトウッドは声を出して笑ったのだった。67歳のおばあちゃんがこんな窮地に陥っているとは、何とおかしなことかと。

3人はようやく乾いた向こう岸にたどり着き、土手をよじ登った。エマは森の中で濡れたバーミューダ・ショーツを脱いでダンガリーに履き替えた。そして戻ってくると、こう言った。

「やれやれ、あなたたち、うまいことおばあちゃんを渡らせたじゃないの」

13 破壊

1955年8月16日〜20日

ロング・トレイル・ロッジの人々は、エマのことを待っていた。その日の午後、エマがヴァーモント州キリングトンの近くのそのホテルに到着した時、彼らは厨房で彼女のためにサンドイッチを作り、それから電話に出させた。相手は14キロ離れたラトランドにある『ラトランド・ヘラルド』紙の記者だった。

今ではまるで全米がエマの動向を知りたがっているかのようで、記者たちは彼女の一挙一動を追っていた。旅の4分の3が終わり、これまでが風変わりな老婦人による偉業への新たな挑戦だと捉えられていたならば、旅の大詰めを迎えた今では国中がエマに注目していたのである。翌日、ＡＰ通信の特報が出て、エマは体重を11キロ近く落とし、靴を5足履き潰したと伝えた。「彼女はここまで2730キロを踏破した。カタディン山まで、残るは560キロだ」と記事にあった。

残り560キロ。記事に書かれていなかったのは、その残りの560キロがトレイルの中でも屈指の、困難で危険な箇所でもあるということだった。春には南部でも寒い夜があったが、これからの夜の寒さは気温が零下にまで下がり、空からは冷たく突き刺すようなみぞれが降ってくる。ここまでおよそ一日平均24キロのペースだったが、この先のニューハンプシャーのホワイト山脈に入ればその3分の1に落ちてしまうだろう。それに、これまで北に向かったハイカーたちが経験から学んだように、この先には困難な「100マイル・ウィルダネス」を含む長い区間があって、あまりに隔絶していて食料を補給できる場所もないので1週間分以上の食料を持っていく必要があった。

エマは出発した方がよいだろうと考えた。

道はこれまでで最も狭く、「まるでリスが通る道だ」と彼女は思った。巨岩を乗り越え、回り込み、ギフォード・ウッズ州立公園に入った。7年前の1948年に最初のスルーハイクを成し遂げたアール・V・シェイファーもこの公園を訪れていた。「来訪者名簿に名前を書いて、この長い旅行中初めて会った女性のレンジャーであるグレイス・バロウズと話した」と後に彼は書いている。「バロウズは公園内のリーン・トゥはわずかな料金で使えると言った。だがまだあと数時間は明るかったので、僕は歩き続けることにした。僕が行ってしまったので、バロウズ夫人は誤解して自分を責めた。数年後に彼女

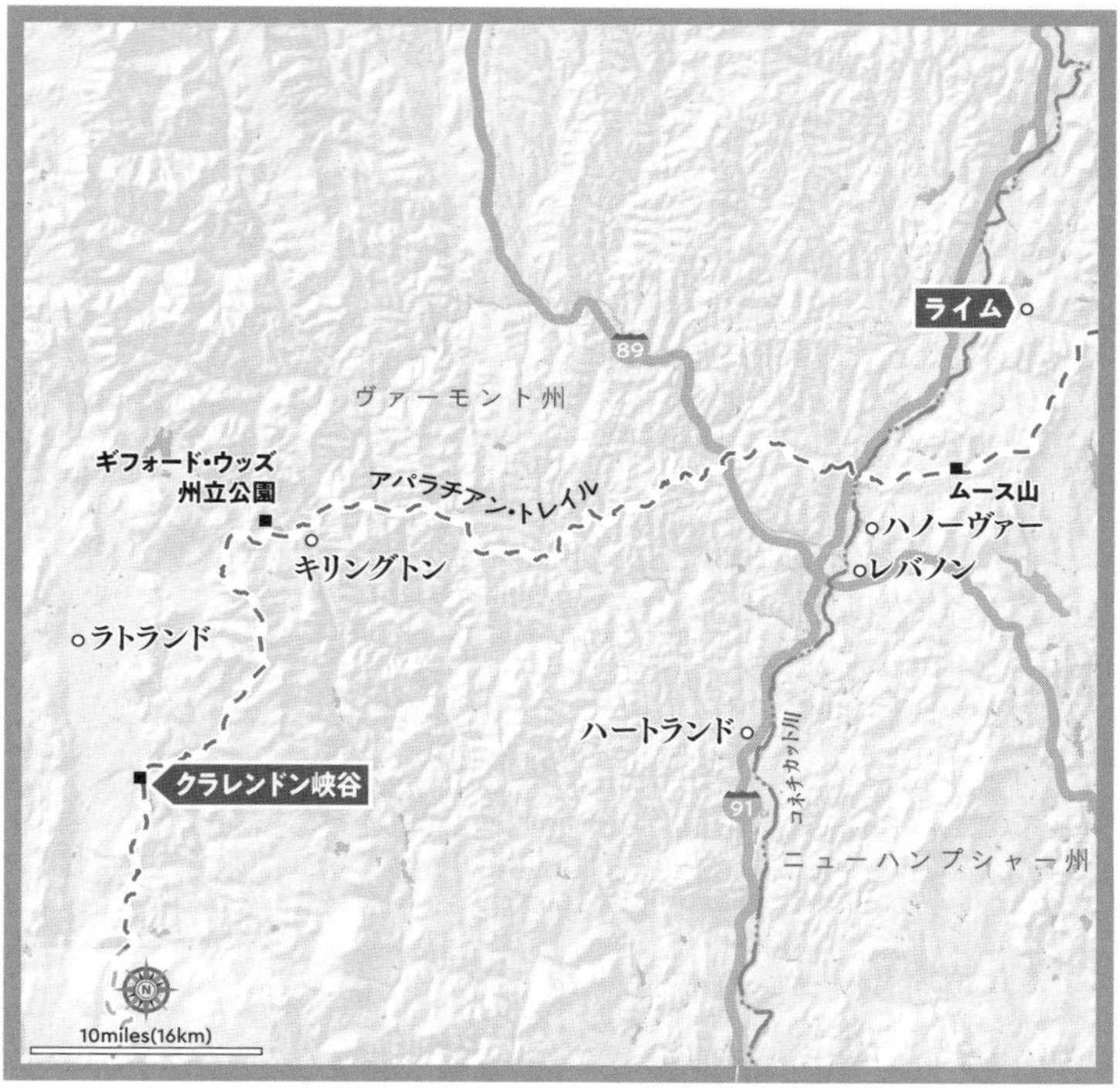

は、規則には反するが、あれ以来スルーハイカーからは使用料を徴収していないのだと僕に語った」
残念ながら、エマが到着した時バロウズ夫人は、請求はしたくないのだが州立公園であるからには1ドルを請求しなければならないと、葛藤しつつも言った。エマはリーン・トゥではなく草の上で寝るつもりではあったが、特に異存もなかったのでポケットから1ドル札を出した。
エマは日記にこう書いている。
「良心を慰めるために、彼女は私に熱々のベイクド・ポテトとスライス・ハム、ビーツ、パン、ジャムロール2切れと牛乳1杯、それにホット・コーヒーを持ってきてくれた」

バロウズ夫人は2人の若者がトレイルからやってきて、寝るために近くのテーブルを2つ確保していると言った。その2人というのが、川の渡渉を助けてくれた海軍の2人組であることを知ってエマは喜んだ。2人には、ドリップ・コーヒーとクラッカーを少し、ジャムロールひと切れとクッキー少々を、夕食の足しになるようにあげた。皆でしばらくおしゃべりをしてから、エマは落ち葉を積み上げた寝床で眠った。夜中に顔に冷たい雨が降りかかるのを感じたので、素早く布袋をつかんで管理人の小屋のポーチに向かった。数分後に若者たちもぐっしょり濡れてやってきた。他にも何人かトレイルで作業をしていた人たちがテーブルをベッドとして使っていたので、エマは床の上に寝た。すぐに雨が強く降り始めて張り出しの下に吹き込んできたので、ポーチの床はどんどん濡れていった。エマはテーブルの上に上がり、海軍の2人は別のテーブルの上で体を折り曲げた。誰もよく眠れなかった。

翌早朝、彼らが火を熾して服を乾かしていた頃、ハリケーン・ダイアンは1300キロほど南の東海岸に突入しようとしていた。5日前にハリケーン・コニーが上陸した地点からそう遠くはなかった。中心付近の風速は45メートルほどで、時速23キロで西に進んでいたが、ダイアンはコニーほどの被害を与えることはないだろうと予報士たちは言っていた。海岸沿いの町々では、家が波に洗われて道路は冠水したが、先の嵐ほどの威力はなかった。急速に勢力は弱まってきていたので、午後には警報も解除される見通しだった。だが予報士たちが考慮に入れていなかったのは、ハリケーンが海岸線を北上する進路をとったために、すでにコニーによって土壌が雨水で飽和状態だった内陸部に、大西洋から吸い上げられた水分が供給され続けたことだった。

トレイルにいるハイカーたちは忘れっぽい。ニュースは口伝えだったし、ワシントンの気象局も嵐はすでに大したことはないとみて警報も解除されていた。だが嵐は北へと動き始めていたのだった。

トレイルの整備をしていたボランティアが悪いニュースを伝えてきた。ビーバーのダムによって水があふれて、下の谷が通れなくなっているというのだ。エマがトレイルを歩いているのを知っていた彼は、冠水したところは絶対に通れないと言った。そこを回避して車で送ろうという彼の提案をエマは受け入れた。通行不可という障害に直面したこの3キロほどの区間だけが、ATでエマが歩くことができなかった唯一の部分だった。

8月18日、エマはヴァーモントとニューハンプシャーを分けるコネチカット川に向かって東へ進んだ。夕方、ハートランドという町に入って、装備を補充するための店を探した。店主と少し話をしたら、数百メートルほど先のトレイルから外れたところに泊まれる場所があるだろうということだった。

彼の言ったとおりに道を歩いていると、車が横に来て停まった。女性がエマに名前を尋ね、探していたのだと言った。女性はルートニック夫人といって、一家はオハイオから来たのだった。新聞の記事を読んで、エマが近くに来ていてすぐにトレイルを歩いてくると知ったので、見つけようと思ったのだという。ルートニック夫人はその晩泊まる場所が必要かどうか尋ね、もしよければ彼らが留守番をしているという友人のキャビンに泊まらないかと誘ってくれた。エマがそれを受け入れて乗り込むと、車は山間の家まで数キロ走った。そこからの眺めは素敵だった。ルートニック夫人は赤ん坊と数人の幼い子どもも連れだったが、薄汚れたお客でもまったく気にしなかった。彼女はホットドッグとトマトを出してくれ、みんなで景色を楽しみながら外で食事をした。

一方、南の方では、熱帯低気圧に格下げされたハリケーン・ダイアンの外側の雲の帯が、北に移動しながらニューイングランドに大量の雨を降らせていた。恐ろしげな雲のことは誰も気にしていないようだったが、新たな降雨が小さな川や流れの水位をどんどん上げていることを人々はやがて知るようになる。鉄砲水に対する最初の警報が発令されたのは、その日の午後遅くなってからだった。雨が屋根を叩く音を聞きながら地域の人々が眠りについている頃、水位は上昇していった。

＊＊＊＊＊＊

ウェストヴァージニア州ミルトンの市長は、エマの経歴もP・Cのことも知らなければ、何十年に及ぶ虐待についても最後の争いの詳細についても知らなかったが、虐待を受けた妻だということは見ればわかった。歯は折れ、肋骨にひびが入った、この53歳の女性が留置場に入れるべき人間でないことは、彼にはわかっていた。

彼はエマと少し話をし、同情した。誤審は正されねばならない。彼はエマを自宅に招き、傷が癒えるまで安全に保護した。そして、エマがレストランで働いて小遣い稼ぎができるようにした。

家では子どもたちが困惑していた。母親から無事でいることと、すぐまたいっしょになれるという伝言はあったが、家にいたネルソン、ルイーズ、ルーシーの3人はこのあとどうなるのかわからない状態だった。

ある朝、子どもたちは早くに起きて、近所の人たちの助けを借りて豚を1頭殺し、内臓の処理をした。〔皮を湯はぎするために〕樽に水を入れて火にかけ、学校に行く前に豚を吊るした。午後になって学校から戻ると、父はいなかった。P・Cは寝具やら家具やら、家財道具ほぼ一式を運び出していた。テーブルの上には豚の半身《はんみ》が、置き土産として残されていた。

ネルソンは家に残された中で最年長の15歳だったが、学校の用務員の補助として働いていて、お金の管理もしっかりしていた。姉のエスターにお小遣いが欲しいかと尋ねられると、彼は欲しいと言って10セントをもらった。数週間後に姉がもっと欲しいかと訊くと、彼はこう答えた。「いや、まだあの10セントがあるからいらない」。ネルソンはこつこつとお金を貯めていって、レミントン単発式ボルトアクション・ライフルと、ヘッドライトとフェンダーがついた自転車を、ハンティントンのモンゴメリー区に行って26ドルで購入した。今回、彼は小銭を見つけると、新しい自転車で5キロほど離れた雑貨屋まで行って母親に電話をかけ、父は出ていったと告げた。

「明日僕が家にいて片付けを手伝おうか？」と彼は訊いた。

「いいえ、学校に行きなさい。私は始発のバスで行くから」

翌日、子どもたちがバスから降りるとエマが迎えてくれた。彼女は豚肉を片付けて、家を整えていた。すべてがきちんとなっていて、ここのところのゴタゴタには一切触れず、まるで家を片時も離れていなかったかのようだった。

エマは治安判事に謹慎保証書を申請する予定で、それはP・Cが彼女に干渉しないことを義務づけるものだった。ところが、P・Cの方は彼女の訴えに対抗して弁護士を雇っていることがわかった。そこで彼女も弁護士を雇うことにし、1940年9月6日、ウェストヴァージニア州ハンティントンの大きな石造りの裁判所で、エマ・ゲイトウッドは結婚生活35年の後、離婚訴訟を起こした。

その5ヶ月後、1941年2月6日に、エマは弁護士とともに裁判官と離婚公証人の前に現れた。彼女は結婚中の不和や受けた虐待行為や、どのように乱暴に扱われたのかについて証言した。考慮の末、裁判官は判決を言い渡した。「原告エマ・R・ゲイトウッドと、被告P・C・ゲイトウッドとの間のこれまでの婚姻関係は、これによって解消され、原告はこれによって被告との婚姻関係から完全なる離婚を与えられるものとする」

裁判官はエマに14歳のルイーズ、12歳のルーシーと16歳のネルソンの親権を与え、P・Cに対してはエマに月15ドルの扶養手当を支払うよう命じた。またエマにはバーカーズ・リッジの農場を与え、P・

54歳のエマ。1942年
（ルーシー・ゲイトウッド・シーズ提供）

Cが農場の支払いを続けるようにした。もし彼が支払わなかった場合には、裁判所に呼び出されることになっていた。

エマは後に「あれからずっと幸せでいる」と書いている。「夜寝床につく時、人でなしみたいな男に床の上に蹴り出されて、あとから言い逃れされたりしないとわかっているから」と彼女は書いた。

だが、P・Cに悩まされるのはこれで終わりではなかった。彼の月々の扶養手当の支払いは滞り、総額200ドルになった。エマがまた訴えると言うと、彼は農場をエマに譲渡し、彼の所有の半分を彼女に与えると約束した。

それで彼女は手を打った。2人の関係はこれでようやく終わったのだ。もう彼がエマに手をあげることは二度となかった。

＊＊＊＊＊＊

エマはコネチカット川を渡ってニューハンプシャー州ハノーヴァーに入り、誰かがまた新聞記者を呼び寄せないうちに素早く歩いて抜けようとした。常に遅れが出ることにうんざりし始めていたのだ。さらに悪いことに、どこからそんな話になったのか、数日前のラトランドの記者はエマがトレイルを歩き終えたらテレビの前でスクエア・ダンスを踊ろうと思っていると書いた。しかもCBSニュースがその間違った情報を放送してしまった。エマはスクエア・ダンスなど私的な場でも、ましてやアメリカ中のテレビを見ている人たちの前でなど踊るつもりはなかった。

ハノーヴァーでは少なくとも雨は降っていなかった。

その時は知らなかったが、エマを追いかけて海岸沿いに北上している低気圧は、ニュージャージー、ニューヨーク、ペンシルヴェニア、コネチカット、マサチューセッツに最後の雨雲の黒い帯を吊り下げて、南で大規模な惨状をもたらしていたのだった。予報士たちは木曜日にはもう嵐はほぼなくなったとしていた。それはニューイングランドを移動中の低気圧にすぎないように見えた。だがいまだに動いていたし、広大な範囲で反時計回りに回転しながら、大西洋の暖かく湿った空気を吸い上げて、北東部にほとんど熱帯のような蒸し暑さと湿気を押し出していた。それから気圧の谷がやって来た。湿った空気が上昇し、冷やされ、膨張し、その地域一帯に下降し始めた。ダイアンはまだ死んでいなかったのだ。まだ。

エマが2週間前にクラレンス・ブレイク夫人を訪ねたコネチカット州ウォーターベリーでは、午前中の早い時間にノーガタック川の水位が所により10メートル以上も上昇し、越水して橋や家々を洗い流して町の産業を破壊し、家族もろとも流れの中にのみ込んだ。親たちは子どもを木の上にしばりつけて救助を待った。ウィンステッドでは、〔普段は〕穏やかなマッド川が町を打ち壊し、住民たちは孤立した。ファーミントンでは救命ボートが転覆して、パトリシア・アン・ベシャードが幼い命を奪われた。一人の消防士は小さなリンダ・バロロメオを木に結びつけたが、自身は洪水の流れに引き込まれてしまった。シーモアでは水によって墓地の地面から掘り出された棺がぷかぷかと流されていった。パトナムではマグネシウム工場が火事になり、火花が76メートル上空まで飛び散った。どこでも警察と消防士たちが家から家へと走り回って、住民に家から出るように命じていた。ニューヨーク州エレンヴィルの町では全住民の4000人が避難した。だが多くの人にとって、警告は遅すぎた。

コネチカット州の全降雨量は信じがたいものだった。トリントンでは355ミリだった。ウィンステッドでは330ミリ。ハートフォードで304ミリ、マサチューセッツ州ウェストフィールドでは508ミリもの雨が降った。

最も悲惨だったのは、デラウェア・ウォーター・ギャップに近いペンシルヴェニア州ストラウズバーグで起きた災害だった。普段は穏やかなブロッドヘッド・クリークは15分間で9メートル増水し、キャンプ・デイヴィスという宗教団体の宿泊施設に流れ込んだ。そこにいたキャンパーたちは高台にある家の中に逃げた。水かさが増すにつれ、キャンパーたちは2階に上がり、さらに屋根裏へと上ったが、とうとう家が激しく揺れて崩れてしまった。ある女性は瓦礫につかまりながら、子どもたちがひどく泣き叫んでいる声を聞いたのを覚えている。彼女は後で31人のキャンパーたちが命を落としたことを知ったのだった。

ストラウズバーグは10時間孤立状態だった。その地域一帯で、増水した川によって7つの橋が流された。ヘリコプター部隊が、ポコノ山脈で立ち往生したラッカワナ鉄道の車両から235人の乗客を救助した。そのそばのミルフォードでは、2人の男性がロープで結び合いながら、アパートに取り残されていた高齢の女性を発見し、安全なところへと運んだ。

アイゼンハワー大統領は、東部6州を連邦政府の救済措置を必要とする災害地域に指定した。2つのハリケーンによる死者数は200人以上に上り、被害額は過去最大の15億ドルと推定された。だが8月20日の正午近くになって雨はやみ始め、川の水位も少しずつ下がって通常の河道に戻ってきていた。洪水はマサチューセッツ州ノーサンプトン以北へは及ばなかった。

ニューハンプシャー州ハノーヴァーでは、南へ行く道路が冠水したか通行止めになったために観光客たちがモーテルで足止めをくらっていた。エマは彼女が通ってきた地域で出た死者やその混乱状態については何も知らないまま、この町を通っていった。

公園でテニスをしていた2人の女の子たちがいたので、エマはハイクに行かないかと誘った。2人は返事をしなかったので、エマは道を歩き続けた。2ブロック歩いた後、誰かが走ってくるのが聞こえた。女の子たちが後を追ってきていたのだ。彼女たちは、エマが噂に聞いたジョージアからメインまでハイキングしているあの女性かと知りたがった。

エマはそうだと答えた。町の外に食事をするところがあるかどうか尋ねたが、2人は知らなかった。女の子の一人がぜひ家に昼食を食べにきてくれと言った。エマはお母さんが突然の来客にびっくりするかもしれないと思ったが、ともかく2人の後をついてテニスコートまで戻ることにした。母親は少しめんくらっていたが、それでも最善を尽くしてくれ、家でサンドイッチを食べようと車でみんなを連れていった。

彼女の夫は玄関ドアから入ってくると、まるで知り合いのようにエマと握手をした。彼が『スポーツ・イラストレイテッド』誌を持ってくるまでエマにはわけがわからなかった。記事はまだ読んでいなかったので、エマはそこで読ませてもらった。夫のロード博士は、ダートマス・アウティング・クラブに所属する友人に電話をかけ、エマがトレイル上にあるクラブ所有のキャビンを使えるかどうか訊いてくれた。友人は承諾した。道は大部分整備されているし、キャビンは簡単に見つかるだろうとその友人は言った。

昼食後、ロード博士はエマがトレイルを離れた地点まで車で送っていった。エマが町の外れまで来ると、女性1人とティーンエイジャーたちがエマを待っていた。しばらくおしゃべりした後、エマは先に進まなければならない時間だと判断した。女の子2人と男の子3人のティーンエイジャーたちは、自転車にまたがってエマの横を3キロほどいっしょに行った。一人の女の子は、エマの布袋を自分の自転車のかごに載せると言ってきかなかった。

ロード博士の友人が言ったような「整備された」道はどこにもなかった。その代わりに、頭の上まであるような雑草の間を歩いて行った。開けた場所に出た時、トレイル脇の柱に封筒が留めてあるのに気がついた。近寄って見てみると、エマの名前が書いてあった。中には、トレイルからほんの少し外れたところにある赤い家に住む女性からの短い手紙が入っていた。女性はエマをお茶に招待したかったのだ。

招待を受けてエマは嬉しくなった。まるで偉い人にでもなった気分だった。エマはその女性と夕食をともにした。その後に女性の夫のジョージ・ボックが、ダートマス・アウティング・クラブのキャビンの中にどうやって入るのかを教えてくれた。暗くなる前にエマはキャビンに着き、本物のマットレスの上でぐっすりと眠ることができた。

翌日の正午にエマが幹線道路に出ると、カメラ一式を持った男が待っていた。

「あなたたちにはどこにいても見つかってしまうようね」とエマは言った。

彼は地元の『ヴァレー・ニューズ』紙のカメラマン、ハンソン・キャロルだと自己紹介した。ここ数時間エマの居場所をつきとめようとしていたという。その日の朝、エマがハノーヴァーを抜けたと聞くと、ハノーヴァー・インフォメーション・デスクのバーデット・ウェイマスと話をして、トレイルがムース山のどこを上り、越えていくのかを教えてもらった。エマのようなエネルギーは持ち合わせていないキャロルは、ムース山を車で巻いて、ライム＝ドーチェスター・ロードでエマが森から出てくるのを待っていたというわけだ。1時間もたたないうちにエマは丘を下って道路に出てきた。日に焼けた顔で、微笑みながら。

彼はエマの写真を2、3枚撮って、歩いているところの映像を撮影しても構わないかと尋ねた。どうぞ、と彼女は答えた。彼はフィルムを30メートルは費やしたにちがいない。エマがトレイルの標識の脇で昼食を摂る光景、小さな女の子2人と男の子1人を連れて道を歩く様子と、一人で歩いているところを撮った。エマは彼に、もうスニーカー5足を履き潰したのだと語った。今履いているのは6足目の靴だった。これほど注目を集めていることについても2人は話をし、それがうるさすぎないかと彼はエマに尋ねた。知れ渡ることが悪いとは思わない、記者たちに時間を取られることがあまり多くさえなければ、と彼女は説明した。

言わんとすることに気づいた彼は、それでももうひとつだけ質問した。

「なぜこんなことをしているんですか?」

「ただなんとなくね」というのが彼女の答えだった。

＊＊＊＊＊＊

1955年8月22日月曜日の『ヴァレー・ニューズ』紙に、ハンソン・キャロルの記事が載った。その記事が第1面に掲載されたことは、エマ・ゲイトウッドがどれほど危険と隣り合わせであったかを興味深くも忘れがたく思い出させる。

1面のトップの大見出しは「洪水による死傷者数の拡大と感染症の恐れ」というものだった。小見出しは「1億ドル以上の損害予想、判明した死者86人」だった。

見出しの下にエマの写真があった。エマはにこにこしながら草の上に座って、アパラチアン・トレイルと書かれた標識に触れていた。写真の下にまた見出しがあった。「おばあちゃん『ただなんとなく』アパラチアン・トレイルを歩く」

14

多くのことを経て

1955年8月22日〜9月11日

暗い中、エマはキューブ山の上で目を覚ました。後ろはハノーヴァーに向かって谷を見下ろし、北はムーサローキ山とホワイト山脈に向かっての壮大な眺めが開放的な岩棚から望まれた。花崗岩か大理石を思わせる、ピンクがかった灰色の珪岩の上に立って、エマは多くのハイカーたちがトレイルで最も険しいと考える場所を眺めた。

ホワイト山脈、そして特にプレジデンシャル山脈は、危険な地形というだけでなく不安定で予測不能な厳しい天候で有名だった。この山脈ではいくつかの谷がぶつかり合っていて、西や南西、あるいは南からの風が通り抜けた。それに、五大湖やアパラチアン・ヴァレーや大西洋からやってくる複数の暴風雨の通り道が重なる中心でもあったのだ。

「ニューハンプシャー州の高地は、荒涼とした起伏の多い土地で、屈強な登山家でも決してあなどることはできない」とアール・V・シェイファーは1948年の初めてのスルーハイクについて書いた本、『ウォーキング・イン・スプリング』の中で書いている。「地球上でもまれに見る悪天候が、この地で生じる。風速は強風と定義される以上に激しく、気温は極地並みだ。真夏でも氷点下に下がり、吹雪が暑さの1時間後にやってくることもある。（中略）その結果はすさまじいものとなる。こうした事実について、無知であったり軽視したりしたために命を落とした人は数多い。用心しなければならない。森林限界を越えた高度では軽装であれば命取りになる。そして非常食と装備を携帯しなければいけない」

エマはワシントン山の方角の水平線を眺めた。ワシントン山は標高1917メートル、北東部の最高峰だ。世界最高の峰々と比べたら大したことはないが、ワシントン山の荒れ狂う天気——年平均気温が氷点下で、年平均風速は15メートル以上——に、警戒を怠ったハイカーの多くがひどい目に遭ってきた。秒速103メートルという記録史上の最高風速は、ワシントン山の上で20年前に観測されている。常に風が激しく吹いているので、シェルターを鎖で地面にしっかりと固定しなければならないほどだった。

ハイカーたちは、低体温症や溺死、落氷、雪崩、滑落などによって命を落としていた。1890年に1人、そして1912年にもう1人は、山頂を後にしてから二度と姿を現さなかった。エマのハイクの前年には、2人の男性が低体温症で死んだ。翌年には2人が滑落死し、1人が雪崩で亡くなっている。

エマが訪れる前までに、25人ほどが山中で非業の死を遂げ、救助された者たちは数知れなかった。

エマはシェイファーが言ったような適切な装備は何ひとつ持っていなかった。だが、これまではエマが担いできた布袋の中身で十分だった。前の晩には服を何枚か洗濯できていた。その夜は、大きなヤマアラシの来訪も受けた。エマの足をクンクンかいだので、エマは蹴飛ばして追い払ったと思ったのだが、しばらくするとヤマアラシはまた来て顔までよじ登ってきた。彼女が懐中電灯をつけると逃げていき、二度と戻ってこなかった。

その朝エマはキューブ山から一連の揺れるハシゴを下って下山した。エマには初めての体験だったが、うまくやりすごすことができた。山麓の近くで農家を訪ね、ドアをノックした。ピーター・トムソンは当時11歳だったが、その時の体験は決して忘れないものとなった。

「母が出てドアを開けたんです」と57年後に彼は語った。「『こんにちは。エマ・ゲイトウッドです。アパラチアン・トレイルの全行程を一人で歩いている女性第一号です』とエマは言ったんだ」。ピーターの母はエマを家に招き入れた。エマは手と顔を洗って、家族といっしょに家庭料理を食べた。この2人の女性はよい友人同士となり、文通相手にもなった。そしてエマは後に何度も再訪している。エマの影響でトムソン夫妻はハイキングをするようになり、夫妻はアディロンダック山地の46の主要峰すべてに登頂することになった。州兵たちが同伴することもよくあった。というのも、夫のメルドリム・トムソン・ジュニアは山好きな州知事として3期を務めることになったからだ。そうした政治的成功はさておき、彼はそれからもずっとアパラチアン・トレイルのスルーハイカーたちを家に招いたし、子どもたちも同じようにした。そしてハイカーたちにメイプルシロップと母の有名なパンケーキミックスを持たせて送り出した〔トムソン夫人がお客をもてなしたパンケーキとメイプルシロップは評判だった〕。

１９５５年、後に知事になる夫は息子たちとエマの写真を撮った。息子たちはブルーベリーを摘みに、エマの後についてトレイルをかなり歩いた。エマはその夜イライザ・ブルック・シェルターで過ごし、翌日は難関だが歩きがいのある区間を歩いた。キンズマン山を登り、それからホワイト山脈の１２００メートル級の峰々の南端にあるムーサローキ山に登った。そこで彼女は森林限界を越えた。トレイルではケルンが目印になり、草木のない岩稜が広がる景色は驚くべきものだった。夜を過ごせる場所はなかったので、エマは稜線を下るビーバー・ブルック沿いの険しいサイド・トレイルをたどり、７つもの不安定なハシゴを下りた。夜はモーテルで過ごした。

翌朝エマはトレイルまで登り返し、キャノン山を越えた〔現在のルートではムーサローキ山に登ってからビーバー・ブルック沿いのトレイルを下り、その後にイライザ・ブルック・シェルター、それからキンズマン山、キャノン山の順で登ったと考えるのが妥当〕。山からはケーブルカーがたくさんの人を乗せて麓からそびえ立つ山頂まで優雅に動いていくのが見えた。エマが通りかかると、山頂の小さな公園で待っていた数人の観光客たちが、まるでウィルダネスから出てきた動物を見るみたいに口をぽかんと開けて驚き、写真を撮った。夕方、エマはフランコニア・ノッチへと下り、見える範囲でたった一軒の家のフロント・ポーチに布袋を下ろしてから、近くのレストラ

エマとトムソン家の息子たち。
(左から)トム、7歳。デイヴィッド、9歳。ピーター、11歳。
ニューハンプシャー州オーフォードのトムソン家の近くで。
1955年のエマの最初のスルーハイクにて
(ピーター・トムソン提供)

ンに食事に行った。袋を取りにその家に戻ると、家の人たちは夕食に出かけてしまっていたので泊めてもらえるかどうか尋ねられなかった。先ほど少年が芝刈りをしていて、刈った草が集められて道路の脇に山になっていた。エマは暗くなるまで待ってから、茂みの脇で人目につかない場所にその草を三抱え急いで持ってきて、ふかふかの寝床を作った。少なくとも道路から30メートルは離れていたが、放浪者みたいに外で寝ているところを誰かに見られたくはなかったので、毛布にくるまってカモフラージュのためにその上を草で覆った。寒い夜でも暖かく、よく眠れた。

8月25日、ラファイエット・キャンプ場まで歩き、それから少し戻って幹線道路に出た。山腹に花崗岩の露頭が組み合わさって人の顔の形に見える、オールド・マン・オブ・ザ・マウンテン〔山の老人〕がそこからよく見えるからだ。演説がうまかった政治家のダニエル・ウェブスターは、この岩についてこう語ったことがある。「人はそれぞれの職業を示す看板を掲げる。靴屋は巨大な靴を、宝石商はばかでかい腕時計を、歯医者は金歯を、というように。だが、ニューハンプシャーの山では、全能なる神が掲げた看板がある。主が人をつくりたもうたことを示すために」

オールド・ウーマン・オブ・ザ・マウンテン〔山の老女〕は登り続けた。草木のない岩の急坂をどんどん登り、ついにラファイエット山のグリーンリーフ小屋にたどり着いた。そこで少し腹ごしらえをしてから、彼女はゲイルヘッド小屋へ向かった。小屋は2人の大学生が管理人をしていて、きちんと整頓されていた。2人は親切にもエマに食事を用意してくれた。

翌日の午後、エマはジーランド・フォールズ小屋まで歩き、そこで行動食としてレーズンなどの食料を入手した。出発して坂道を下り、しばらく歩いたところで道に迷ってしまったことに気がついた。その道に目印《ブレイズ》はなかったが、道であることは明らかだったので数時間そのまま歩き続けた。山の向こうに日が沈む頃、小さなキャンプ場に着いた。そこでは男性が一人でキャンプしていた。エマが事情を説明すると、彼は行けるところまで車で戻ってあげようと言ってくれたので、エマはそうしてもらうことにした。夜になってもエマはもう少し歩き、道端で眠った。

翌朝も残りの道を歩いてトレイルまで戻ることができた。それから沼地の多い高原を抜けて、ワイリー・ハウス・ステーションまで歩き、さらにウェブスター山に向かった。登り始めから急で困難だった。ハシゴがあったが、横木と横木の間隔が離れすぎていて、エマは片足を岩壁の上に置いて、次の横木に膝が届くまで身体を引き上げてからようやく足を乗せることができた。とても難しい登りだった。
3、4キロ行くと、トレイルが断崖沿いを通る場所にやって来た。崖の縁にあまりに近く、エマは落ちてしまうのではないかと恐ろしくなった。この辺りでは滑落が死因の第1位を占めていた。風も強く、崖を伝って冷たい突風が強く吹き上げていた。エマは強風がやんだ隙を狙って、さっとその場を抜けようとした。今ならやれると思った時、突風の合間を縫って動き、松の木立の陰の安全な場所に着くことができた。
その日の午後はジャクソン山に登ったが、そこでまた道標を見間違えて違う道に入ってしまった。トレイルで出会った女性が、クローフォード・ノッチの森林管理人に口添えしてくれたおかげで、エマは管理人のところで一晩泊まることができた。

翌朝は膝が痛かった。日中は凌げるくらいには穏やかだったが、山の夜は身を切るように寒かった。8月が終わり9月に向かうにつれて、もっと食料が必要になることがわかっていた。ワシントン山の南の肩にある絶景のレイクス・オブ・ザ・クラウズ小屋まで行き、頂上に着く前に昼食を摂った。山頂の空は明るく澄んでいて、展望を楽しむために観光客が大勢集まっていた。突然現れたしわだらけの、山歩きで薄汚れた女性に観光客たちは呆気にとられたようだったが、エマはそんなことは意にも介さなかった。少年が2人近づいてきておずおずと自己紹介をすると、トレイルについて質問してきた。

エマは再びアダムズ山に向けて出発した。トレイルは森林限界を越えるプレジデンシャル山脈の峰に沿って曲がっていった。膝はまだいやな感じだったし、トレイルは険しかった。夕方、マディソン・スプリング小屋に近づくと、子どもを交えた男女の一団の話し声や笑い声が聞こえてきた。さらに近づくと、15人ほどのグループであることがわかった。彼らからもエマが見えたに違いない。エマは彼らが自分を待っているのかもしれないと思ったが、恥かしがるふりをして常緑樹の後ろの岩の上に座った。向こうからやって来ればいいと思ったのだが、しばらくすると案の定彼らは近づいてきた。彼らはやはりエマを待っていて、写真を撮るためにカメラを取り出した。

女性の一人、ルース・ポープはエマの膝に当てる包帯をくれた。別の女性のジーン・リーズがウールの手袋とスキー用の帽子をくれると、エマは布袋にしまい込んだ。皆エマを歓迎し、親切に敬意を持って接してくれた。小屋の主人はベッド代の6ドルさえ請求しなかった。エマは緑の眉庇《グリーンアイシェイド》にサインをしてお礼に彼にあげた。

朝になると、エマは痛めた膝に包帯を巻いた。前の晩に会った女性2人はエマの布袋を担いでくれた。ワイルドキャット山脈へ抜けるトレイルへと進む2人とはピンカム・ノッチでいったん別れた。再びエマに会った時、2人はどちらの方がエマの荷物を長く担いでいたかで言い争っていた。エマは暗くなってからカーター・ノッチに到着し、誤ってメガネを踏んづけ、フレームを壊してしまった。だが、前年のメインでの教訓から、メガネをもうひとつ持ってきていた。

翌日はまたもや登りにとりかかった、それも2度挑むことになった。道標を読み間違えてしまったからだ。エマは自分の不案内もさることながら、目印《ブレイズ》が少なすぎるトレイルも悪いと思った。メイン州の境に近づくにつれ、エマが一日に歩く距離はかなり伸び悩んでいた。怪我のせいでもあり、厳しい登りと度重なる道迷いのせいでもある。その日は森で出会った青年のおかげで正しい道に戻れたが、その頃にはまた雨が降り出していた。

夕方、小屋に着いた時、エマは自分の目を疑った。小屋の主人がごちそうを用意してくれていたのだ。エマはお腹がすいていた。その上、彼らは食事代も宿泊料金も取らなかった。着ているものは全部濡れていたので、安全ピンでひだを寄せて毛布を身にまとい、それでどうにかなったので、脱いだ服は暖炉のそばで乾かした。翌8月31日にカーター・ドームに登り、インプ・シェルターではストーブがあったので8月の最後の夜を快適に過ごすことができた。

翌日はモライア山を越え、幹線道路に出て、道路沿いにニューハンプシャー州ゴーラムに出て食料を補給した。タナー夫人が経営する大きくて美しい白い家のアンドロスコギン・インには、夕食と快適なベッドがあった。

朝早くゴーラムを出て、翌日はぎざぎざした岩だらけのトレイルを越えて歩いた。ヘイズ山とカスケード山を越え、パッセージ池とモス池を過ぎ、サクセス山に登ってから、カーロ山に登る途中で州境を越えてメイン州に入った。ファンファーレも何もなかった。日が暮れてきてから、エマは下方にあるシェルターをやりすごしてしまったことに気がついた。

1087メートルの山頂で青年が2人、岩の上に腰かけているのを見かけていたが、暗くなると2人はエマが見過ごしてしまったシェルターの方に下っていった。快適な夜だったので、エマは野宿のための場所を探し、苔が厚く生えた完璧なベッドを見つけた。腰痛持ちの金持ちが特注するような柔らかさだった。エマは空を見上げて横になった。

夜空は澄んでいて、月が手で触れるくらい近くに見えた。周りにある背の低い松や苔むした岩に、月の光が注いでいた。星々が暗闇の毛布にあけた何千もの針穴から光っているようだった。

実に多くのことを経てきた。数々の試練と歩いてきた道のり、そしてたくさんの思い出。最後の14番目の州に入ったのだ。9月に吹雪が吹き、気温が零下まで下がることもある、元気な山男でも引き返してシェルターに戻るような場所だ。メインは険しい。メインは荒々しい。40年経った今でもメイン州は、アラスカを除く合衆国内で人の住まない森が最も多く広がる州なのだ。

その時エマは知るよしもなかったが、多くのアメリカ人が彼女を応援していた。台所のテーブルで新聞記事を切り抜き、夜のテレビニュースでエマの足取りをたどりながら、この女性がこれほど手強い土地で最後までうまくやれるのかと心配していた。エマは女性たちの期待を担っていたが、その歩みは孤独だった。彼女は安らぎと静穏、そして自分自身のために歩いていたのだ。

その夜エマは独りきりで、新鮮な空気と感動で胸をいっぱいにしながら、どこの山ともしれない山のてっぺんに立った。そこでは星々が、自分をちっぽけだが同時にかけがえのないものだと感じさせた。カタディン山の小さな茶色の山頂標識からは、たった450キロしか離れていなかった。

そしてエマは歌った。

＊＊＊＊＊＊

1800年代後半、エマが生まれる少し前のことだ。コネチカット川とハドソン川に挟まれた590キロほどの卵形のルートを、一人の男性が休むことなく時計回りに歩き始めた。その行程を歩き通すのにちょうど35日間かかった。そして彼はまた同じことを行った。そしてまた――30年以上にわたって何度も。彼の服はすべて皮製だった。ジャケットとズボンと帽子の一そろいを獣皮を使って手作りしていたので、彼は「オールド・レザーマン」と呼ばれるようになった。彼は通り道にある洞穴や自然の隠れ場のようなところで眠った。畑や食料を蓄えておく場所もあった。多くの町を通り、何度目かには暦代わりにされるようになったにもかかわらず、彼が何者なのか誰も知らなかった。時折、写真のためにポーズをとるくらいには愛想はよかったが、話すことはなく、たまに低く聞き取りにくい声で何かブツブツ言うだけだった。彼のことをフランス人だという人もいた。

彼の素性については、証拠は何もないが、伝説のようなものが生まれた。それによると、彼はフランスのリヨンでジュール・ブールグレイとして生まれ、若い頃に裕福な革商人の娘と恋に落ちた。彼が商人に娘との結婚を申し込むと、商人は取引を提示した。もしブールグレイが商人のもとで1年間働いたら、娘との結婚を祝福しようというのだ。

ブールグレイは承諾した。だが、事業は失敗した。ほとんどはブールグレイの判断ミスのせいだった。結婚の話は立ち消えになった。失意のもと、若いブールグレイは姿を消し、合衆国に渡って消息を絶った。そこで彼は恋人の面影を心の中から消し去るために、または罪の意識を和らげるために、あるいはそのいずれとも関係なしに、終わることのない旅に出発したのだった。誰に真相がわかるだろう？　奇人には伝説がつきものだ。もし伝説がなければ、それは新たに作られる。

オールド・レザーマンの話は神秘的だが、おそらくエドワード・ペイゾン・ウェストンがアメリカで最も名の知られた徒歩旅行者だろう。1860年に彼は友人と賭けをして、エイブラハム・リンカーンが大統領にならない方に賭けた。1861年、彼はボストンからワシントンDCへ、ほぼ800キロの距離を歩いて、リンカーンの大統領就任式を見に行くはめになった。数時間遅れたが、就任舞踏会には間に合った。その数年後、彼はプロの歩行者としての活動を始め、メイン州ポートランドからシカゴまで、26日をかけて約2090キロを歩いた。2年後、彼は約8000キロを歩き、2万5000ドルを得た。その2年後、この歩く芸人は後ろ歩きで320キロを歩き通した。ヨーロッパの徒歩イベントでも強豪を相手に競った。老年になってから、一度ニューヨークからサンフランシスコまでの100日徒歩旅行を企てたが、到着したのは予定より5日遅れだった。苛立った彼は、ニューヨークまで76日間で歩いて帰った。世界中の人々に歩くことのよさを伝える「徒歩旅行の伝道者」になりたいと、彼は新聞記者に語っていた。熱烈な徒歩旅行者として、車を運転する代わりに歩くことを説いていた。ところが不幸なことに、1927年に彼はニューヨークでタクシーに轢かれてひどい怪我を負い、残りの人生を車椅子で過ごすことになってしまった。

身体的な離れ業で注目を集めた長距離徒歩旅行者は、ウェストンが最初ではなかった。彼以前にも20日間で965キロを歩いたハリファックス中尉をはじめ、たくさんの人物がいた。フォスター・パウエルはイギリスのロンドンからヨークまでの320キロを5日で往復した。1932年には、ベルリンで後ろ向きに歩く人物が目撃された。彼はテキサス出身で、鏡をつけたメガネをかけて、後ろ向きに世界一周しようと試みていた。

その後、1951年にはニューヨークのカップルが、20年の間に街の通りを合計で2万4140キロ以上歩いたと主張した。彼らはニューヨーク市内の5つの自治区にある通りをひとつ残らず歩き、ピッツバーグ、ボストン、ボルチモアやデンヴァーのような都市の様々な大通りを歩いたのだという。彼らは「アメリカの最歩カップル」として有名になった。

高名なスコットランド人のロバート・バークレイ大尉は、意図的に1時間1マイル〔1・6キロ〕の速さで連続1000時間歩いた。この挑戦は1809年に6週間をかけて実施された。普通の人間が1時間に3から4マイル〔4・8から6・4キロ〕歩くとすれば、バークレイのように1時間にちょうど1マイル、しかもそれを1000時間続けて歩くのは、ペースづくりがひどく難しい。彼は1時間ごとに1マイル歩き、それから立ち止まって休憩した。大勢の群衆が見に押しかけ、ジャーナリストたちがこのイベントをまるで手に汗握る娯楽でもあるかのように書き立てた。

賭けのため、名声を得るため、自然に対して挑戦するため、あるいは失恋の痛みを癒やすため、そのいずれにしても、これらの著名な徒歩旅行者たち、そのほとんど全員が、目的を持っていた。多くの場合、彼らはそれを知らしめた。ミルドレッド・ラムは前に「平和巡礼者《ピース・ピルグリム》」、後ろには「平和のための2万5000マイル歩行」と書かれた青いチュニックさえ着ていた。だが、オールド・レザーマンのようにその動機が知られていない場合、傍らで見ている人たちは本来、なぜ人は我々人間が文明に根ざすために作ったシェルターを抜け出して、社会や車や家やオフィスから孤絶してまで徒歩で旅に出ようとするのか、その理由を理解しようとして話を作り上げるのだ。長距離の道をたどること、体験したことのない無数の出来事や天地に身をさらすこと、身を守るすべもないまま自然の怒りに自ら立ち向かうこと、これらは理解しがたいことだったのだ。

エマ・ゲイトウッドは、人々からなぜその歳でロング・トレイルに出発しようと思ったのかと尋ねられても、はっきりとは答えなかった。ATを歩いた最後の日々、アメリカ中の注目がエマに集まり、新聞記者たちがエマのコンディションや所在の最新情報を伝える記事を次々と書くにつれ、エマはなぜ歩いているのかという理由をあれこれとあげている。子どもたちがようやく家を出たから。これまで一方向のスルーハイクをした女性はいないと聞いたから。自然が好きだから。楽しいにちがいないと思ったから。

「山の向こう側がどうなっているか見たかった。そしてその向こう側も」と彼女はオハイオの記者に語った。

どの理由もそれだけで足りるのかもしれない。だが、総合してみると、エマの様々な返答はかえって彼女の動機に解釈の余地を与えるものになった。あたかも人々に、答えが欲しいなら自分で見つけてほしいとでも言うように。どの答えも正直なところだったのかもしれない。世界を探索することは自分の心の中を探るのによい方法なのだと、エマは言おうとしていたのかもしれない。

＊＊＊＊＊＊

9月3日の朝、メイン州の境の東の山腹に一人の人が現れた。息がきれ、疲れ切っている様子だった。エマは自己紹介をした。その人はあえぎながら、一番近くのリーン・トゥまでどのくらいかと尋ねたので、エマはそれほど遠くはないと答えた。這いつくばって岩を登り、へたばったのだと彼は言った。肩には大きな荷物を背負っていて、エマのは小さくて幸いだと言っていた。

彼の言う意味はすぐにわかった。目の前には、アパラチアン・トレイルの中で最も難しい1マイル〔1・6キロ〕だと広く知られている、マフーサック・ノッチが控えていた。狭いV字谷《ノッチ》の道は両側に岩壁がそびえ、小屋ほどもある大きさの巨岩や厄介な木の根の塊でふさがれ、深い洞穴が点在していた。エマはゆっくりと、慎重に、苔に覆われた滑りやすい巨岩を乗り越えたり下をくぐったりしながら登っていった。時には岩の割れ目に袋だけ先に通してからそれを乗り越えなければならなかった。ノッチを抜けるのに2時間かかり、やっと抜けた頃にはへとへとになっていたが、もう3、4キロ続けて歩いた。

夜はメイン州で一番標高が高い湖であるスペック池のシェルターで眠った。朝起きると冷たい雨が降っていた。はじめはパラパラと降っていたのが、やがて大粒の、凍るような、正常な人ならシェルターに逃げ込むような、たたきつける雨になった。エマの靴は片方は横が、もう片方はつま先が、またダメになっていた。糸で繕ってみたが、長くは持ちそうになかった。それにこの靴は雨と身を切るような寒さから足を守ってはくれない。町から遠いところにいたので、何とかこの不運を乗り切るしかなかった。

エマは州内で3番目に高く、きつい登りと下りがあるオールド・スペック山をがんばって越え、次にグラフトン・ノッチを抜けてボールドペイト山に登った。山の頂は1116メートルで、滑りやすい一枚岩だった。山頂付近で冷たい雨はみぞれに変わり、エマは切り立った壁面から滑り落ちないように四つん這いにならなければならなかった。さらに悪いことに、ほとんど目が見えない状態だった。使える唯一のメガネにはレンズがひとつしか入っておらず、しかもそのレンズは霧で曇っていた。指や袖で絶えず拭っていたのだが、見えない片方の目と曇ったガラスを通したもう片方の目で見える世界は、危険に満ちた異様な場所だった。トレイルの大部分では一歩踏み間違えば足首をひねる程度ですむが、急速に氷がつき始めているこのむきだしの岩場では、即死につながる。あるいは、即死というのはまだよい方かもしれない。たとえば、穴の中に落ちて衰弱し、自然の猛威にさらされながら、凍死または餓死することになるかもしれないのだ。エマは一歩一歩慎重に進んだ。

2メートルほどの高さの岩棚に出た。そこで彼女は袋を下の地面に投げ下ろし、濡れたロープを伝って下りなければならなかった。これまで何百本もの鍬を握ってきたようにロープを固く握り、ゆっくりと下へ向かった。少しして、恐ろしげな岩の割れ目があった。トレイルはそこをまっすぐに横切っていた。つまり反対側へジャンプしなければならないのだとわかり、エマは下を覗き込んだ。割れ目の底には誰かが「素早く行け」と書いていた。エマは袋を向こう側に投げ、痛む膝をものともせず素早く数歩の助走をつけてからジャンプした。おばあちゃんのエマはぴょーんと跳んで、無事に向こう側へと着地した。

フライ・ブルックのそばの古ぼけた小屋まで来た時にはもう暗くなっていた。その場所は放置された、釣りや狩猟のための小屋《スポーティング・キャビン》のようだった。きれいで清潔だったので、エマは壊れた窓から入り込んでくつろいだ。床に古い雑誌を広げて写真や文字の薄っぺらな布団に横になり、寒い夜の寝床についた。

翌日エマが舗装された山道を歩くと、トラクターで路肩の草刈りをしている人がいるのに気づいた。エマは近づいていって自己紹介をした。その人はリード氏といった。彼女は新しい靴が買える一番近い町までどのくらいかと尋ねた。彼は見下ろして、糸でくくられたエマの靴を見た。

「こっちに行くと10キロ弱、あっちに行くと32キロほどだ」と彼は指差しながら言った。

エマは今の靴が長持ちしないとわかっていても、靴のためにそんなに長い距離を歩きたくはなかった。2人は少しおしゃべりをし、エマは自分のしていることを彼に話した。リード氏は家にあるスニーカーをあげてもいいと言ったが、彼の家も30キロほど離れたところにあった。トレイルが次に道路と交わるところにエマが夕方までに行ければ、妻にスニーカーを持って行かせてエマに渡せるとリード氏は考えた。エマはありがたく思った。そこで彼に別れを告げて出発した。そこからワイマン山とホール山を越え、ソイヤー・ノッチを下って抜け、ムーディー山を登って越えた。道路に着いてみると、そこにリード氏の妻と娘が座っていた。2人は町に行って、エマのために新品の白いスニーカーを一足買ってきてくれていた。エマは紐をゆるめて足を入れようとしたが、靴はどうにも小さすぎた。リード氏が勘違いして、間違ったサイズを妻に伝えたようだった。

リード夫人は大いに恐縮し、その晩はどうしてもエマに家に来て泊まってほしいと言った。朝にはまたトレイルまで送ってくれるというので、エマは同意した。リード夫人はその夜エマの服を電気洗濯機で洗濯してくれた。娘は熱心なハイカーの友だちを呼んで、2人で翌日エマといっしょに歩く計画を立てた。

9月6日、エマがトレイルに戻ったのは望んでいたよりは遅かったが、楽しい連れもできたし、暖かい寝床も与えられて文句はなかった。娘とその友だちはエマといっしょに出発した。エマは新しい靴を履き、2人の連れはかわるがわるエマの荷物を持った。一行はエレファント山のシェルターで昼食を摂ってからもハイクを続けた。トレイルには風倒木や様々な障害物があったが、彼らは一日中楽しく過ごし、16キロほど歩いた。

リード夫人が娘たちを迎えに来た。夫人はカメラを持ってきていて、アパラチアン・トレイルの標識の横で娘たちとエマの写真を撮った。エマはそこからまた一人で歩き続け、サバス・デイ池まで行ってリーン・トゥで眠った。そこから起伏の多い地形を進んでピアッツァ・ロックのリーン・トゥまで行き、さらに1256メートルのサドルバック山へ、いよいよ痛み出してきた膝で前かがみになって急な登りを進んでいった。重ね着をした服を通して冷たい風が吹きつけてきたが、エマはサドルバック山の開けた山頂で素晴らしい景色を眺めながらスナックを食べることにした。暗く沈んだ地平線には合衆国とカナダの国境のバウンダリー山脈が見えた。嵐が近づいている気配がして、日が沈むと寒さが締めつけてきた。ポプラー・リッジのリーン・トゥまでたどり着き、うずくまって厳しい寒さに耐えた。エマはその先に待ち構えているものを知らなかったが、先行ハイカーたちは散々な目に遭ってきていた。少し前にはこのセクション全体が閉鎖され、「トレイル閉鎖。ビゲローまでの状態不良。自己責任で行くこと」という警告の標識が出ていた。ここがAT踏破に向けて、人里離れた最後の区間だった。

実際、メイン州を通るトレイルは、開通する前から頓挫してしまいそうだったのだ。1933年までにはほとんどの地域でトレイルはつながっていたが、ニューイングランド北部は違った。ニューハンプシャー州のワシントン山をトレイルの終点にするべきだと考える人たちもいた。なぜなら、メインの険しいウィルダネスにATの目印《ブレイズ》をつけるとなると、そこまで行くことも、トレイルを維持していくことも難題だったからだ。2年間の調査の結果、1933年発行の『イン・ザ・メイン・ウッズ』誌の中で、トレイルのルートが提案された。マイロン・エイヴリーの説得によって、ボランティアや市民保全部隊の支援を得られそうだった。彼らはトレイルを測量し、キャンプ場をつくり、地図を描いた。しかし、彼らの仕事の大部分は、カタディン山までトレイルを延ばそうとしたために急ごしらえなものとなった。

1937年8月、最終セクションのスポルディング山の北側斜面のトレイルが完成したが、維持管理の問題は解決してはいなかった。1940年代を通して、ハリケーンによる倒木や新たな伐採事業などにより、トレイルは荒れた状態になってしまった。多くのトレイル・ボランティアたちは戦争に駆り出され、1950年代まで状態は悪く、ようやく新たな復旧への努力が始まったところだったのだ。

1948年に初めてスルーハイクを成し遂げたアール・シェイファーは、そうした難しい状況を経験した。所々ハリケーンの被害を受けた箇所では夏草が生い茂り、倒木を藪が取り囲んでいたし、別の区間では冬の伐採事業により「コーデュロイのように」木馬道がつくられていた、と彼は書いている。横木の丸太がトレイルにかぶさり、切り株や散乱した枝の上にのしかかっていた。そして雪が解け、丸太を露出させて腐るにまかせた。「これがどれほど危険だったか想像できるだろう」

そしてその6年後、石や切り株の間をのろのろと進みながらエマがやって来た。一歩進むごとに膝は悪くなり、シュガーローフと呼ばれる1295メートルの岩山に登り、スキーのリフトを過ぎて反対側に下りて幹線道路に出た。そこでエマはリチャード・ベル夫妻と出会った。2人は友人のキャビンで1週間を過ごしており、エマを朝食に招待した。エマの膝は腫れてずきずきと痛んだ。朝食後、リチャード・ベルはエマが行ってしまう前に2人の小さな娘とエマをトレイルの標識のところに立たせて写真を撮った。

エマが痛めた足をひきずりながら歩いているうちに、秋の嵐が近づいていた。遠くまでは行けなかった。脚の痛みがひどかったからだ。エマはホーンズ池でその日の行程を早めに終えることにして、市民保全部隊がつくった丸太のシェルターに入り込んだ。そこで夜を過ごすしかない。それ以上は歩けなかった。

翌日も同じだった。違うのは、膝に体重がかからないようにするために、片方の足を完全に引きずっていることだった。そして灰色の空が広がり、ウィルダネスに雨が降り注ぎ始めた。さらに肌を刺すような冷たい風が吹き始めた。3、4キロしか進めなかったが、エマはビゲロー山のシェルターに泊まることにした。そこで持ち物を乾かし、かじかんだ手足の指を温めようとした。シェルターのそばで小さな火を焚こうとしたが、火がつきそうになる度に強風が吹いて、貴重な熱を吹き飛ばしてしまった。彼女は何度も何度もやってみたが、しまいには嫌気がさした。あきらめて燃えさしを踏みつけていると、後ろから誰かが近づいてきた。エマは人がいることに仰天した。

やってきたのはその地域の森林管理人のヴォーズ氏で、彼はエマを探していた。UP通信の新聞記事にエマのことが出ていたからだ。

メイン州ファーミントン(UP通信)――オハイオ州ガリポリスの67歳のおばあちゃんは、本日3300キロのアパラチアン・トレイルの終わりに近づいている。ハイカーのエマ・ゲイトウッド夫人は目的地のカタディン山から177キロ離れたところにいる。2週間後にはカタディン山に到着する予定だ。

ゲイトウッド夫人は頑健で、背丈は162センチ。5月2日にジョージア州オグルソープからスタートして、アパラチアン・トレイルを歩き始めた。カタディン山はトレイルの終点だ。

ゲイトウッド夫人は肩に軽い荷物を担いでいる。その中にはレインコート、毛布、そして途中の滞在地から次の滞在地までの食料が入っている。今では脚をひきずりながらで、一日13キロほどしか歩けない。

なぜ長距離を歩くのか?

11人の子どもと23人の孫と2人のひ孫がいるゲイトウッド夫人は、こんな風に答える。

「20年間オムツを干して、子どもたちが成長して自立していくのを見たから、歩きに出かけようと思ったんです。ずっとやりたいことだったから」

森林管理人はそこから遠くない彼のキャビンにエマを招待した。中は暖かく、暖炉の火がほっとさせた。雨と寒さから抜け出すことができ、持ち物を乾かして膝を休めることができて、エマは喜んだ。まだ十分に明るかったが、管理人はエマがまたトレイルに出るのはやめた方がよいと忠告した。雨も寒さもひどく、北東に向かう区間にはハリケーンの被害がまだ残っていたからだ。彼はその箇所を日暮れ前に抜けることは無理だろうと言った。

エマは彼の忠告を受け入れた。管理人は見回り作業を終えるために出かけていき、エマは彼がいない間にこまめに動いて家事を片付けた。皿を洗い、自分の服を洗濯して干し、山を少し下って小川の水をバケツ2杯分汲んできた。キャビンの床をモップがけし、〔スコーンのような〕ビスケットを作り、踊る火の上でフライパンを使ってポップコーンを作った。管理人が仕事から戻るとよい匂いが漂ってきた。きれいに片付けられ、夕食が用意されているのを見て、彼は驚き、そして喜んだ。ベッドの下から予備のマットレスを引っ張り出して、床に敷いて布団にした。2人の見知らぬ者同士は朝までぐっすりと眠った。

15 レインボー湖への帰還

1955年9月12日～24日

こんなに遠くまでやって来たとは信じがたかった。カタディン山まであとわずか160キロと少しになった。膝のせいで遅れが生じなければ大丈夫だろうが、さらに悪いことだって起こりうるのだ。

エマは8時にビゲロー山に登り始めた。森林管理人のところを出発し、ゴツゴツした岩場に立っている火の見櫓に近づいた時だった。一陣の突風が木の生えていないはげ山を襲ってきてエマを捉え、岩場から引き剝がそうとした。エマはぎゅっとしがみついて、突風をやりすごしてから登り続けた。

ハリケーンが通り過ぎた区間に着くと、倒れてからみあった木々があって歩くのは困難を極めた。彼女は苦労して一日中、荒れ果てた森や崩れた石の上を乗り越えた。ジェローム川《ブルック》のそばのシェルターには古いマットレスがあって、その夜の寝床になった。翌日は大量の霜が降り、エマはもっと厚手の服があればよかったと思った。身体を温めるために速く歩こうとしたが、寒さは消えなかった。9月14日の朝、ウェスト・キャリー池の釣りや狩猟のための小屋《スポーティング・キャビン》で朝食を摂ろうと立ち止まった。持ち主のアデレイド・ストーリーはトレイルで食べるようにと行動食をくれ、2、3枚写真を撮った。その頃にはストーリーも、薄汚れた服を着たハイカーたちがのろのろ歩いていくのには慣れてきていた。エマ以前のスルーハイカーのほとんどに会っていたし、トレイルを整備するボランティアたちを泊めることもしばしばあったからだ。

エマはイースト・キャリー・ポンド・キャンプまで歩いていって、キャビンを借りた。キャンプはフランクリン・ギャスケルが運営していて、彼の妻は遠出をしていて不在だったので、エマは彼と息子のために夕食用のビスケットを焼いた。翌朝、ギャスケルがエマのキャビンの戸をたたいて、朝食を食べに来るように言った。彼はサプライズを用意していた。

エマがテーブルにつくと、彼は皿に数匹の小さなマスのソテーを載せてくれた。池にはマスがたくさんいるのだ。エマはマスを食べたことがなかったが、とてもおいしく、一匹一匹むさぼるようにして食べた。

エマは物資輸送の道をたどってピアース池を過ぎ、そこから3、4キロ先のケネベック川に午後になって到着した。橋はなく、流れは速くて岩があった。カヌーに乗った森林管理人のブラッドフォード・

ピーズがそこでエマを待っていてくれた。彼はエマに分厚い救命着を手渡し、エマは寒さよけのためにヘッドスカーフにくるまって乗り込んだ。ピーズはエマを対岸のカラタンクへと渡した。そこでは小さな群衆が待っていた。主任管理人のアイザック・ハリスがカヌーを岸に引っ張り上げ、エマを迎えた。エマがカヌーから降りて杖を手に岸に立ったところを記者が写真に収めた。その時エマはレインコートを向こう岸に落としてきてしまったことに気がついたため、森林管理人はそれを取りに戻ってくれた。

記者に対してエマは、絶対に歩き通すつもりだが、日に20キロではなく12、3キロにまでペースが落ちていると語った。「膝にちょっと問題があるのでね。一晩ゆっくりしようかと思ってます」と彼女は言った。

自らも年配の女性である記者が、エマがジェローム・ブルックの〔吹きさらしの〕オープン・シェルターで眠った日を含め、ここ数日の気温は氷点をはるかに下回っていたのだと教えてくれた。エマはさもありなんと思った。夜は肌を刺す寒さだったからだ。それでも、朝になって歩き、山に登ると身体は温まった。

「温かくなるのにそう時間はかからなかった」とエマは言った。

エマの写真はAP通信で送られ、全米各地の新聞に掲載された。その見出しは「ハイキングおばあちゃん、メインに到着」とか「ガリポリスのハイキングおばあちゃん、ゴールに近づき一休み」、「オハイオのおばあちゃん、ハイクの終わりに近づく」などだった。

エマはトレイルがカラタンクの小さな町を離れるところまで歩いた。そこからは記者がその夜の宿となるスターリング・ホテルという大きな農家にエマを連れて行ってくれた。エマの服はまた濡れてしまっていたので、彼女は農家の持ち主に暖炉と台所のストーブで服を乾かしてもよいかどうか尋ねた。エマは毛布でスカートを作り、服は脱いで火のそばに広げた。

翌日、100マイル・ウィルダネスに近づくにつれて、情け容赦のない厳しい状況になった。トレイルではイバラや沼地の草が絡みつき、片方しかレンズのないメガネでよく見えないことがなおさら状況を悪化させていた。それでも彼女は懸命に歩き、24キロ以上進んだところで、今日はここまでにしようと思ったが、近くにシェルターは見当たらなかった。野宿でしのぐしかない。気温はぐんぐん下がり始めた。エマは這いずり回って薪を集めた。一晩中火を絶やさないようにするためだ。毛布と服だけでは、暖を取ることも厳しい寒さを防ぐこともできなかった。彼女は火のそばの地面に横たわり、温まるために寝返りを打ちながら眠った。息が煙のように立ち上った。不安で眠れなかった。クマやムースが怖かったわけではない。火に近づきすぎて燃えてしまうことが怖かったのだ。

朝早く起きて、正午までに16キロ歩いてブランチャードの村まで来た。一人の老人が50セントで朝食を売ってくれた。それから数キロ先のモンソンまで行った。100マイル・ウィルダネスに入る前に食料補給ができる最後の場所だ。エマはいくらかの食料を買い、セイディー・ドルーが経営するモンソンのモーテルに入った。翌朝森を抜けて歩く道は快適だったが、ボッドフィッシュ・ファームに着くとキャビンはすべて借りられていた。若い夫婦がエマを部屋に泊めてくれた。夕食と朝食も出してくれ、宿泊代は受け取らなかった。

9月19日、それまでの幸運が一転した。トレイルは樹木が密に生えている森を抜け、生い茂るベリー類に覆い尽くされているところもあった。エマのダンガリーが下生えにひっかかり、すんなり通り抜けられる道はなかった。トレイルを見失わずにいることさえ難しく、藪を抜けて道を切り拓くことなどなおさら困難だった。バレン・チェアバック山系では岩を乗り越え、根っこを回り込み、小峡谷を抜けて、シラカバの古い切り株を通り過ぎながら、5つの峰に登った。へとへとになってロング・ポンド・キャンプに着いた時には、もう暗くなっていた。男性がキャビンまで案内してくれ、夕食も出してくれた。彼女はひと浴びしてから眠った。

ホワイト・キャップ山までは物資輸送路で、順調だった。多少冷え冷えしたが、歩行は楽だった。晴れた日で、山頂からは約1110キロ先のカタディン山が地平線の向こうに見えた。だが1114メートルの山頂を過ぎたあとの行程は惨めなものになった。山火事があったために目印《ブレイズ》は少なく、あっても間隔が離れていた。水が氷のように冷たい川を渡渉しなければならない区間もあった。トレイル上を見る限りシェルターはなさそうだったので、エマはトレイルから離れて3キロ歩き、ウェスト・ブランチ・ポンド・キャンプの所有者であるロバート・トレムブレイから素敵なキャビンを借りることができた。翌朝彼はエマをトレイルまで連れていってくれ、彼女は再び悪夢のような荒涼としたウィルダネスを苦労して突き進み、やがてもう使われていない古い伐採作業小屋があるところに出た。小屋のほとんどは、一押しすれば崩れ落ちてしまいそうだった。エマは一番安全そうな小屋、少なくとも屋根がついている小屋を見つけた。中には木製の長ベンチが並んでいたので、それをベッドにした。

翌日、山から下りる途中でエマは転んでしまった。旅をそこで中断しなければならないような転倒ではなかったが、足首をひねって目の周りにあざを作った上に、メガネが壊れてしまったので、残りの一区間はほとんど目が見えない状態でよろよろと歩かなければならなくなった。それでもナーマカンタ湖まで足を引きずりながらたどり着いた。リーン・トゥの前にアカギツネが死んでいたことが、この先、物事がもっと悪くなる前兆でなければよいがとエマは思った。彼女は長い枝を拾ってきて、キツネの死骸を森の奥へと運んだ。戻って死骸が腐敗しかけていたその場所をきれいにしてから、寝床の支度をした。

翌朝は湖畔に沿って歩き、昼食を摂るためにナーマカンタ・レイク・キャンプに立ち寄った。そこからまた16キロ、レインボー湖まで目が見えないまま歩き、4時半頃に到着した。湖の対岸の木立の上に、大地からそびえるカタディン山が見え、沈む夕日が山頂を照らしていた。エマがキャンプに歩いていくと、1年前に出会った見覚えのある人たちが何人かいた。昨年あんなことがあった後だけに、彼らはエマを見て驚いたが、それでも大喜びした。はるばるジョージアから歩いてきたとは、彼らには信じられなかった。彼らのうちの一人がエマの服を洗濯してくれたので、エマはキャビン5の洗濯紐にそれをか

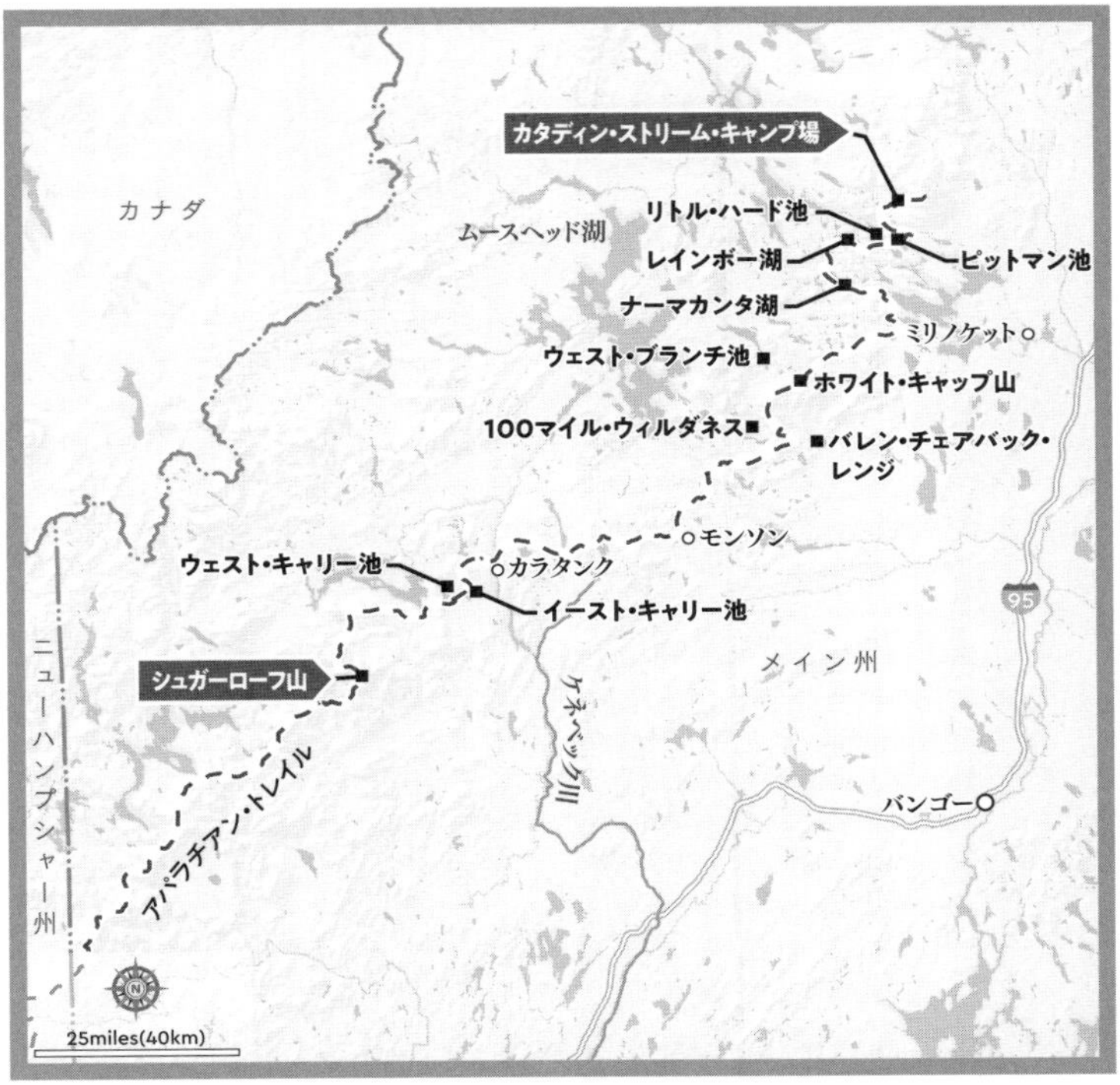

けて乾かした。前回の旅の時にも泊まったキャビンだった。エマは長い白髪を洗って乾かし、彼らといっしょに肉と野菜の夕食を摂った。彼らはまるで彼女を王族のように扱った。

なぜだか家に帰ってきたような気がした。

＊＊＊＊＊＊

P・Cは二度と戻ることはなく、エマは変わっていった。子どもたちは、今まで見てきた母親よりもずっと幸せそうになったことに気がついた。もっと本を読む時間も、庭いじりをする時間も、友人を訪ねる時間もできたし、旅をする自由も得た。

「すべてから逃れて自由になることができて本当に嬉しい」とエマは日記に書いた。「あれからずっと幸せでいる」

ネルソンは1941年に高校を卒業した。バーカーズ・リッジでの唯一の社交活動は、夏にバプティスト教会で行われる、地獄の責め苦を説く信仰復興集会だった。ネルソンと兄のロバートはその集会に行って、かわいい女の子たちを口説いて家まで送って行こうと企んでいた。ある夜、当時20代そこそこだったロバートが、女の子の隣に座ってささやいたのだが、少々声が大きすぎた。

数日後、ロバートとネルソンが農場にいて、シャツを脱いで裸足のまま家の横の庭でクリケットをして遊んでいた時、保安官代理の車が停まった。保安官代理は車から降りると兄弟たちの方に歩いてきて、ロバートに逮捕状があると言った。ロバートが教会の平穏を乱したというのだ。

2人は真っ青になって突っ立っていたが、やがてロバートが言った。

「じゃあ、家で服を着てきます」

保安官代理がうなずくと、ロバートは家の中に入っていった。

ネルソンは保安官代理としばらく話をしてからクリケットの道具を集めてガレージにしまいに行った。ガレージの壁は、はめ板に隙間が開いていた。ネルソンが2度目にガレージに入った時、はめ板の隙間から覗くとロバートが丘を越えて走っていくのが見えた。兄は裏の窓から逃げ出したのだ。

ネルソンは保安官代理に何も言わなかった。そしてそのまま2人で数分立っていた。「服を着るだけにしちゃ、やけに時間がかかるじゃないか」と保安官代理が言った。「中に入って、いつになったら準備ができるか見てきてくれ」

ネルソンは指示に従った。彼は家の中に5分ほどいてから戻ってきた。

「あのう、家の部屋という部屋に入ってみたけど、いませんでした」とネルソンは言った。「どこに行ったのかわかりません」

真夜中頃、ロバートが家に戻った。

「自転車を借りてもいいかい?」と彼は弟に尋ねた。「モンローの家までそれで行きたいんだ」

ロバートは、家から少なくとも48キロ離れたガリポリスに自転車を残していった。次に聞こえてきた噂では、ロバートはアメリカ陸軍に入隊していた。

ネルソンはオハイオ州メカニックスヴィルの酪農農家で働くことになった。あまりの重労働で、ベルトを絞れば汗がしたたるほどだった。1941年12月28日で18歳になった彼は、電話会社の職を得て1年間そこで働いたが、その後やはり戦争に志願した。デイトンからシンシナティまで列車に乗せられたネルソンは、そこからインディアナ州フォート・ベンジャミン・ハリソンまで行き、予防注射を受け、散髪され、炊事勤務までさせられて、ようやく兵隊となった初日の太陽が沈んでいった。

戦争が終わる前に、ロバートはミュンヘンで銃撃されて1年半の間ドイツの戦争捕虜収容所に入れられていた。ロバートがオハイオに英雄として戻ってきた時、いかにやつれて青白い顔をしていたかを人々はささやきあった。ネルソンは落下傘兵だった。フィリピンのコレヒドール島で腿に銃弾を受け、回復してからまた落下傘で飛び降りようとしていた時に戦争が終結した。

「あの家族はみなタフでしたよ」と彼らのいとこのトミー・ジョーンズは後年語った。「みんなそろってね」

エマはバーカーズ・リッジの農場が、売れるようになるとすぐに売りに出し、1944年にオハイオ州チェサピークに戻った。そこはウェストヴァージニア州ハンティントンから川を越えてすぐのところだった。ルイーズはマーシャル・カレッジに進み、末っ子のルーシーは高校を卒業した。エマはルーシーをコロンバスにあるビジネス専門学校のブリス・カレッジに入学させた。そしてガリポリスの北、アパラチア高原にあるオハイオ州ラトランドに家を買った。

もうエマを縛り付けるものは何もなくなったので、彼女はしょっちゅう居場所を変えた。9週間ピッツバーグで働いたかと思うと、ラトランドに戻って家を人に貸し、それからデイトンの私立寄宿学校で3ヶ月働くといった具合だった。1945年に彼女はラトランドに戻り、家の改修を始めた。地下室の階段を改造し、出入り口を作った。フロント・ポーチに手すりをつけ、古いフェンスは取り払って木を切り、古い納屋も取り壊して石庭《ロック・ガーデン》を作った。こうしたことの合間に、エマは本を読み、詩を書いた。自然、神、人間、タグボートの船着場、川の深みで泳げる場所やいたずらな鳥たち、そして彼女の人生の新たな段階についての詩だった。

家をこすって、ペンキを塗った
しまいには気が遠くなった
なにしろ金銭不足なので
何もかもたった一人で

エマは詩集を自費出版して、ごくささやかに友人たちや家族に配った。

1949年、バーバラと名づけられた赤ん坊をルイーズが出産し、手伝いを必要としていたので、エマはガリポリスに戻った。翌年、エマとルイーズはいっしょにフォース・アベニュー556番地に家を買った。2人は馬が合った。毎日エマは新聞を読んで地元の行政に注意を払い、しばしば編集部にニュースに関する、鋭いウィットに富んだ意見を書いて送った。1951年6月12日にエマが送った意見はこんなものだった。

担当者様

定員超過の学校になかなか教室を増やそうとしない教育委員会の怠慢について、私の取るに足りない意見を書こうと思っていたのですが、惰眠をむさぼる彼らの邪魔はしないことにいたしました。

その代わりに、うちの菜園で発芽したエンドウマメの状況についての見解を述べたいと思います。まず、ウサギが我が家のエンドウマメを食べてしまったことから始めましょう。エンドウマメを育てようとした近所の人たちはたいがい、「鳥に食われた」と言っていますが。

これまで何度も我が家のエンドウマメは消えてしまいました。ある時、エンドウマメが食われていたので、私が豆の周囲を金網の柵で囲うと被害はなくなりました。柵では鳥を追い払えないことは誰もが知っているはずです。また、エンドウマメが10センチほどの高さになった時、1日か2日のうちに列の半分がすべてきれいに食べられてしまったことがありました。当時庭にはウサギの一家が棲んでいたのです。昨年はウサギが2匹、我が家の庭や周辺で暮らしていたので、エンドウマメはやられてしまいました。今年は、うちの菜園は運動場のフェンスの裏にあって、すぐ外側にいるウサギたちを締め出すために穴もふさがれています。毎朝彼らが朝食を食べているのを見ることができますが、エンドウマメは無事でした。

鳥がエンドウマメを食べているところを誰かが見せてくれなければ、私は信じないでしょう。コマツグミ、ムクドリ、イエスズメなどのスズメ類、カーディナル、ルリツグミ、ハト、クロムクドリモドキ、オウゴンヒワ、ネコマネドリ、キアオジ、モリツグミ、それにルリノジコ、そのいずれも、庭で虫やミミズ以外のものを見つけようとしているのを見たことはありません。

ウサギはナイフで切るようにバラの茂みを切ってしまいます。あえて言えば、この町には周辺の町よりも多くのウサギがいます。丘陵地帯を歩き回ってもウサギを一匹も見ないことを私は知っていますが、ここではしょっちゅう彼らを見かけます。しっかりした柵を作ってからエンドウマメを育てるか、ウサギを駆除してから育てることです。

エマ・ゲイトウッド

ルイーズは1951年に自分の家の権利を母親に譲渡して、結婚した。それでエマは、30年間で初めて一人暮らしになった。子どもたち11人がすべて自立したのだ。

エマはその後数年間、単純労働に就いたり具合の悪い親類の世話をしたりしながら、ペンシルヴェニア州ピッツバーグやケンタッキー州オーウェンズボロ、オハイオ州ミラーなどを転々とした。だがルイーズが1951年に家を出た直後は、家を借りて5ヶ月間コロンバスの郡立病院に働きに出ていた。彼女がアパラチアン・トレイルの記事が載っている『ナショナル・ジオグラフィック』を初めて見たと思われる場所である。記事はトレイルを、「通常の健康な人なら誰でも楽しめるようにつくられた」長距離自然歩道で「縦走するために特別な技術も訓練も必要ない」と請け合っていた。そしてロング・ハイクを考えている人のために、次のようなわずかなアドバイスを与えていた。

起伏が多く、急峻な箇所には用心すること。
緯度、高度や季節に適した衣服を着ること。
テントを張る場所を計画するか、途中のシェルターを見つけておくこと。
十分な食料を携帯すること、またはどこで食事が摂れるのかを知っておくこと。
ATを長距離で歩く場合は、周到な準備をすべきである。縦走する区間のトレイルの状況を注意深くチェックすること。

エマ以前の5人のスルーハイカーたちや、後に続く何千もの人たちと同じく、エマもトレイルのことが頭から離れなくなった。1954年7月に、エマは空路でメイン州に入り、カタディン山の山頂から南に向かって歩き始めて道に迷い、すんでのところでウィルダネスから抜け出せなくなるところだった。「おうちに帰りな、おばあちゃん」とレスキュー隊員の一人に言われた。

だがエマはまた戻ってきたのだ。

＊＊＊＊＊＊

レインボー・レイク・キャンプの人たちはエマに湖で待っているようにと言った。ペノブスコット川の西の支流でエマと待ち合わせて舟で渡してくれるように、管理人を呼んでくれるというのだ。彼女は9時頃まで待って、それから東に向かい、リトル・ハード池とピットマン池を過ぎて、正午までに16キロほど歩いた。川に着いてみると、迎えに来るはずの人はいなかった。エマは伐採搬出用の道の上の大きな岩に登って、そこに腰かけて昼食を摂った。

そこから3200キロ西のコロラド州デンヴァーでは、ほとんどのアメリカ国民に知られることなく、ドワイト・D・アイゼンハワー大統領が死に瀕していた。以前は一日4箱のヘビースモーカーだった大統領は、休暇でデンヴァーにいて、その前日ゴルフを1ラウンド回ってから妻と医者との夕食に合流した。彼はそこで胃の痛みを訴え、夜が明ける頃にはさらにひどくなっていった。州間高速道路網を遺産とすることになるこの大統領は、64歳で心臓発作のためにフィッツシモンズ陸軍病院の8階に7週間釘付けにされ、翌年まで国中を不安に陥れた。

一方、アパラチアン・トレイルでは、風邪すらひいたことがない女性が岩の上で長く待つことなく、やがて2台の車が彼女の方に向かって土煙を上げながらやってくるのを見つけた。

そのうちの一台から管理人が降りた。もう一台からは、『スポーツ・イラストレイテッド』のメアリー・スノウと、近隣のミリノケットから来たUP通信のディーン・チェイス夫人が出てきた。エマは疲れ切った様子だった。目の周りのあざもまだ残っていたが、それでも気分は上々のようだった。あいさつの後、一行は車に乗って、渡し場まで1キロ半ほど行った。管理人は車の屋根に載せていたボートを下ろし、女性たちがおしゃべりしている間に、凍るような冷たい水の上にボートをそっと浮かべた。エマ、管理人、メアリー・スノウの3人がボートに乗り込んで対岸に向かっていくところを、チェイス夫人が数枚の写真に収めた。管理人はボートに小型モーターを取り付けていたので、川を渡るのに時間はかからなかった。

チェイス夫人は車を回して、カタディンの近くのキャンプ場で彼らを待つことになった。エマとメアリー・スノウは岸に降り立ち、管理人に礼を述べてから、いっしょにペノブスコット川沿いの道を歩き始めた。話しながら歩いた。ベア山で最初に会ってからあまりにもたくさんの出来事があった。エマは、プレジデンシャル山脈での風のことや、ハリケーンによって増水した川を海軍の青年たちと渡渉したこと、マフーサック・ノッチで袋を穴に押し込んで通さねばならなかったこと、落ちていたゴム片を使って土踏まずのサポートをこしらえたことなどについて話した。キャンプ場で見つけたフォークを櫛がわりに使ったことも、メガネが壊れてしまったので流れの速い川の中では杖を使って飛び石の間隔の距離を測ったことも話した。

「あまりよく見えなくてね」とエマは言った。

スノウはエマがどこで寝ていたのかを訊いた。

「骨休みができるところならどこでも」とエマは言った。「フロントポーチのブランコやピクニック・テーブル、リーン・トゥに伐採小屋」

「動物はどうでしたか？」。スノウが尋ねた。

「動物に遭遇すると怖くなってすぐに何がなんでも打ち負かさないといけないと思う人は多いけれど、動物は追い詰めない限り攻撃してくることはないのよ。ばかばかしい。クマなんて1頭も見なかった。森の中を通る時はガサガサ、ドスドス騒がしく歩いていたからね」とエマは言った。

2人がヨークの釣りや狩猟のための小屋《スポーティング・キャンプ》に到着した時には、雨が降り始めていた。スノウは電話を借りて、チェイス夫人が待っているカタディン・ストリーム・キャンプ場にかけ、ヨークの小屋まで自分を迎えにきてくれるように頼んだ。2人は待っている間も話をした。

スノウはエマがトレイルのことを全体としてどう感じているのかを知りたがった。期待どおりだったのか?

「このトレイルについては3年前に雑誌で読んだのだけど、その記事にはトレイルは美しく、目印《ブレイズ》もたくさんあるし、道も整備されていて、一日しっかり歩いたらシェルターがあると書いてあってね」とエマは言った。「それなら楽しいだろうと思ったわけです。でもそうじゃなかった。倒木もひどかったし、火事で目印《ブレイズ》が焼けてもそのままだし、砂利と砂だらけの決壊箇所、首まで埋まるほどの草や藪、それにシェルターの大部分は倒れていたり焼け落ちていたり、あまりに汚くて外で寝る方がましだったこともあります。トレイルというより、悪夢ね。何かばかげた理由があるのか、道は一番高い山の一番大きな岩の上を通っていくようにできているのよ。ジョージアからここまでの間の火の見櫓はすべて見てきたくらい。まあ、インディアンがこのトレイルを見たら腹をかかえて大笑いするでしょうね。こんなにきついと知っていたらここを旅しようなんて思わなかっただろうけど、もうやめることはできないし、そのつもりもないです」

チェイス夫人が到着すると、エマはメアリーと別れてカタディン・ストリーム・キャンプ場までの残りの道を雨の中歩いて行った。そこではキャビンに泊まった。管理人はストーブに火を入れ、ランプも持ってきてくれた。メアリー・スノウとチェイス夫人は夕方の寒さが増してくる頃に車でやって来た。管理人が予備の毛布を持って来てくれたので、女性たちはそれからまた少しおしゃべりをした。スノウはエマに昼食の残りをくれ、それからチェイス夫人と車に乗り込んで文明社会のミリノケットへと戻っていった。

エマは管理人のオフィスに行ってキャビンの代金を払った。歩いて戻る途中、リーン・トゥがあったので、焚き火に照らされたキャンパーたちと話をし、驚きながら興味深げに聴き入るアウトドア好きな人々に旅の話を語った。標高1605メートルのカタディン山の麓で、旅に出て144日目に、彼女は自分も価値のある人間になった気がした。

トレイルが一冊の本だとしたら、エマはその最終章をスタートするところだった。

16 たった一人で

2012年9月25日

私たちは暗いうちにカタディン・ストリーム・キャンプ場で目を覚ました。本当は目を覚ましたとは言えない。なぜなら夜通し目覚めていた気がするからだ。完全に眠りに落ちることなく、意識の淵にずっといるような、そんな不快な眠りだった。主に腰のあたりが痛んだが、リーン・トゥの硬い板の上で一夜を過ごしたくらいで文句は言えないだろう。

「最近の人はだいたい意気地なしだね」とエマは50年前にある記者に語っている。今日の私たちを見たら、エマはどう思うだろうか。ヘッドランプの明かりの下で、人間工学的にデザインされ、ポケットが無数についているようなバックパックに詰め込む私たちの装備を見たら、彼女はどう思うだろうか。レザーマンのマルチツールに料理用ストーブにコンパスのアプリが入ったiPhoneなど。

私たちの目的は、エマの日記と古い地図を案内として用いながら、カタディン山までのエマの足取りをたどることだった。彼女が見たものを私も見たかった。彼女が歩いたところを私も歩きたかった。57年前の1955年9月25日にエマが歩いたのと同じ土地を、彼女のことをもっと理解しようと我を忘れて取り組むあまりに、日付まで同じ9月25日に歩くことにした。「トレイルの終わり」と彼女は日記に記している。

ここは聖地だった。

同じ目的で5ヶ月前、私はジョージア州オグルソープ山に立っていた。トレイルの多くの場所と同じように、スタート地点も移動していた。南の起点／終点は今ではスプリンガー山になっていて、オグルソープ山の方が印象深い山なのだがそこからは32キロほど北東にある。1958年に開発と農地拡大のために移されたのだ。エマが見たものに少しでも触れておきたいと思い、私は下山する前に、オグルソープ山の山頂にあったいくつかの「立ち入り禁止」の看板を無視して私有地を横切ってみた。ジョージア州、ペンシルヴェニア州、メリーランド州を抜けて、エマの足取りをたどってもみた。だが、トレイルは当時から随分変わってしまっていたので、エマが歩いたとおりの道を正確に知るのは難しかった。私はウェストヴァージニア州ハーパーズ・フェリーを見下ろす絶壁にも登った。ポトマック川とシェナンドア川が合流する雄大な景色をエマが楽しんだ場所である。フロリダ、オハイオ、アリゾナ、アーカンソーの各州に健在のエマの子どもたち4人や孫たちとも、長々と話をさせてもらった。彼女の日記も読んだし、新聞や雑誌の記事も、そして家族が大きな箱に保管していたエマの手紙も読んだ。エマが使っていた古い杖を触らせてもらいもした。細いが丈夫な野生の果樹の枝だった。私はエマに捧げるこの巡礼の旅の終わりに、メイン州最高峰のカタディン山に登ろうと考えた。目に見えない、形にならない何かを求めて。

『ウォークス　歩くことの精神史』という著作の中で、レベッカ・ソルニットはこう書いている。

道はある景観を横断する最良の方法をあらかじめ解釈したものであり、ルートをたどるということはひとつの解釈を受け入れることなのだ。もしくは、学者や追跡者や巡礼のごとく、その道を先に歩いた人々の跡をたどることである。同じ道を歩くということは、何かしら深いものを再現することであり、同じ空間を同じように移動するということは、同じ人間になるため、同じ考えを持つためのひとつの方法なのである。

カタディン山への登りは、今日でも1955年当時とほとんど変わっていない。だが、メイン州のトレイルの半分以上は別ルートになった。国立トレイル・システム法が成立した後、1968年にメイン・アパラチアン・トレイル・クラブは州内の全トレイルを見直して、ATのルートを、ハイカーにとってより歩きがいがあるように、より維持管理が楽になるように変更し始めた。主な移設プロジェクトは１９７０年代半ばから80年代後半にかけて行われた。

私たちの登山が史実に忠実になるよう、妻と私はポール・サニカンドロというガイドを雇った。ポールはアウトドア経験豊かな気立てのよい人物で、バクスター州立公園のトレイル管理者だった。47の峰と67の湖沼を有する8万ヘクタール以上のウィルダネスを貫く、３６２キロにも及ぶ自然歩道を維持する責任者だ。この州立公園は、前メイン州知事のパーシヴァル・バクスターから州民への贈り物だった。彼はこの土地の大部分を30年以上かけて購入し、寄付した。そしてその維持と活動のために数百万ドルを自ら拠出して基金を設立した。彼は公園が自然のまま残されることを望み、伐採や狩猟が行われて年間何千人もが訪れているにもかかわらず、この公園の大部分は今もウィルダネスの雰囲気と息吹を伝えている。

2日前にミリノケットの居酒屋で、メイン産のロブスターを前にしながらポールと会った。彼は行程表を再確認し、私たちが寒さに備えてふさわしい服装を持って来ているか荷物のチェックをした。もうすでに意気地なしのような気がしてきた。

エマの日記を見て、ポールはエマの足取りを推測した。エマはペノブスコット川の西の支流をアボル橋の近くで渡った後、川の北岸に沿って3、4キロ歩いてネゾワドニーハンク川と交わる地点まで行き、それからカタディン・ストリーム・キャンプ場に来た。彼女はそこで一晩過ごしてからハント・トレイルを上り、ソロー・スプリングを過ぎてバクスター・ピーク〔カタディン山の最高峰〕に登った。翌日、私たちもエマの足取りをたどって、14キロほど易しい行程を歩き、カタディン山の麓のキャンプ場に着いた。そこには巨岩にはめ込まれた銘板があって、こう記されていた。

人はやがて死に、その行跡ははかない。
建物は崩れ、記念碑は腐食し、財産は消え去る。
しかし永遠に輝くカタディンは、
メインの人々の山としてずっとそこにある。

P・P・B

翌朝、私たちは川の冷たい水で水筒を満たし、バックパックに荷物を詰め込んでから、余分な食料をレンジャーの詰め所に置いていった。気温は零下近くで、私たちが登録名簿にサインして出発した時にはまだ暗かった。5時50分。エマが出発したのと同じ時刻だ。ガイドのポールを先頭に、アスペンとカエデの木々、常緑樹やシダが道の両側に生えている月明かりの森の中へ入っていった。私たちより前に6人のハイカーが出発していた。私たちより遅れて出発する人たちもたくさんいるだろう。私はエマが暗い中で、小さな懐中電灯の光だけを頼りに荒れた土地を進んでいく様子を想像してみた。今では一日に多くの日帰りハイカーたちがこの区間を通るので、道は場所によっては幅2メートル半もあったが、1955年には獣道程度でしかなかったのだ。

この場所を舞台にしてエマの不幸を正確に再現することは不可能だった。彼女は膝を痛めていた。メガネは壊れ、靴もぼろぼろ。67歳の足で144日間連続して山を登ってきた疲労もあった。だが私はほどなくして、杖にできる細い枝を見つけた。これはエマとの共通項だ。それからはいろいろな考えが一歩ずつ染み込んでいくのに任せた。私たちが歩いたカタディンの山道は乾いていたが、エマが歩いた日は何日も雨が降った後で、草木はまだ濡れていただろう。エマの靴やダンガリーはすぐに濡れそぼってしまった。「それであまり温かくなかった」とエマは書いている。着ていたダンガリーと長袖のボタンつきシャツ以外に、彼女は見つけた服を手当たりしだい布袋に詰め込んできていた。Tシャツ、男物の厚手のウール・セーター、サテン裏地付きのウール・ジャケットにレインコートだ。

トレイルはカタディン・ストリーム沿いにトウヒが鬱蒼と茂った場所を抜け、拍手の嵐が鳴り響いているような三段の滝を過ぎた。私たちが歩いていた薄暗い朝の光の中で滝はよく見えなかったが、私はエマがここにいるのを想像してみた。一息一息、肋骨を上下させて大きく息をし、肩の上の布袋をバランスよく保つようにしながら、岩が空から降ってきたような土地を懸命に前へ進む彼女。たった一人で。

エマよりも1世紀前、アール・シェイファーやベントン・マッケイよりも前に、この山に巡礼に訪れた人物がいた。1846年9月のことだった。一行はミリノケットを通り、竿やパドルを使ってペノブスコット川の西の支流を舟で進み、アボル川のほとりでキャンプしてから、山肌を登り始めた。カタディン、あるいはヘンリー・デイヴィッド・ソローに倣って言えばクタアドンの山肌だ。ソローは先頭に立って未開の地を、藪をこぎながら進んでいった。ようやく山の全貌が見える場所まで来ると、それはこれまでにソローが見たどんな山とも異なっていた。森の上にむきだしの岩が大きく盛り上がっていたのだ。ソローの仲間たちはそこでキャンプを張ることにしたが、彼はまだ明るさが残っているうちに登頂を試みようとした。「これまでに訪れたどの場所よりも危険で穴だらけのところ」を通って登り、雲の縁で立ち止まった。インディアンの言葉で最も高い土地を意味するクタアドンは、ソローが来る前にも1804年に白人の男たちによって初登頂されたが、それ以降42年間はほんの一握りの登山者にしか登られていない、と彼は書いている。「これらの人の他に、奥地の住民やハンターでさえも登った人はほとんどなく、こうした登山が流行るようになるにはまだ長い時間がかかるだろう」と彼は書いた。

その日ソローはそこで引き返したが、翌朝また登った。仲間たちははるか下の方にいた。彼はむきだしの岩がゆるやかな傾斜を描く卓状地《テーブルランド》に着いた。その場所を彼は「地球最後の未開地」と呼んだ。山頂で彼は場違いなところにいるような気がして、怖れを抱いたようだ。

「この土地は汝らのために用意されているのではない」と彼は書いている。

> 私〔自然・神〕が谷間で微笑むだけで十分ではないのか？　この土壌は決して汝が踏む

ためではなく、この空気も汝が呼吸するためではなく、この岩も隣人たちのためにつくられたのでは決してない。ここでは汝を哀れむことも、甘やかすこともできない。ただ、私が優しい存在である場所まで、汝を絶えずここから容赦なく追いやるしかないのだ。呼びもしないところに、なぜ私を求めてやって来て、意地悪な継母のようでしかないと文句を言うのだ？　汝が凍えて、飢え、命が尽きることがあったとしても、ここには聖堂も祭壇もなく、私の耳に汝の声が届くことはない。

ソローは下山途中で、ほとんど倒れそうになった。

人間が住まない地域というのを思い浮かべるのは難しい。我々は習慣的にどこでも人間の存在と影響を前提としている。それでいて、純粋なる自然というものを見たことがない。都会の真っ只中にいても、自然をこれほど広大でわびしく、非人間的なものとして見ない限りは。ここでは自然は残酷で、荘厳ながら、美しいものだ。私は自分が歩いている土地を畏敬の念を込めて眺め、自然の力がそこにつくったものを、その作品の外形、形状、素材を見た。これこそが、我々が聞かされてきた大地であり、混沌と原初の暗闇からつくり出されたものだった。ここは人間の庭ではなく、贈り物として与えられたのではない世界だった。ここは、芝でも放牧地でも牧草地でも森でも草原でも耕地でも荒れ地でもなかった。惑星地球の新鮮で自然な表面だったのである(後略)。そこには人間に優しくする必要のない力の存在が感じられた。ここは異教の信仰や迷信的儀式のための場所だ。我々より岩や野生の生き物たちに近い種類の人間たちが住むべき場所だ。

カタディンについてのソローのエッセイをエマが読んだことがあったかどうかはわからない。だが彼女自身の言葉から、自然によって自らを評価するという考え、つまり野生の地が贈り物のように彼女に生きる意味を与えてくれたという考えを、うかがい知ることができる。トレイルでは、「人生のつまらないもつれのようなものが、蜘蛛の巣を取り払うようになくなってしまう」と彼女は言った。ソローはこう書いている。「観察者の一部が、それどころか肝心な部分までもが、山を登りながら肋骨がきしみ、ゆるんでいくにつれて消えていくようだ。想像以上に孤独なのだ」

エマはある記者に「これ以上ないほどの孤独」を見つけたと語った。私はこの言葉についてよく考えてみた。200人ほどのATハイカーをインタビューしたラリー・ラクセンバーグは、著書の『アパラチアン・トレイルを歩く』の中で、アール・シェイファー以後の1万1000人以上のスルーハイカーたちにマイヤーズ・ブリッグス性格診断指標を当てはめれば、その大部分は内向的だと書いている。エマについてはあまり当てはまらない。エマは見知らぬ人にも問題なく自己紹介し、一晩の宿もお願いしていた。道連れができることは確かに楽しんだが、一人でいることにも同じように喜びを感じた。

1時間ほど歩くと、私たちは木々に囲まれた空き地に出た。太陽は東に昇り、紫やピンクの光の筋が樹上に伸びていた。山道をのろのろと上に向かった後——強調したいのは上にの部分。3月にマラソンを4時間で走った私も、呼吸は乱れ、少しでも立ち止まると脚が震えていた——私たちは森林限界を越えて、ハント・スパーとして知られている、巨岩がむきだしになっている尾根に出た。

私たちのガイドは安全対策について熟知していて、彼がこれまでに関わった何件かの痛ましい山岳救助について話してくれた。データがあるわけではないが、負傷は年齢や技術レベルにかかわらず、どんなハイカーたちにも起こっていた。ある人は2つの大岩の間で突っ張って身体を支えようとして、自分の体重のせいで両肩を脱臼した。その人は担架に縛り付けられて、救助者に交代で運ばれながら山を下りた。

私たちが岩場に身をさらしていた時、気温が急下降したようだった。風が強く吹きつけた。ポールは私たちに服をこまめに着脱して発汗を防がなければいけないと念を押した。これは寒冷な気象におけるサバイバルの秘訣だった。

「森林限界を越えると、風が強くてもう少しで飛ばされるところだった」とエマは書いた。「私は予備の服を着ることにした。Tシャツ、男物のウール・セーター、サテン裏地付きのウール・ジャケットにレインコート。山頂に着いた頃には、ウールの靴下を2足、手袋の上にはレインコートの袖を伸ばし、頭にはウールのフードにシルクのスカーフとビニールのレインフードをかぶって、ようやく人心地ついた」

何ヶ所かで、金属の横棒がむきだしの巨岩に埋め込まれていた。ハイカーはこの棒を使って雲梯《うんてい》の上を登っていくように登らなければならないのだ。岩場の途中のどこかで妻のジェニファーが痛みに顔をしかめた。

「足首をひねった？」。私は訊いた。

「うん」と彼女は右足をかばいながら言った。「少しね」

おそらく強がりからだろう、彼女は大丈夫だと言って歩き続けた。だが見るからに痛そうだった。ポールが休もうと主張したため、私たちは強風から逃れて岩陰で休んだ。ジェニファーは5本指のビブラム社製の靴で歩いていたが、私たちは陸海軍の放出品店で購入した編み上げのデザートブーツも持ってきていた。ポールがジェニファーの足首の様子を見てくれている横で、小さな怪我でもこの高度では大問題になりうることに私は愕然とした。すでに4時間近く歩いていたが、バクスター・ピークまではあと1時間ほどかかる。痛めた足首で下山するのは不可能に近い。ヘリコプターが尾根の上でぐらつかないようにホバリングしながら、ジェニファーを安全に運ぶために吊りかごを下げてくる情景が私の頭に浮かんだ。エマだったらどうしただろう。私たちには携帯電話があったし、12人くらいの日帰りハイカーたちにも会ったが、エマが来た時には誰もいなかったのだ。

もっと足首を支えるためにジェニファーはブーツに履き替えた方がよいとポールは考えた。靴紐が感じられるように素手に温かい息を吹きかけながら、ジェニファーはしぶしぶ紐を締め上げた。私たちは水を飲み、ナッツを少しとエナジーバーを食べてから、用心しつつ再び出発した。展望のきくその場所からの眺めは、息を呑むほど美しかった。太陽はようやく高く昇り、はるか下方にたくさんの湖沼が光を反射して白く輝いていた。まるで誰かが巨大な鏡をカタディン山の上に落とし、砕けた破片が私たちの下に散らばっているかのようだった。

管理が最小限に留められ、ニューイングランドの地続きの場所としてはおそらく最大の未開発地であるこのエリアで、人間の営みの形跡を見つけることは難しかった。私はエマが１９５４年に最初に山というものの頂に登った時のことを読んだのを思い出した。彼女は黒いウールのセーターを着て、昼食のレーズンを食べながら、眼下に広がる湖沼の数を数えたのだった。１００まで数えたところで、彼女はあきらめた。

私たちはゲイトウェイに着いた。そこでいったん平らになってから、また山頂に向かって登りが始まる。卓状地の大部分は丈の低い、複雑で美しいイワウメの植生に覆われていた。これは常緑の針刺しのようなミニマリスト的な花で、10センチ程度の背丈しかなかった。その小さな葉はびっしりと生えていて、植物の中心を寒さから保護していた。イワウメに交じって、オハグロスゲも見られた。高山帯の平地に生息する貴重な顕花植物である。どちらの種も絶滅のおそれがあり、注意深く監視しなければならないのだとポールは言った。地球温暖化や人的活動によって高山帯が縮小すれば、オハグロスゲの生育に適した環境はなくなってしまうかもしれない。そうすればカタディンに生息するタカネヒカゲ属の蝶〔Oeneis polixenes katahdin〕も消えてしまうことだろう。

この小さな蝶は、カタディン山の400ヘクタールほどの卓状地にしか生息していない。科学者たちはその個体数を正確には把握していないが、その数が劇的に変化していることは知っている。メスはスゲに卵を産み、卵がかえると幼虫はスゲを食べながらゆっくりと成長する。冬になると幼虫は冬眠し、春になるとまた食べ始める。蛹になるのは夏も遅くなってからで、翌年になってようやく蝶に羽化し、ほんのひと月ほど飛び回るだけで、2年間の生活環《ライフサイクル》が完了するのだ。

1990年代半ばに連邦職員が、ある害虫駆除業者とカリフォルニアおよびアリゾナに住む2人のビジネスマンの家の家宅捜索を行った際、2200匹の貴重な昆虫のコレクションの中にこのカタディンの蝶が37匹見つかり、バクスターのパークレンジャーたちはショックを受けた。職員が見つけた手紙では、一人が仲間に、捕まったら「すみません、ここで蝶を採ってはいけないとは知りませんでした」と言うようアドバイスしていた。彼らの大胆不敵な密猟行為は、蝶の密猟に対する最初の連邦訴訟を引き起こし、蝶の商業的採集の脅威に対してレンジャーたちの目を開かせた。興味深いのは、カタディンの蝶はオオカバマダラやモルフォチョウのように大きくもなく、美しくもないということだ。この貴重で価値のある蝶は、小さくて色もさえない茶色なのだ。密猟者たちのターゲットであるこの蝶は、まるで蛾のように見える。

カタディン山の生息地に対する、もっと予測可能で対処しやすい脅威は、人間の足である。ハイカーたちによって何年間も踏まれ続け、イワウメやスゲは台無しにされてきた。公園はどこがトレイルなのかわかりやすくし、人々が植生に立ち入らないように標識を立てた。だがそんな標識をわざわざ読まずに、道を外れて卓状地をうろつき回るハイカーもいることがすぐに明らかになった。傷つきやすい植生の中をうっかり歩いていたハイカーに対して、ポールは腹を立てて大声で厳しく注意した。

「すみません」とハイカーは言った。

これだけの標高〔および高緯度〕に生息する植生や昆虫の綱渡り的な状況を知ると、私は自分がここにいてもよいものかどうかとさえ思った。ソローの聖地を、エマ・ゲイトウッドの聖地を見つけようと考えながら私はキャンプを出てきたが、たとえトレイルの中央だけを歩いていても、なんだか自分が侵入者になった気がし始めた。

卓状地の真ん中にあるソロー・スプリングは、昨日のハイカーたちのブーツの足跡が多数あって、ぬかるんだ水たまりのように見えた。あとで知るように、この足跡をつけた何人かの男女はエマ・ゲイトウッドがここを旅したことに刺激を受けたに違いなかった。だが、エマは何に刺激を受けたのだろうか？

私たちは山頂の湧水で小休憩を取り、その水が少しずつ山を下っていくのを眺めた。ある考えが思い浮かんだ。山を登るということは、この山を登るということは、流れに逆らって川を遡ることなのだ、と。谷を抜けて、山腹を流れに沿って登り、滝を越え、やっとこの小さな湧水にやってくるのだ。つまり水の循環を逆にたどるのだ、ものごとの秩序に逆らって、生命の根源へと。若さへと。誕生へと。

家に帰り、私はカンザス州ウィチタにいる新聞社に勤める友人に、私が試みてきたこと、グランマ・ゲイトウッドの跡を追いかけてアパラチアン・トレイルに行き、彼女が何を考えていたのか探ろうとしていたことを伝えた。友人はある話をしてくれた。

1982年に彼は妻といっしょに荷物を背負ってコロラド州パイクス・ピークへ数日のハイクに出かけた。3日か4日後にようやく森林限界に来た頃には、2人とも疲れ果てていた。平地に暮らす2人は、とても4302メートルの山に登れる状態ではなかったのだ。一息ごとに顔がほてった。その時、岩に埋め込まれたブロンズの銘板が目に入った。それは1957年に山で亡くなった人の記念碑だった。

パイクス・ピークの
14回目の登頂後に
森林限界で他界した
88歳の

G・イネスタイン・B・ロバーツの

思い出に捧ぐ

30年経っても友人はその銘板のことをまだ覚えていた。彼はこの80代の女性がピークに何度も登り、最後の下山時に亡くなった事実に驚いたことも覚えていた。「老人と山に何の関係があるんだ?」。彼は尋ねた。

いい質問だ。

＊＊＊＊＊＊

カタディン山の山頂で私たちは驚いた。

私たちを追い越していったハイカーたちは4、5人いたが、これほど多くの人がいるとは思わなかった。山頂にはおそらくハイカーたちが35人はいた。その大部分が最終目的地にたどり着いたスルーハイカーたちだった。若者に中高年、ひげが伸びて汗臭い人々。長い旅の途中で出会い、意気投合した一団がバドワイザーの缶を開けてマリファナたばこを回していた。彼らはウォーキング・スティックの先にビデオカメラを付けて、ネイチャー・ハイクの最後を記念するデジタル・メモリーとして自分たちを撮っていた。彼らはトレイル・コードとでも呼ぶべき隠語を使って話していたので、自分たちだけの世界にひたっているようだった。秘密のノックを知っている者だけが参加できるパーティーみたいに。赤ひげをぼうぼうに生やした若者が、木製のカタディンの標識の上に登ってヨガのカラスのポーズをとり、他のみんなは笑っていた。そこではプロポーズをしているカップルが少なくとも2組はいた。両方ともトレイルで初めて出会ったというカップルだった。

アパラチアン・トレイル保全協会の記録によると、2012年にスルーハイカーとしてジョージア州を出発した人は2500人いた。その半分より少ない1012人が、心理的には中間点になるハーパーズ・フェリーを通過している。カタディン山まで到達したと報告しているのは5人に1人だった。私は岩に腰かけて、さらに多くの巡礼者たちが山頂の標識までやってくるのを眺めていた。彼らの幸福感が伝染し、私も感激して涙が出そうだった。他の人たちよりゆっくりと落ち着いて登ってきた白髪混じりのカップルが、標識に触れてから抱き合っていた。2人とも泣いていた。

「大変だったけど、こうでなくちゃいけなかったのよ」と女性は言った。「こうでなくちゃね」

ATはより整備され、年々訪れる人も多くなってきているが、スルーハイクを成し遂げることは依然として偉業だ。これまでに1万1000人以上の人たちが2000マイル〔3200キロ〕以上のこのトレイルすべてを歩き通し、セクションハイカーは限りなくいる。だがアパラチアン・トレイル保全協会によると、スルーハイカーとして出発した中でも、平均すると4人のうち3人はスタートはしたもののゴールまでたどり着かない。2000マイラーと呼ばれるスルーハイカーたちの数は、近年増加してきている。2005年には562人だったのが、2011年には704人になっている。

このトレイルを計画し、創立した人々にとっては、この数は荒唐無稽なものに思われるだろう。1930年代にはわずか5人だけが、全トレイルを歩いたと報告されている。すべてセクションハイカーだった（トレイルは1937年に完成した）。1940年代にはほんの3人で、アール・シェイファーはそのうちのたった一人のスルーハイカーだった。この時期には、トレイルは再び不完全な状態となり、所々つながっていなかった。エマも歩いた1950年代には、2000マイルを歩き通したのはわずか14人だった。

それから数は上昇し始めた。1960年代には踏破の数が倍以上になり、37人の記録が残っている。1970年代にはほぼ800人が全トレイルを踏破した。1980年代には1420人、1990年代は3301人、2000年代には5876人までになった。

これらの2000マイラーの中には2人の6歳児、81歳の男性、80歳の女性、盲人が1人、裸足の姉妹、猫1匹、そして2011年に全トレイルを46日と11時間20分という非公式だがこれまでで一番速い記録で踏破した女性が含まれる。

平和的に見えるが、アパラチアン・トレイルのスルーハイクについては議論が絶えない。もはや伝説となっているアール・シェイファー自身がその始まりだ。ATCはシェイファーが自分の旅について何百枚ものスライドと膨大な記述を提示するまで、彼の主張を疑っていた。年月を重ねるにつれて今度はシェイファーが懐疑的になって、エマ・ゲイトウッドを含む初期のスルーハイカーたちに対して、近道を通ったのではないか疑うと書いている。

1990年代半ば、マックス・ゴードンという高齢の男性が『アパラチアン・トレイルウェイ・ニューズ』誌に伝えたところによると、彼はブロンクスからの10代のボーイスカウト5人と共に、1936年にスルーハイクをしていた。もしそれが本当だとすれば、アール・シェイファーは最初のスルーハイカーではなく、7人目になってしまう。ゴードンはトレイル上での体験のいくつかはしっかりと覚えていたが、他のセクションについては記憶があいまいでとぎれとぎれだった。ボーイスカウトたちの名前も2人しか思い出せず、2人ともすでに死亡していた。彼は晩年になってATCからの郵便物を見て初めてこのハイクが重要なものだったことを知り、人に注目してもらおうと思ったのだと発行者に伝えた。

証拠はなかったとしても、アパラチアン・ロング・ディスタンス・ハイカーズ協会は2000年に最初の2000マイラーリストを訂正した。アール・シェイファーは再検討を要請した。だが、2011年に疑問視されたのは、またしてもシェイファーの記録の方だった。ウェストヴァージニア州の弁護士でありバックパッカーでもあるジム・マックニーリーは、シェイファーの古いノートを詳細に調べていた。そのノートは2002年にシェイファーが亡くなるとスミソニアン協会に寄贈されていた。シェイファーが歩いた当時の、古いATの道をつなぎ合わせようとしていたその弁護士は、シェイファーが近道をしたり車に乗せてもらったり道路を歩いたりして、トレイルを２７０キロほど抜かしていたことを発見した。元検察官のマックニーリーは、信じがたいほど詳細な、19章、１６４ページにおよぶ報告書を発表し、事実を偽る者としてシェイファーを描いた。

シェイファーのハイクが、少なくとも不正確だったことが動かぬ証拠とともに示されたのだが、それに対してATCとアパラチアン・トレイル博物館は興味深いスタンスを取った。基本的には「私たちは探偵業を営んでいるのではない」のだと。歴史上のシェイファーの地位は、報告されたスルーハイク第一号なのである。

ハイキング愛好者たちは騒然とし、ふたつの陣営に分かれた。「純粋派」あるいは「ホワイト・ブレイザー派」は、すべての白い目印《ホワイト・ブレイズ》をひとつとして飛ばさずに歩かねばならない、ひとつでも飛ばしてしまったらそのひとつ前の目印《ブレイズ》まで戻らなければならないと言う。もうひとつの陣営は「ハイク・ユア・オウン・ハイク派〔自分のハイク派〕」で、ジョージアからメインまでの精神的な徒歩旅行の規則にそれほど厳格ではない。

このふたつの陣営は、スルーハイクとはどういうことかについて何日でも議論を続けられる。それは結局、彼らがトレイルを愛し、この体験を愛していることの証左に他ならないのだが。

＊＊＊＊＊＊

カタディン山頂での喜びようは手に取るようにわかり、それはもっともなことだった。この尊い至福の時を邪魔するのは間違っているように感じたが、私はおずおずと一団に近づいてグランマ・ゲイトウッドについて知っているかと尋ねた。皆がうなずいた。

「裸足でトレイルを歩いた人は尊敬しなきゃな」と一人の男性は言った。

私は訂正しなかった。エマの伝説には明らかに尾ひれがついていた。私も子どもの頃から、母に突拍子もない話を聞かされてきた。中にはエマが傘でクロクマを追い払ったというものもあった。

その日、山頂で、エマの偉業についてまったく知らないという人は少なくとも一人もいなかった。それどころか、エマによって刺激を受けた人は、これほどの歳月を経てもなおたくさんいたのだ。

「きつい時はエマのことを考えた」とあるハイカーは言った。「彼女にできたのなら、私にもできる、って」

＊＊＊＊＊＊

1955年9月25日の正午前、エマ・ゲイトウッドはバクスター・ピークの山頂に、儀式めいたこともなく到着した。彼女の68歳の誕生日の26日前のことだった。ジョージア州オグルソープ山から、合衆

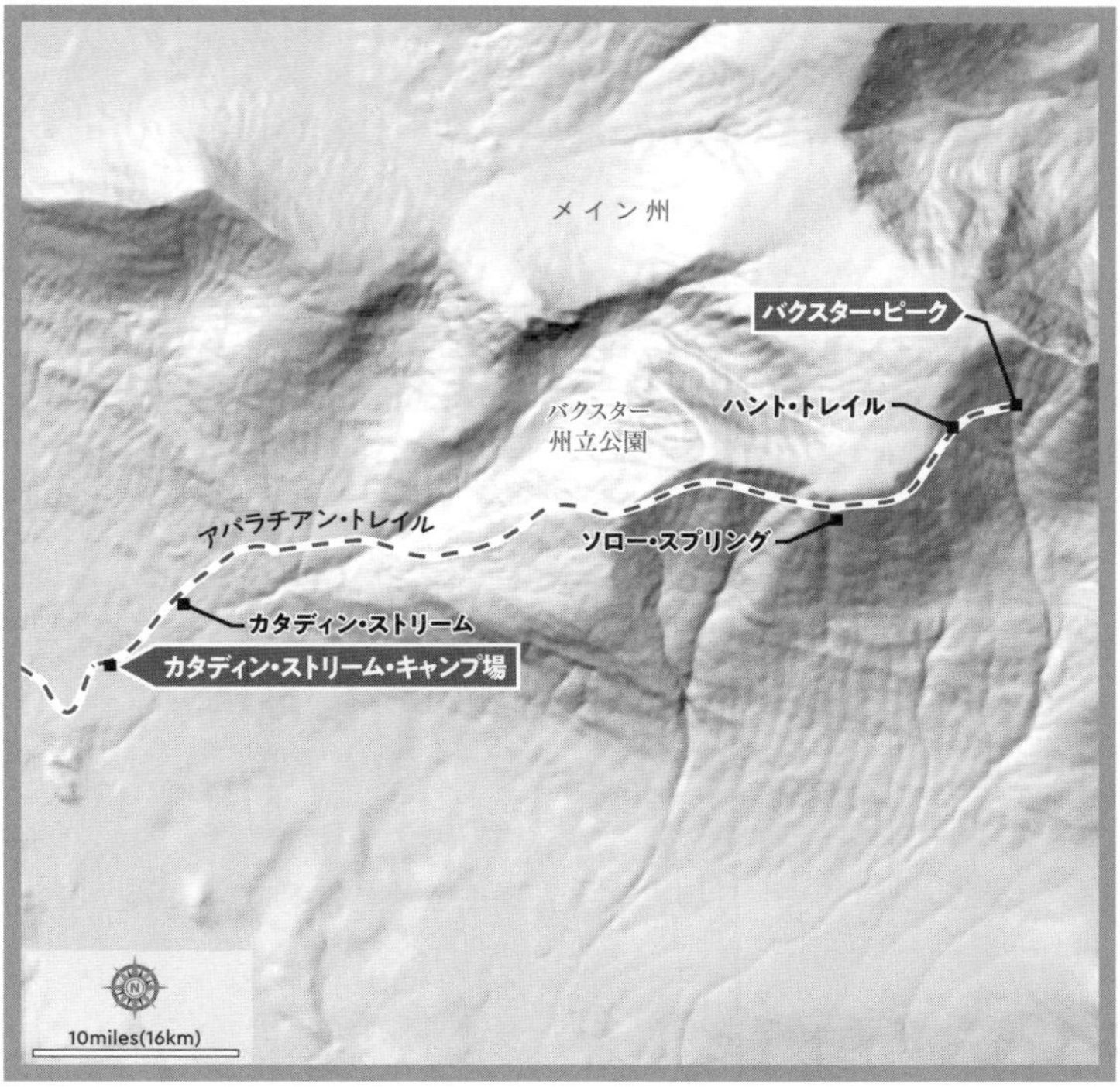

国に最初の朝日が差し込むメイン州カタディンの最も高い頂まで、13の州を通り抜けて3300キロを歩き通したのだ。

エマは断崖の岩の上に7足目のスニーカーを履いて独り立った。分厚いウールの赤いマッキノーコートを着ていたが、146日前に歩き始めた時の姿は面影もなかった。エマは体重を14キロ弱落としていた。メガネは壊れ、膝を痛めていた。彼女は移民のような格好で天空の祭壇に向かい、目に見えない聴衆に向かって声を出して言ったのだ。

「やった。やると言っていたけれ

ど、ついにやった」と。
山頂のケルンに埋め込まれた標識にはこう書かれていた。

カタディン
ジョージア州オグルソープ山まで続く
2050マイル〔3300キロ〕に及ぶ山岳歩道
アパラチアン・トレイルの北端

エマは吹きつける風を頬に感じながら、「アメリカ・ザ・ビューティフル」の1番を歌った。その歌詞は別の女性によって、1893年にパイクス・ピークを見下ろしながら作られたものだ。

おお、美しい、広大な空よ
琥珀色に波打つ穀物よ
紫の雄大な山々よ
実り豊かな平原の上に

嵐が山に向かっていたが、エマは嵐に遭いたくはなかった。記念帳にサインしようとした時、突風で吹き飛ばされそうになったが、なんとかバランスを保った。それからほんの少しの間、まばたきをするように太陽が雲間から覗いた。まるで天が彼女の存在を認めてくれているかのようだった。

17 これまでにないほど完璧な孤独

1955年9月26日～10月9日

彼女はきちんとした格好で写っていた。鉄灰色の髪の毛はきれいにとかれて、ひっつめに結われていた。柔らかな白いブラウスの上に赤いレーヨンのスーツを着て、さほどかかとの高くない黒い靴を履いていた。

「帰り道は人前に出てもいいような格好をしていようと思ってね」とエマはＵＰ通信の記者、ディーン・チェイス夫人に言った。「文明社会の服をまた着られるっていうのは悪くない気分だね」

彼女は全米で話題をさらっていた。各地で新聞の見出しも飾った。

ゲイトウッド夫人、ハイク完了
グランマ、ハイク終了後にニューヨーク訪問を計画
おばあちゃんはお疲れ

アール・シェイファーが踏破した時は、2、3の新聞記事と『ナショナル・ジオグラフィック』の記事で取り上げられた。エマが刺激を受けたあの記事だ。その翌年のジーン・エスパイの時は、地方紙に書かれただけだった。エマほど注目を集めた例はかつてなかった。

『ボルチモア・サン』紙の記事にはこう書いてあった。「小柄で陽気なおばあちゃんはアパラチアン・トレイルを歩いて体重を約14キロ落としたが、『長年の望みだった行程を歩き尽くせた』と語った。彼女によると、ニューハンプシャーがこの旅の中で一番の難所だった。メインではトレイルに倒木があって、行く手を阻まれたことが何度かあった。ゲイトウッド夫人は数回転倒し、足首をひねったり膝を痛めたりして、ペースが落ちてしまった。最後の週は毎朝霜が降りていたが、シェルターは見つかったし、釣り人や狩人用の小屋《スポーツマンズ・キャンプ》で少なくとも日に一度はしっかりした食事を摂ることができたとゲイトウッド夫人は語った。今では山に少し雪がある」

エマは「かくしゃくとした」「丈夫な」「勇敢な」「果敢な」「保守的で昔気質」「強い」「かよわく見える」、さらに驚いたことに「背が高い」とさえ形容されていた。ジャーナリストたちによると、エマは

「絶好調」な気分で「あと1000マイル〔1600キロ〕くらい歩けそうだと語ったという。上機嫌で、その理由は「朝6時に起きて山を登らなくてもよい」最初の朝だったからだ。彼女はトレイルで200ドル前後、おおよそ1マイル〔1・6キロ〕に10セントを使ったと計算している。

エマは壊れたメガネをメアリー・スノウに託して、新しいレンズをはめ直してもらった。ミリノケット商工会議所の会頭は、エマを近隣の製紙工場に案内し、グレート・ノーザン・ホテルでの昼食をごちそうした。午後に商工会議所まで車で戻ると、そこでは実業家や名士たちが待っていた。彼らはエマにカタディン山の大きな絵を贈呈した。

彼女はジャガイモ畑で写真撮影に応じ、直してもらったメガネを眼科で受け取ってから、メアリー・スノウといっしょにバンゴー行きの列車の中でステーキの夕食を摂った。これはバンゴー・アンド・アルーストゥック鉄道のサービスだった。列車の中でエマは、ハーレムのローマ・カトリック教区宛てに葉書を書いて投函した。一晩ともに過ごしたのがストリート・ギャングのライバル集団のリーダーたちだったことはいまだ知らなかった。

「やりました！　命の恩人であるあの若者たちみんなにどうぞよろしく。私の家に来てくださったらいつでも歓迎します、とお伝えください。もちろん、あなた方もです。愛をこめて、エマ」と彼女は書いた。

それから数日間、メアリー・スノウはエマをニューヨーク市内の観光に連れて回り、エンパイア・ステート・ビル、チャイナタウン、波止場などに案内した。彼女たちの周りでは大勢の都会人たちがせわしなく動き回っていた。エマにとってニューヨークは、ガリポリス生まれのO・O・マッキンタイアが書いた新聞コラムで読んで知っているだけだった。「ザ・レター」と題して連日掲載された彼の記事は、しばしばふるさとの人々に宛てた絵葉書のような雰囲気だった。歩道の縁で望遠鏡を覗く男、〔安宿として知られた〕バウアリー・ロッジング・ハウス、放浪者たち、コーラスガール、ガンマン、横丁のもぐり酒場、にせ宝石のオークションセール、安いステーキハウス、アンティーク・ショップ、カフェテリアなどについて、彼は書いていた。今、エマはそれらをすべて自分の目で見ていたのだった。

エマが出発する時が来ると、スノウはラガーディア空港まで車で送り、故郷への飛行機に乗せた。エマはいつものように杖を持っていたので、搭乗するためにタラップを上る際に他の乗客やクルーが、エマがまるで脚が不自由な人であるかのように始終手伝おうとした。

オハイオ州南部のなだらかな丘陵地帯へと戻るのはまるで凱旋ツアーのようなもので、エマは家族を訪ねたり、成功を祝う友人からの電話を受けたり、生後7ヶ月のひ孫に初対面したり、帰宅を知った新聞記者たちのインタビューを受けたりした。エマはトレイルで出会った人たちは「とびきりよい」人たちだったと言った。例外は、彼女に門前払いを食わせた横柄な女性と、エマのことを女放浪者《レディー・トランプ》と呼んだ少年だけだった。

「トレイルを歩くのは楽しいだろうなと思っていましたけど、そんなものじゃないことはすぐにわかりましたよ」とエマはある記者に語った。靴を7足、そのうちの4足は布製、2足は革製、最後の1足は運動靴、そのすべてをだめにしてしまったこと、そして接着テープを5巻き使い、大部分は足首のサポートに使ったことを説明した。虫がたくさんいてひどかったので、サッサフラスの葉を眉庇《まびさし》のバンドにはさんで、耳をカバーするように垂らして虫よけにしたことも話した。

「もっと前なら出発しませんでした。11人の子どもを育てていれば、行きたいと思っても行けるものじゃありません……。時間ができてからようやく決心がついて、『これは楽しいにちがいない』と思ったんです」と彼女は言った。

ボルチモアの記者がエマのことを有名人だと言った時、彼女はこう反応した。「あなた方記者が私の悪口を書き立てるのはやめてくれるとよいのだけど」

エマは怖がっていたのだろうか？

「もし私が怖がっていたなら、そもそもこんなことをやろうとは思わなかったでしょうよ」

彼女はまるでこの旅に出るために生まれてきたようなものだったのだ。

「横になれる場所があったら、どこでも寝ました」と彼女は地元の記者に語った。「もちろん時には、あまり寝たいと思えるような場所でないこともありましたけど、まあ何とかなりました。落ち葉を集めればよいベッドになったし、疲れていれば山の上だろうが、廃屋だろうが、ポーチだろうが、ひっくり返したボートだろうが、我慢できるものよ。添い寝の相手がいることだってありましたからね。ある夜キャビンの床に寝ていたら、ヤマアラシが私の横で丸くなろうとしていてね。でも2人分のスペースはないと思いましたよ」

「食料をもたせるために、少しずつ食べなきゃならないことはよくありましたけど、調達するために法を犯すようなことはしなくて済みました。食料が尽きたこともありました。まあ、野生のベリーはたくさん食べましたよ。それからサッサフラスやヒメコウジやペパーミントやスペアミントの葉っぱを噛んだこともよくありました」

「神様のお恵みがない時は、自分で何とかしたものです。ある日道を歩いていたら、缶詰が落ちていたんです。杖の先で転がしてみたら、未開封のビーフシチューの缶でね。ナイフで開けて、その夜は実にいい食事になりましたよ」

エマはこの旅が人生の中で一番貴重な時だったと語った。

「山頂に行くまで長いことかかりましたけど、やっと到着して記録帳にサインした時ほど人生で独りきりだと感じたことはありませんでした」と彼女は言った。

＊＊＊＊＊＊

成人したゲイトウッド家の子どもたちは、母親がほぼ5ヶ月にもわたって森の中で、ガラガラヘビやストリート・ギャングたちといっしょにいたり、標高1600メートルもある山にくじいた足首と壊れたメガネで登ったりしていたことに、意外なほど驚かなかった。そういう家系なのかもしれない。

「母はいつだって自分の面倒は自分で見てきたので、私たちは心配しませんでした」とルーシーは私に語った。「私たちにもそうするように教えてきましたから」

ネルソンはこう言った。「母がどこで何をしているか僕は知らなくても、それが普通でした」

「『心配じゃなかったの?』と訊く人もいるけど、私は『いいえ、心配はしていなかった』と答えていました。母は自分のすることはよくわかっていましたから。それに、母のやりたいことであれば、なおさらやれる力もあったでしょう」とルイーズ。

「普通の人ですよ」とネルソン。「特別なことは何もない」

「有名人のようになっていたなんて、大分後まで知りませんでした」とロウィーナ。

モンローの息子でエマの孫にあたるチャールズ・ゲイトウッドは言った。「祖母はトレイルを後にした時、ウェストヴァージニアのハンティントンから電話をかけてきました。『迎えにきて』と祖母が言ったら、父はこう言ったんです。『あれだけたくさん歩いたんだから、ガリポリスまでの残りの距離なんて大したことはないだろう』って」

「それほど素晴らしいことでもないと思ったんだよ、彼女が初めてアパラチアン・トレイルを歩いた時は」とエマのいとこのトミー・ジョーンズは言った。彼は今でも家族が暮らしたオハイオ川のほとりの家に住んでいる。「当時は67歳だったよね？　まあ、あの人は身体が丈夫で、アウトドアの暮らしが好きなのは知っていたからね。だから彼女にとっては、別に特別なことじゃないと思ったのさ」

エマもそう思っていたのかもしれない。

＊＊＊＊＊＊

エマの知名度は高まるばかりで、デイブ・ギャロウェイが司会のNBC番組「トゥデイ」に特別ゲストとして出演するために、すぐにニューヨークに呼び戻された。エマはカメラが並んでいる中に横の扉から入ってきた。ブルージーンズにチェックのジャケットをはおり、スニーカーを履いて、いつもの布袋を持っていた。眉庇《まびさし》の代わりに、落ち着いた色のベレー帽をかぶってはいたが。エマはギャロウェイと全米の視聴者に向かって、「必要とあらば」カタディンからさらに1000マイル〔1600キロ〕は歩けたと語った。ギャロウェイはエマがなぜ長い徒歩旅行をしたのかと尋ねた。エマは、山を歩くのは昔から好きで、あの楽観的な雑誌の記事を読んでやってみようと思ったのだと言った。

その後エマはエンパイア・ホテルに行き、「ウェルカム・トラベラーズ」という〝ニコニコ〟・ジャック・スミスが司会を務める告白クイズ番組に挑戦した。出演が決まり、リハーサルを数回した後、ショーは翌朝収録された。エマは200ドルの賞金を得た。ちょうどトレイルで出費した額だった。彼女はニューヨーク見物の観光バスに乗り、それからアンティーク・ショップでミリノケットのディーン・チェイス夫人のために靴の形をした真鍮の灰皿を買った。

その次に彼女は、ロウィーナとエスターの2人の娘たちがいるピッツバーグに向かった。着くやいなや、新聞各社からお呼びがかかった。『ピッツバーグ・プレス』紙の記者はエマの今後の計画について尋ねた。

「それは秘密」と彼女は言った。「だけどもしまたハイクに行くなら、家族には前回と同じように知らせます、葉書でね」

エマは記者たちに同じことを語った。「それに関して私が頭の中で何を考えているかは誰も聞き出せません」

彼女は言わなかったが、本当はまたトレイルのことを考えていたのだ。

＊＊＊＊＊＊

1956年6月25日、ワシントンDCでは、郵便料金の値上げに関する日程や1949年の連邦財産管理業務法の修正などの重要な議事を処理するために下院が招集されていた。アイアントン出身でオハイオ州選出の共和党下院議員のトーマス・A・ジェンキンスは、民主党のジョン・ウィリアム・マコーマック下院議長に呼びかけた。

「議長、ここから私の発言を延長して議事録に含めることを、全会一致でご承認くださるようお願いいたします」

「オハイオ州の方の要請に異議のある人は？」。マコーマックが尋ねた。異議はなかった。

「議長」とジェンキンスは始めた。


私の下院選挙区であるオハイオ州ガリポリスの住人、エマ・ゲイトウッド夫人は、数ヶ月前に全国的な名声を得ました。67歳でひ孫もいるにもかかわらず、彼女は一人で3300キロの困難な山道を歩き通しました。彼女は、ジョージア州フォート・オグルソープからメイン州北東部の人里離れた険しい場所にある標高1600メートルのカタディン山まで、アパラチアン・トレイルの難路を歩いたのです。

この偉業を成し遂げるために彼女は靴を7足履き潰しました。持ち物は毛布と少量の食料だけでした。146日間かけて歩き続け、未知の険しいゴールに到着したのです。彼女は一日平均27キロを歩き、体重は11キロも減りました。彼女の成し遂げたことについて、山の専門家の多くもコメントを出しています。メインの森に住む山の経験豊かなお年寄りも、彼女についてこう語りました。「彼女にはかぶとを脱ぐよ。根性、パイオニア根性がなければ、こういうことはできないからね」

ゲイトウッド夫人がトレイルについて読んだのは3年前のことでした。目印はあちこちにあり、一日歩いた後にはシェルターが待っていると書かれていました。けれども、実際にはシェルターの多くは倒れるか焼けてしまっていました。ベンチやテーブル、地面の上に寝ることも多かったのです。ひどく寒い夜には石を温めて、その上で眠りました。

場所によってはトレイルは小道ほどになっていました。砂や砂利だらけの決壊箇所や、雑草が首の高さにまで茂っているところもありました。けれども彼女はあきらめませんでした。みぞれで滑りやすくなった岩棚を乗り越え、幅9メートルの川を渡り、茂った下生えを杖でたたきながら、少しずつ進んでいったのです。彼女は森の生き物たちを恐れません。ガラガラヘビが襲ってきたこともありましたが、ダンガリーをやられただけですみました。

ゲイトウッド夫人はこの偉業を成し遂げた唯一の女性です。カタディン山の山頂で彼女は記録帳にサインし、「アメリカ・ザ・ビューティフル」を歌いました。彼女の言葉ではこうです。

ただ楽しみのためにトレイルを歩く
戸外にいるのが大好きだから
創造主の素晴らしい作品が
林床に飾られているから

『ボストン・ポスト』紙は社説の中で、オハイオ州のエマ・ゲイトウッド夫人はパイオニア・ウーマンの不屈の精神が今日でも残っていることを示したのだ、と述べています。

メイン州ミリノケットの商工会議所は彼女をゲストとして迎え、額に入ったカタディン山の絵を贈呈しました。また彼女はトロフィーも授与され、全米キャンパーズ・アンド・ハイカーズ協会の終身会員の資格も与えられました。

ニューヨークの著名なコラムニスト、O・O・マッキンタイアのコラムは全米の多くの新聞で配信されてオハイオ州ガリポリスの町を有名にしましたが、ゲイトウッド夫人は彼の親戚でした。

エマ・ゲイトウッド夫人はその素晴らしい功績により、国の英雄の座を勝ち取ったのです。

18 再び

1957年

4月12日。一人で家にいる時、エマ・ゲイトウッドはひそかに縫い物をして、1メートルほどのデニムの布から新しい袋を作った。衣類や装備、救急用品、そして食料を入れるには十分な大きさだ。

4月16日。エマは孫の面倒を見ていた。孫たちは言うことをきかず、彼女は日記にこう記した。「出かけられたら嬉しいだろう」

4月22日。エマは14ドルでタイメックスの腕時計を買い、それからバスの停留所で男が電話ボックスの蝶番のネジを、コインを使って外してから持ち去っていくのを眺めた。

4月24日。エマはチャーチ夫人の家に行って、ラニー・トンプソンの小さな娘といっしょにポーチに

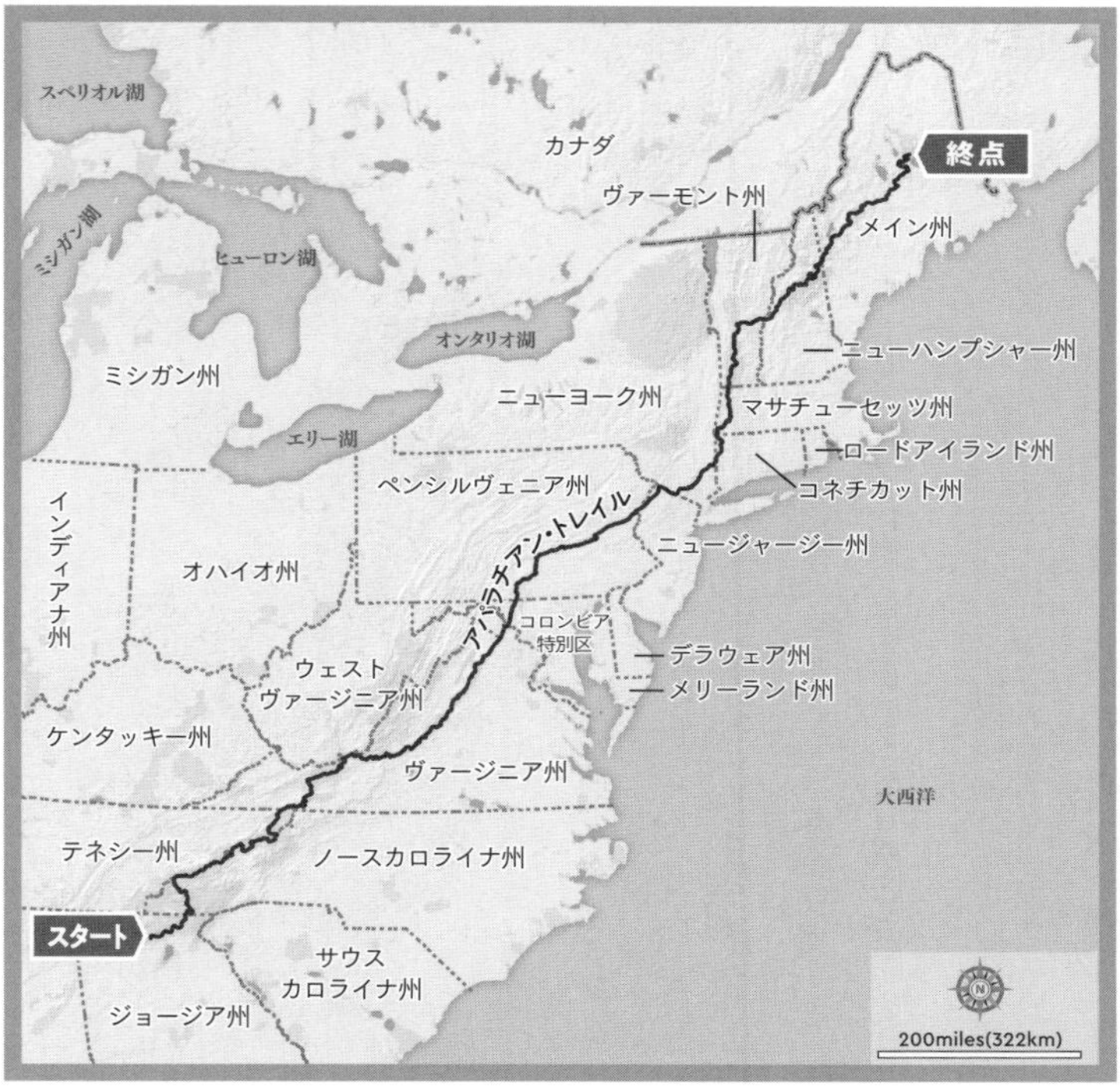

座り、それからジャケイ夫人と車に乗ってノーサップへ行き、そこから道路を下って昔家族で住んでいた丘の上の家の前を通り、ラクーン・クリーク沿いに遡ってエディスの家に行った。その帰り道、歯医者のアリソン先生のところに寄って、もうできあがっていた入れ歯を受け取り、それからトーマス先生のところでメガネのネジを調節してもらった。その後、彼女はスーツケースに荷物を詰めて、コートを手にモンローの家に行き一晩過ごした。翌朝早く、余裕をもってチャールストン行きのバスに乗れるようにするためだ。チャ

ールストンから飛行機でアトランタへ、そこからバスでジャスパー、さらにタクシーでオグルソープ山へと行くために。

エマがカタディン山の頂に立ってから19ヶ月が経っていた。その間、誕生日のパーティーが2回あり、ルバーブのパイや汚れた皿、ポットロースト〔牛肉の蒸し焼き料理〕、赤ちゃんのげっぷなどからなる数多くのささやかなひと時が、エマの文明的で快適な日常生活をつくり上げていた。

だが、1957年の母の日の2週間前、エマが70歳の誕生日を迎える6ヶ月前に、アパラチアン・トレイルが彼女を再び呼んでいた。

＊＊＊＊＊＊

1957年5月に、マリー・T・プリングルというジャーナリストが、『アメリカン・マーキュリー』誌に「近頃ウォーキングを試してみた」という記事を書いた。記事はアメリカ人が取り返しのつかないほど自動車に依存していると指摘していた。「これまでのどの世代のアメリカ人も、現在ほど歩かなかったことはない。あるいはトーマス・ジェファーソンの『すべての運動のなかで、歩くことが最良である』という金言を、これほど心に留めなかったことはない」

＊＊＊＊＊＊

オハイオ州コロンバスに住んでいるルーシーのところに葉書が届いた。消印はメイン州カラタンクだった。

57年9月7日

親愛なるルーシーとルイーズ、それから他のみんなへ

昨夕は川で20人くらいの人が出迎えてくれました。記者が2人、森林管理人が4人とその他の人々です。あと10日ほどで終わると思います。いろいろな人のところを訪ねたので時間がかかってしまいましたが、そうでなければもっと早く終えられたでしょう。私は元気です。若返ったような時間を味わっています。みんな元気でいますように。

愛をこめて、あなたたちのママより。

＊＊＊＊＊＊

9月16日、メイン州カタディン山（AP通信）

オハイオ州ガリポリス出身の69歳のおばあちゃん、エマ・ゲイトウッド夫人は、3260キロのアパラチアン・トレイルを歩き終え、今日1605メートルのカタディン山の頂に登る予定だ。

ゲイトウッド夫人がこのトレイルを歩くのは2回目だ。彼女は1シーズンで全トレイルを踏破した初めての女性である。4月27日にジョージア州オグルソープ山を出発し、昨日当地に到着した。

＊＊＊＊＊＊

エマは「森の女王」と呼ばれた。

1955年に、彼女は一人でスルーハイクした最初の女性だった。1957年には、彼女は男女を問わず、世界最長のトレイルを2回歩いた最初の人だった。カタディン山頂に着いた時、エマはほとんど目が見えない状態だった。登っている間メガネが曇りっぱなしだったので、メガネを外していたのだ。「何も見えなかった」とエマは日記に書いている。「あの岩場を下山する時はえらく緊張したけれど、ゆっくりと事故なく下ることができた」

下山すると、土産話がたくさんあった。「歳をとりすぎた」とエマは山の麓で記者に語った。「切り立った崖をよじ登らなきゃならない場所があって、もうあんなことはできなくなる歳になりそうだね」

5月にはジョージア州の山麓の丘陵地帯を歩いていて、ガラガラヘビまで2メートルほどの距離に近づいてしまった。彼女は後ずさりしてヘビが動くまで10分間待ったが、その後森を抜けて大回りをしてガラガラ音を立てる「元気のいいやつ」から離れた。

数日後、エマは栄養不足になったことについて書いている。「食料が足りず、とても疲れていて、膝の力が抜けて歩く時によろよろした」。疲労困憊した時、エマは塗装をしていない掘っ立て小屋に近づいていって食べ物を無心した。犬が吠えながら走ってきて、義足をつけた男性がポーチに出てきた。あまりに貧しそうな小屋だったので、エマは食事は期待していなかった。だが、この義足の男性はエマのハイキングのことを知っていて、ゆで卵とトウモロコシパン、ビーフの煮込みにタマネギ、それとコンデンスミルク一缶を持たせてくれた。

一匹の雑種犬がテネシー州からヴァージニア州までエマの後をついてきた。ヴァージニアで店に入って新しい靴を買った彼女は、古くなったハイトップのスニーカーと犬を後に残した。

6月14日、クマがトレイルを歩いてくるところを初めて目撃した。エマが「ヘイ!」と叫ぶとクマは駆けていった。

ロアノークの近くで、正体不明の何かにかまれて脚が膝まで腫れてしまった。あまりにひどくなったので、医者のところまで車に乗せてもらうことにした。止められるのを怖れて、自分が誰で何をしているのか医者には話さなかった。医者はエマにとって初めてのペニシリンのほか、何の薬か告げないままに、ピンクの錠剤もいくつか処方してくれた。その日彼女は見知らぬ人の家のソファーで過ごした。その人はまるでエマが病人であるかのように世話してくれた。足は何日も痛み、歩くのがつらかった。

6月27日、ヴァージニア州シェナンドア国立公園を通った。「誰も私のことには気づかなかった。やはり放浪者に見られていた」と彼女は日記に書いた。

ペンシルヴェニア州では7月のある日、女性で2番目のスルーハイカーとなるドロシー・レイカーと丸一日一言も言葉を交わすことなく過ごした。「私は5時前に出発したが、すぐに〔レイカーに〕抜かされた。彼女には話しかけなかった。その後彼女を抜き返した。断続的に、一日中、抜いたり抜かれたりを繰り返したけれど、お互い一言も口をきかなかった」。レイカー自身のその日の記録では、エマについて一言も触れられていない。2人が口をきかなかった理由はわからない。競争心からだろうか?

8月、エマはボーイスカウトでいっぱいのシェルターにやってきた。彼らのリーダーは「誕生日の晴れ着」を着て外に座っていた。

運のいい晩には、エマは2年前に友人になった人々に温かく迎えられ、空調の効いた家の心地よいマットレスの上で眠った。運が悪い晩には、蟻がたかった丸太の横や、落ち葉や草を集めてその上に寝た。ある雨の晩に大きな段ボール箱の中に避難したところ、箱の中では驚くほど濡れずにすんだ。18輪長距離トレーラートラックの下で眠ったこともあれば、豪華なベア・マウンテン・インに泊まったこともあった。ローレル・リッジ・ツーリスト・ホームに泊まった時は、こう書いている。「女の子たちのクスクス笑いや、みだらな物音で、夜中とてもうるさくてあまり眠れなかった。下の階に物をたくさん投げてやりたかった」

使われていない田舎の教会の説教壇の横に寝床をこしらえた夜さえあった。

ニューヨークでは無許可離隊兵が州警察に自首する場面を目撃した。コネチカットではボランティアの消防隊といっしょに消防自動車に乗ってパレードをした。エマの旅のことを早くに知った町では人々が歓迎パーティーを開いてくれたので、エマは特別な人間になった気分だった。一人の女性などはエマに気がつくと、まるでブロック中に聞こえるような音をたててエマにキスをした。

トレイルでは自然の美しさを堪能した。山腹では、先端が紫色のランのようなスミレに見とれた。リーン・トゥの角につくった巣の中で、モリタイランチョウが雛たちに餌をやるところを眺めた。1羽の野生の七面鳥が目の前を横切った。ある午後、エマが分厚い苔に覆われた丸太の上で夢見心地に休んでいると、小さな獲物をくわえたアカギツネが小道をスタスタやってきた。丸太に横になっているおばあちゃんにはまったく気づいていなかった。エマはキツネが近づいてくるのを眺め、それから声をかけた。「私に夕食を持ってきてくれたのかい?」。キツネは赤い閃光となって森の中へ消えていった。

今回のハイクは、前回のように秘密にはしておかなかった。エマはテネシー州クリングマンズ・ドームから家に葉書を送った。

「母はみんなに葉書を送ってくれました。違う時に違う場所から」とネルソンは私に語った。「一日に23キロ近く歩いていたので、僕たちは途中で捕まえようと思ったんです。ハリスバーグの東のペンシルヴェニア州リーハイ・ギャップまで行くと、そこへ母がやって来た。僕たちは母を夕食に連れて行き、翌朝いっしょにデヴィルズ・パルピットと呼ばれる岩層を登ったんです。母は楽しんでいました。トレイルの話ばかりし、それまでにあった出来事について話してくれました。それからクマについても」

彼女はほとんど行く先々で記者たちにも出会った。1回目の時よりも多いくらいだった。今回の旅はアメリカの新聞、雑誌、テレビで数多く記録されていた。

彼女はある記者にこう語った。「どうかしていると考える人もいるけど、私には安らぎが見つかるんです。私のような性分を満足させる何かがあるんだね。森にいた方が満ち足りた気分になるんです」

「なぜこんなことをしようと思ったのですか?」とある記者は訊いた。

「森は静かだし、自然は美しい。私はただ揺り椅子に座って過ごすのは嫌なんです。何かをやっていたいのよ」

エマはその年のトレイルは状態がよくなっていたと語った。最初の年にエマが批判したので、ハイキング・クラブの人々がトレイルを整備したり目印《ブレイズ》をつけたりしたのだ。前回よりも少ない日数で終えることができたのは、そのおかげでもある。

ミリノケットを発つ前に、商工会議所からエマに青と灰色のスーツが贈呈された。地元の高校では先生や生徒たちを前に話をした。数時間を割いて特別なクッキーを焼き、ミリノケット・コミュニティ病院の患者たちに届けた日もあった。

故郷のガリア郡に戻ると、エマは時の人だった。金曜日のフットボールの試合では、ブルー・デヴィル・マーチング・バンドがエマの栄誉を讃えてテーマ音楽を演奏した。ハーフタイムには商工会議所がエマに銘板を贈呈し、その夜を「グランマ・ゲイトウッド・ナイト」と宣言した。

『南極に行ってみたいものですね』とエマはガリポリスのロータリークラブに講演を依頼された時に語った。「だけど誰も連れて行ってくれないでしょう。南極では年寄りの女性に用はありませんから。料理人だってちゃんといるでしょうし」

「森の女王」は政治家たちとカメラの前でポーズを取り、学校の集会で講演をした。彼女はパーマートン・オーバー60クラブやオハイオ・スポーツマン連盟でも講演を行い、たくさんの記者を迎えておしゃべりをした。

「ゲイトウッド夫人は素晴らしいユーモアの持ち主だ」とある記者は書いた。「彼女は歩き始めの頃、一人で大笑いしたことがあると語った。木の下に横になって休憩していた時、ほとんど無意識に腕を動かしたら、留まろうとしていたヒメコンドルがびっくりして飛んで行った。『まだ骨を拾ってもらう準備はできていないよ』と彼女は思った」

２度目のＡＴハイクを終えると、エマは他の場所へも出かけるようになった。ペンシルヴェニアのベーカー・トレイルでは８泊の旅に出かけ、アレゲーニー川のほとりのアスピンウォールに泊まった時は、レッドウィング・ガールスカウト・キャンプで３週間過ごして、木を切り、テントを設営し、冬のキャンプの準備を手伝った。１週間オハイオ州のキャンターズ・ケーブ４－Ｈキャンプに招待されたこともあった。そこはエマの家から70キロ近く離れていたが、彼女は歩いて行った。

１９５８年、70歳になったエマはアディロンダック山地の６つの峰に登り、フォーティー・シックサーズの仲間入りをすることに関心を示した。それはアディロンダック山地にある標高４０００フィート〔１２１９メートル〕以上の46の山々のすべてに登頂した人々のクラブだった。時に若い親戚や友人に、いっしょに行かないかと誘うこともあったが、社会的規範を曲げることがないように気をつかっていた。自分より年上の男性から長距離ハイクの誘いがあった時は断った。「噂がたつからね」と彼女は言った。アメリカで徒歩主義《ペデストリアニズム》が急激に落ち込んでいた時に、エマは歩くこと、自然を体験することの伝道者となった。彼女は歩くことの恩恵について、しばしば凝った詩を書いた。

自然の褒美

もしも私と山へ行き
落ち葉のじゅうたんの上で眠るなら
自然の大きさと
戸外の美しさを味わうなら
悩みはすべて消えるだろう
そして気づくのだ、創造主は人間ではなかったことに
素晴らしい山や森は
至高の力によってのみなしうることに

天上の力を信じ
自然の王国がしっかりとそこにある時
私たちは高価な宝石を受け取り
その輝きは人生を明るくする、私たちの命尽きる時まで
自然への愛は癒しとなるから

試してみさえすればよいのだ
やがて報われる時が来る
目に見える範囲を越えてより深くまで行けばよいのだ

エマは次の壮大なハイクについて何も言わなかったが、やがてすべての人が知ることになった。

デラウェア・ウォーター・ギャップ近くの
ニュージャージー州サンフィッシュ湖にて。
エマ69歳。1958年
（ルーシー・ゲイトウッド・シーズ提供）

19

パイオニア・ウーマン

1959年

ポートランドの町の通りという通りは埋め尽くされていた。どの方角も人や車でひしめきあっていた。自動車、馬、犬、自転車、そして5000人ほどの人々で大混乱状態だった。人々の多くは白髪頭で、8月の暑さの中、一人の小柄な老女がサンディ大通りを歩いてきて、82番街との交差点に張られたゴールの金色のリボンを切るのを待っていたのだ。

エマ・ゲイトウッドが見えてくると、歓声が沸き起こった。彼女の横には、高齢の市民たちが数百人いて、中にはパイオニア時代の衣装を着た人々もいた。彼らは最後の数キロを彼女とともに歩いた。

71歳の女性は疲れているようだった。実際、疲れ切っていた。皮膚はがさがさで、濃いブロンズ色に

日焼けしていた。靴底はすり減って薄くなっていた。彼女はいまにも倒れそうな様子だった。

　マスコミは何日も前から、彼女がゴールまで到達できないだろうと予測していた。途中で車に乗せてもらったという噂が広まり、それが目的地に到達する前に彼女があきらめるかもしれない徴候とみられたのだ。

『マイアミ・ニューズ』紙は「おばあちゃん《グランマ》、トレイル疲れ」と発表した。

『スポケイン・デイリー・クロニクル』紙の見出しは「車に乗って休息、歩きやめるきざしか」だった。

「歩くおばあちゃん《ウォーキング・グランマ》、ゴールをあきらめるか」と『トレド・ブレイド』紙は声高に書き立てた。

　確かに、ひどく疲れる旅だった。これは木陰があって美しい景色と冷たい湧水があるアパラチアン・トレイルではなかったのである。ミズーリ州インディペンデンスとオレゴン州ポートランドの間には、そういうものはめったになかった。95日間、エマは1時間に4、5キロの速さで、焼けるようなアスファルトの道を、ミズーリ、カンザス、ネブラスカ、ワイオミング、アイダホ、そしてオレゴンの各州を通り抜けて歩いたのだ。日よけのために1ドル50セントで買った青い傘を携えて。その傘は通り過ぎるトラックの風で手からもぎとられそうになりながらも旅の間ずっと彼女とともにあって、根性と決意のシンボルのようになっていた。

エマは旧オレゴン・トレイルをできるだけ忠実にたどろうとした。オレゴン・トレイルは毛皮猟師や商人やパイオニアたちが1800年代初めに切り拓いた道で、よりよい暮らしを求めて西部へと向かった50万人の開拓者たちがメイン・ルートとして用いた道だった。オレゴン州ヴェイルで、エマはわざわざ時間をとってジョン・D・ヘンダーソンの墓参りまでした。ヘンダーソンは移民で、マルヒュア川とスネーク川の間にある砂漠で、1852年に喉の渇きのためか、おそらくは重症出血性麻疹にかかって命を落とした。彼の仲間たちはインディペンデンスを出発してほどなく死亡したと伝えられている。ヘンダーソンは徒歩で進み続けようとしたが叶わなかった。ある鍛冶屋が彼の名前を石に刻んで埋め込んだ。

オレゴン・トレイルを歩くことをエマが思いついたのは、オレゴン100周年展のことを読んでいた時だった。1958年のかなりの月日を、エマはアパラチアン・トレイルのいろいろな箇所を歩いて過ごしていた。つなぎ合わせて、3度目の2000マイルをセクションで踏破するつもりだったのだ。彼女はペンシルヴェニア州ダンカノンからマサチューセッツ州ノース・アダムズまでを歩き終えていた。

ところが西部へ向かって歩くというのは、それとはまったく異なる景色だったのだ。

「〔100周年展に関連して〕幌馬車隊がオレゴンに向かうという記事を読んで、私はこの国に定住するために幌馬車の後ろを歩いたすべての女性たちのことを思ったんです」とエマはカンザス州ジャンクション・シティーで記者に語った。「この夏にすることを探していて、オレゴンまで歩くというのは最高だろうと思えたわけです」

エマは5月4日にミズーリ州インディペンデンスを出発した。ハリー・トルーマン前大統領が7台の幌馬車隊に手を振ってから2週間後のことで、それから彼女は平原をとぼとぼと歩いた。エマはコロラド州デンヴァーから、6月3日に家に葉書を出している。それには雪をかぶった山々が美しかったこと、オレゴン州知事が彼女を特定の任務のない親善大使にしたこと、路上で呼び止めた人の家に滞在したことなどが書かれていた。「私は元気です」と彼女は書いた。1ヶ月後、アイダホ州ポカテロで幌馬車隊を追い越したが、それまでの旅は大変だった。ワイオミングのヤマヨモギの間で野宿したのは14晩にもなった。

新聞はエマのことを「アメリカで最も有名な歩行者」と書き、道中の最新情報を届けた。またもやアメリカ中の人々が、歩き続けようとするおばあちゃんのことを応援し始めた。

「私の脚は自動的に動いていてね、誰かに呼び止められると、もう一度調子よく動くようになるまで少々努力が必要なんです」と彼女はある記者に言っている。

7月27日、オレゴン州ミーチャムに着くと、エマはコロンバスにいるルーシーに宛てて手紙を出した。

「なかなかおもしろいことになってきました」と彼女は書いた。

ロデオに行ったら（中略）1万人のロデオ・ファンがいて、私は拡声器で紹介されて立ち上がり、スポットライトを浴びながら手を振りました。スネーク川にかかる100メートル以上の長さの2車線ある橋に差しかかると、私が渡る間、ハイウェイ・パトロールが1車線の交通をストップさせました。まるで王族みたいでした。パトロール隊は私に怪我があってはいけないと注意深く見守っていてくれました。幹線道路の途中で100周年展のスタッフが会いに来てパスをくれました。運転手付きの車が用意されて、必要な衣服も調達でき、宿泊費はあちら持ちで、100周年展の一日をエマの日またはグランマ・ゲイトウッドの日にするんだと言っていました。聞くところによると、他にも恩典があるとか。ちょっと楽しみだけど、そのことばかり考えて眠れないわけじゃありません。あなたもここにいていっしょに楽しめたらよかったのにね。まだあと400キロ歩かなければなりません。みんなが何でもやってくれています。私が快適に旅することができるように手伝いに来てくれるんです。ここはとてもよいところです。木の生えていない土地を歩き続けた後では、確かにいい場所に見えます。明日はペンドルトンに着きます。そしたらすぐにコロンビア川を下ることになるでしょう。とても美しい川だという話です。ドレスと靴、それにスーツケースをベーカーでいただき、商工会議所がポートランドまでそれらを送ってくれました。もし私に手紙を出したかったら、ポートランドの郵便局留めで送れば届くでしょう。みんな元気でいますように。愛を込めて、ママより。

エマの到着を待ちわびていたオレゴンの群衆が道路脇に集まり始めていて、彼女に声援を送った。通過する貨物列車の車掌までが手を振って、乗っていかないかと誘った。

写真を撮ろうとし、同じような質問ばかりする人々に悩まされ始めると、エマの忍耐力は試された。注目されることがだんだん苦痛になってきて、しまいに彼女の感情はささくれだってきた。自分がまるで「余興に出てくる変人」みたいな気がする、と彼女はある記者に語った。群衆に近づく時、エマは頭を低くしてハンカチで顔を覆うようになった。

ミーチャムの西、ラ・グランデの近くで、ドライバーの一団が道路脇で彼女を引き止めたが、彼らが写真を撮り矢継ぎ早に質問を投げかけてきても、エマはただ歩き去った。さらに西のザ・ダルズ郊外で、エマはうるさい取材記者に石を投げつけた。ポートランドに到着する数日前には、フード川の近くで若いカメラマンが近づき、しゃがんでエマの写真を撮ろうとした。彼女は傘を振り回して彼の額を叩き、出血させた上に大きなみみず腫れをこしらえさせた。次の日の新聞はエマのことを「怒りっぽい」と書き、カメラマンは「ラバのように打たれた」と言ったと書かれた。

「ぶん殴られました」とそのカメラマン、ロバート・ホールは記者たちに語った。「でも、顔から血が出ているのを見ると彼女は泣いて、悪かったと言いました。僕はすべて忘れるよと言ったんです」

屋外用の椅子とハンバーガーと氷水を持ってきてくれた人がいて、彼女は落ち着いた。ロバート・ホールを抱きしめさえした。すべては許された。

そして、8月7日、スタート地点からほぼ3200キロ、エマはポートランドまでの最後の区間を一気に歩いていた。そこでは100周年を歓迎する人たちや新聞記者たち、その他エマの成功を祈る人たちが息をつめており、市内はわき立っていた。ポートランドの政治家はその日をグランマ・ゲイトウッド・デーと宣言し、市の境界で後援者たちが花を抱えてエマを迎えた。警察が1車線を通行止めにして、いっしょに歩いている今や数百人にもふくらんだ人々とともに、エマが安全に通行できるようにした。『オレゴニアン』紙の記者によると、その日の交通渋滞は前例にないものだった。

リボンまで到達すると、エマは感極まって涙を流した。彼女はリボンを払いのけ、見知らぬ人と抱き合って泣いた。周囲のすべてに、特に群衆に感動していたようだった。エマはジョン・ピッテンジャー警部とともにパトカーに乗り込み、しばし群衆から離れた。落ち着きを取り戻すと、彼女は交差点に戻って赤いオールズモビルのコンバーチブルに乗り、展覧会場に向かってにこやかに自動車パレードをした。

「私を誰だと思っているんでしょうね？　エリザベス女王かしら」とエマはポートランド市長に尋ねた。彼女はシャワーを浴びて、色あせてぼろぼろになった綿のブラウスとスカートから、寄贈されたドレスに着替えた。それはイブリン・ギブソンの群青色のちりめんのドレスで、ヨークに淡いピンクのアレンソン・レースが付いていて、それに合うジャケットもあった。青い帽子をかぶり、白い手袋もつけて、新しいハンドバッグも持った。衣装一式は無償で提供された。市長と警察本部長といっしょに食べたサラダ、カニのカクテル、中までよく火の通ったロースト・ビーフの昼食も無料だった。食べている時、エマは靴を片方ぬいでいたが、誰も気に留めていないようだった。彼女の使い古した傘と衣服は歴史博物館の展示のために引き取られた。

あらゆるところからプレゼントが舞い込んだ。エマはポートランド市の名誉市民権を与えられた。新しい傘をくれる人もいれば、腕時計をくれる人もいた。イースト・ブロードウェイ振興会からはコサージュと金の表彰盾も受け取った。ハリウッド振興会からは大きなかご入りの果物。そして彼女は真っ黄色のヘリコプターに乗って、町の上を飛んだ。ヘリコプターから降りたところで女性が近づいてきて写真を撮ろうとすると、エマはカメラを地面に叩き落としたもののすぐに悪いことをしたと思った。写真を撮ろうとする大勢の人たちにまだ悩まされているのだと言って、大げさなくらいに謝った。

ポートランド市はエマを豪華なホテル・ベンソンに泊まらせ、手厚くもてなした。当惑してはいたが、エマは注目を浴びることを喜んでいるようだった。彼女はハリウッドに招待され、アート・リンクレターのラジオ番組「ハウス・パーティー」では大げさにふるまった。オレゴン100周年委員会、オレゴン海岸協会などが、次々と彼女をゲストとして招待し、州内を案内してくれた。彼らがエマを車に乗せて海岸へ連れていくと、驚いたことに色とりどりの衣装を身につけたクーズ・ベイ・パイレーツの一団がいて、スカーフをプレゼントしてくれた。それからすぐさまメドフォードまで行き、シーサイドでは太平洋に足をつけ、ニューポートの近くでは沿岸警備隊の16メートル弱の救助船の水先案内をし、ゴールド・ビーチで鮭を釣り、アグネスまで郵便船に乗った。行くところどこでも彼女には名誉市民権が与えられた。ひと月後、出発する時が来ると、バス会社はシアトル、スポケイン、グレイシャー国立公園、ウィニペグ、シカゴ、デトロイト、コロンバス、そしてガリポリスに至る間のどこででも途中下車ができるオープンチケットをくれた。

今やエマはみんなのおばあちゃん《グランマ》だった。

その年の暮れ、オレゴンのUP通信社が1959年の最大ニュースのリストを作った。そこにはポートランドの新聞ストライキ、フード山上空での2機のジェット機による衝突事故、結合双生児の分離手術の成功、コロンビア川での2遺体の発見、ハリスバーグ警察長の誘拐などがあった。ローゼンバーグのダウンタウンで13人の市民が死亡し1000万ドルの損害が生じた、6トンの爆発物を積んだトラックの火災事故のニュースのすぐ下、リストの2番目にオレゴン100周年のニュースがあり、こう書かれていた。「オハイオのおばあちゃん、エマ・ゲイトウッド夫人は、はるばるポートランドまで徒歩で旅をした」

＊＊＊＊＊＊

家路についてから2ヶ月後の1959年11月に、エマはハリウッドのNBCスタジオに再び招待された。グラウチョ・マークスの「きっと大丈夫」というテレビのクイズ番組に特別ゲストとして出演するためだ。他には、ドビー・ギリスの短編集を書き、シリーズの新作『チビのティーンエイジャーだった私』を発表したばかりの作家のマックス・シャルマンが出演者だった。翌年の1月に放映されたその回では、エマは壁の後ろから現れて、視聴者が礼儀正しく拍手で迎える中、恥ずかしそうにステージを横切った。彼女は真珠の首飾りをつけ、色の濃い、さほど高くないヒールの靴を履き、無地のワンピースを着て短いジャケットをはおっていた。分厚いメガネが彼女の目を大きく見せていた。エマは手をのばしてグラウチョ・マークスと握手を交わした。

「お目にかかれて嬉しいです、エマ。そしてもちろん、マックス、あなたとは以前から知り合いでしたが。エマ、あなたはどちらのご出身ですか？」とグラウチョが言った。

「オハイオ州ガリポリスです」とエマ。

「オハイオ州ガリポリス?」

「そうです」

「その町出身の有名な作家がいませんでしたっけ?」

「マッキンタイアでしょう」とエマ。

「O・O・マッキンタイア、そうです。こんな小さなことも覚えているなんて、私の記憶力も大したものでしょう?」とグラウチョは言った。

「ええ、そうね」

「彼は全盛期にとても売れっ子のコラムニストでしたね。いつもガリポリスのことを書いていた。でも実はニューヨーク在住なんですよね」。グラウチョがそう言うと視聴者はくすくすと笑った。「ガリポリスのことばかりが話題でした。あなたは農場で生まれましたよね、エマ?」

「ええ、そうでした」

「なぜでしょう? つまり、あなた以外に農場で育てられていたのは何でしたか?」

「タバコ、トウモロコシ、小麦に小さなカイン〔弟殺しをする聖書の人物〕」とエマは茶目っ気たっぷりに微笑みながら言った。

「小さなカイン?」。グラウチョが言った。

エマはくすりと笑った。

「兄弟姉妹はあなたを含めて何人でしたか？」

「15人です」

「15人？　それじゃあ、カインもたくさん育ったのかな」

エマは口を閉じたまま、歯を見せないようにしているかのように笑った。

「一家に15人の子どもたちというのは、よいものですか？　お勧めしますか？」。グラウチョは言った。

「いいえ」

「他の親たちに？」

「いいえ。多すぎます。きちんと面倒を見ることなんてできません」と彼女は言った。

「あなたにはお子さんは？」

「11人います」とエマは言った。

「ということは、あなたはご自身の哲学を受け入れていないのかな？」グラウチョは視聴者の方を横目で見ながら尋ねた。

グラウチョはシャルマンの方を向いて言った。

「ご著書の中で、すごくおもしろいと思った箇所があるんですよ、マックス。我々の社会は母系社会を発展させたと書かれていますね。ここでエマにそのことを詳しくご説明いただけますか？」

「ああ、もちろん。喜んで。この国は間違いなく女性たちが回しているんです」とシャルマンは言った。

「異存はありません」とグラウチョ。

「あなたや私が子どもの頃、夜、父親が家に帰ってくると、その日どんなにきつい仕事をしてきたとしても間違いなく母親の方が自分よりも疲れていると思えたものです。彼女はパンを焼いて、服を手洗いして、石鹸を作り、夕げの支度をしていたからです。今では自動洗濯機や乾燥機があるし、お店に行けばパンも〔レンジで温めるだけの〕TVディナーも買えるし、自動車はパワーステアリングときている。だから父親が夜帰宅してどうにか家までたどり着くと、母親はひと月も田舎で過ごしてきたようにしていられる。母親は計画をいっぱい立てていて、こんなことを言うんです。『ねえ、書斎を水浸しにして水族館にしない？』とか『ピーターにはもうひとつ歯列矯正具が必要じゃないかしら？』とか、まあ、その手の話題です。疲れて横になっている父親は『お前が決めていいよ』と言う。そんな風にして女性に権力を渡しているので、女性はそれに見合ったサイズにもなるわけです」

「疑う余地はありませんね。ハンドルを握っているのは女性です」とグラウチョ。

「だけど私は女性がそれを好んでいるとは思いませんね」とシャルマン。

「私も同感です。女性は不安に感じている」とグラウチョ。

「男性が家や国を切り盛りする方がよいと女性たちは思っているんです」とシャルマン。

「けれども男性は権力を放棄してしまった」

「そのとおり」

「男たちは降参してしまったんです」

「女たちは自然にそれを手に入れてしまった」

「そのとおり」

「だから誰も幸せではない。男たちもそれを望んでいない。女たちも望んでいない。そして子どもたちは自分の父親が誰なのかわからない」

視聴者はこれに笑った。

「さて、エマ。あなたはどうです？」。グラウチョは言った。「私たちの知ったかぶりの会話を聞いておられましたが。妻が家を切り盛りするのはよいことだと思いますか？」

エマは目を閉じて1秒か2秒、間を置いた。

「いいえ」

「ところでエマ、お子さんたちはすでに成人して、あなたはご自分の楽しみとして何をしますか？」

「ああ、ハイクをして歩いていますよ」

「歩いている？」

「ええ」

「つまりただ歩き続けるということですか。どういう種類の歩き方なんですか？」

「オレゴン・トレイルを歩きました」

「あのオレゴン・トレイルを？　歩いた？」。グラウチョは言った。

「ええ、歩きましたよ」

「ルイスとクラーク〔19世紀初めに太平洋まで陸路で到達した〕みたいに？」

「そうです」

「それはいつのことですか？」

「今年です」

「今年オレゴン・トレイルを歩いたんですね。どうしてそんな気晴らしをするに至ったんですか？」。グラウチョは言った。

「他にすることがなかったから」とエマ。「家族はみんな結婚して出て行ったし、私はただ何かをしたかったんです」

「あなた、おいくつですか？」

「72歳です」

「72？　それであなたの今回の旅はどのくらいの距離でしたか……」

「2000マイル〔3200キロ〕です」

部屋中の人たちが息を呑んだ。視聴者の一人が拍手し始めた。それにつられて多くの人が拍手して、大喝采となった。エマは無表情だった。彼女は地面を見つめ、少しだけ身体を揺すった。

「何のために歩いたんですか？」とグラウチョが尋ねた。

「まあ、歩くことが好きなので……」

「終点に着いた時どうしたんですか？　向きを変えて歩いて戻ったんですか？」

「いいえ、今年はポートランドの１００周年に向けて歩いたんです」

「どこから？」

「ミズーリ州インディペンデンスから」

「なんてこと」と視聴者の一人の女性が言った。口笛を吹く人、拍手を始める人もいた。視聴者がざわざわし始めた。おそらく驚いて互いに顔を見合い、今や唇に微笑みを浮かべているこの女性に対する畏敬の念に打たれていたに違いないのだった。

＊＊＊＊＊＊

ガリア郡に戻ったエマは、ポーポー〔バンレイシ科。アケビガキとも呼ばれる〕の種とバカイ〔オハイオの州木。オハイオのトチノキ〕の実を集めて袋に入れ、ポートランド市長テリー・シュランク宛てにカードを添えた。彼女は滞在が楽しかったと書いた。だが、かつての開拓者たちの多くと同じように彼女もこう書いた。「家族はみなこちらにいるので、私もここにいようと思います」

まあそんなところだった。家は今やホームベースのようなものではあったが。

20

道を拓く

1960年〜1968年

「あそこに座っておられますよ」とバスターミナルの所長は部屋の向こう側、木曜日の午後の人混みの方を指差して言った。「青いコートのご婦人です」

記者はバスターミナルの中を抜けて、その72歳の女性の方に向かった。白い手袋に白いブラウス、分厚いメガネ、そして2月の寒さから耳を温かく保つための冬用の帽子を身につけている。彼女はいらいらしているようだった。しばらくの間座っていたのだ。記者は自己紹介をした。

「あのバスがすぐに来なかったら、デイトンまで歩くことにするわ」と彼女は言った。

エマはオハイオ州チリコシーにいて、乗り物を見つけようとしていた。土曜日にはシンシナティにいなければならず、その前に息子のネルソンに会っておきたかった。

記者は標準的な質問をした。彼女がもう1000回も答えてきたような質問だ。「なぜハイクするのですか？」「なぜ一人で歩くのですか？」「どうやって原野で生き残れるんですか？」。彼女は全米キャンパーズ・アンド・ハイカーズ協会の終身会員に指名されて、オハイオの山中を抜けるハイキング・トレイルをつくろうとしているという話をした。数ヶ月前にエマが創立メンバーでもあるバカイ・トレイル法人という非営利団体の管理委員会が、エリー湖の南からザレスキー州有林を抜けてシンシナティに至るトレイルに目印をつける許可を州から得た。目印をつける作業《ブレイジング》には4、5年かかると予測された。この取り組みについて書いた記事の中で、『コロンバス・ディスパッチ』紙はエマのことを「全国で最も有名なトレイル・ウォーカー」と呼んでいた。

記者はトレイルをつくるために、どうやって体調を保っているのかと尋ねた。

「運動が一番大事ね」と彼女は言った。「石鹸ひとつ買いに2ブロック先に行くために車に乗る人が多すぎるわ」

「これからどこに行こうとしているんですか？」と彼は訊いた。

「ずっと船に乗りたいと思っていたのよ」とエマ。

1960年2月24日、ルーシーに手紙が届いた。エマはミシシッピ川の蒸気船、デルタ・クイーン号に乗っていた。15の州とカナダから集まった130人の乗客とともに、シンシナティから出発し、マルディグラ〔謝肉祭〕を見物するためにニュー・オーリンズに向かっていた。前日の夜、メンフィスの埠頭でデルタ・クイーンに搭載されたカリオペ〔蒸気オルガン〕の初演奏が行われた。岸辺では5000人の人々とメンフィス市長が聴き入った。「ここまではなかなかよい旅です。今晩は仮面パーティーが開かれるのよ」とエマは書いた。

2ヶ月後の4月28日、エマはジョージア州スプリンガー山から出発した。新しいアパラチアン・トレイル南端の場所だ。3度目のアパラチアン・トレイル全踏破の試みだった。120キロ行ったところのノースカロライナ州ディープ・ギャップで、大規模な倒木があり、彼女はハイクをあきらめなければならなかった。「あそこを通り抜けられるようにするためには、100人がかりで3ヶ月はかかるでしょう」とエマは地元紙に語った。

6月2日、彼女はペンシルヴェニア州ハーシー近くの全長137キロほどのホースシュー・トレイルでハイキングしているところを写真に撮られている。彼女はそこで青年たちのグループに、食料を持っていないか尋ねたのだった。

その13日後の6月15日、記者がエマを見つけたのは、そこから150キロ離れたペンシルヴェニア州ウィンド・ギャップだった。彼女は記者に「おおよそ北の方」を目指して、たぶんカナダまで歩くつもりだと話した。

「たくましく見えますね」と記者が言うと、

「どんな様子をしているといと思っていたの?」とエマ。

子どもたちには葉書などで連絡しているのかと記者は訊いた。

「書くことは書くけど、何も伝えたりはしません。大げさに騒いでもしょうがないじゃないの。ただやりたいことをするだけよ」

1週間後、エマはニューヨーク州ホワイト・プレインズにいる娘のルーシーのところにいて、足元で眠ろうとしたヤマアラシのことや石垣のそばで寝ていた時にネズミを蹴飛ばした話などをしていた。

2週間後、マサチューセッツ州チェシャーの住民が地元新聞社に電話をしてきて、「釘みたいに頑健な」ハイキングおばあちゃんがたった今その人の家を出て、近くのグレイロック山の山頂を目指していると伝えた。ナサニエル・ホーソン、ハーマン・メルヴィルやヘンリー・デイヴィッド・ソローなどが登りたいと切望していた、州の最高峰である。

数日後、『ノース・アダムズ・トランスクリプト』紙は、「ハイキング愛好家たちのおばあちゃん」がアパラチアン・トレイルを上空から見るために、お金を払って15分間の飛行をしたと伝えた。

その23日後の8月7日、オレゴン・トレイルを終えてからきっかり1年後に、エマは国境を越えてカナダに入り、ヴァーモント州のロング・トレイルを後にした。歓声をあげる群衆はいなかった。ただ木があるだけだった。それでもエマは嬉しかった。彼女はさっと手紙を書いて家族に送った。

きつい旅だったけれど、さまざまな障害にもかかわらず、最後までやり通せました。いくつかの山は、この歳ではかなり大変だったし、無理ではないかと何度も思いましたが、一方の足をもう一方の足の前に出し続けていたらカナダに着きました。キャビンやシェルターがたくさんあったので、戸外で寝ることはありませんでした。誰か他の人といっしょにキャンプしたのは3回だけ。北からスタートしていた2人の青年がいたけど、彼らは怠け者で朝から起きて出発してはいなかったから、たぶん歩き通せないのではないかしら。遠くまで行こうと思うなら、そのために努力しないとね。全部一人で歩いたけど、とにかく怪我したりしないように時間をかけました。ブレッドローフ山で子連れのクマに遭いましたよ。子グマが木に登って、親グマは「ウーッ、ウーッ」といいながら歩き回っていました。私はそこから9メートルほどのところにいて、クマたちがトレイルのそばにいるので通れませんでした。そこで戻って岩の上に数分間座っていたら、クマたちは行ってしまいました。ヤマアラシを一匹殺して、ローストにしました。火の中に入れて、針を抜いてから皮をはぎました。おいしそうだったし、匂いもきつくなかったのよ。レバーがよさそうだったので、棒に刺してローストしてから塩を振って一口かじり、一、二度噛んだ後吐き出しました。口の中にその後2、3日その味が残っていました。ヤマアラシは火にかざしてあったけれど、レバーを食べてみてあとは想像できたので、火の中にくべて最後まで焼きました。

今年は全部で1126キロ以上歩いて、スニーカーを2足だめにしました。歩いて旅をして身体に悪いなんてありません。今は72歳だけど、まだまだハイキングはできます。

＊＊＊＊＊＊

1960年にエマ・ゲイトウッドが船や飛行機で、そしてたいがいは自分の二本の足でアメリカ中を渡り歩いていた時、不思議なことが起こっていた。その年の4月に、イギリス人の落下傘兵、34歳のパトリック・マロニー軍曹と33歳のマーヴィン・エヴァンズ軍曹の2人が、サンフランシスコからニューヨークまでの徒歩旅行に出発した。1926年に立てられた79日間の大陸横断記録を破るために、彼らは70日間で旅をしようと目標を立てていた。

これはJ・M・フラグラーが『ニューヨーカー』誌に寄稿して、長距離歩行者エドワード・ウェストンの死と現代アメリカ人の徒歩人口の減少を嘆いてから間もなくだった。「今日では、長距離、持久力そして速さに挑む歩行というものが、アメリカでは失われた技能となってしまったのだ」と彼は書いていた。

歩行者がまた新聞の見出しになり始めた。落下傘兵だけではなかった。2人の軍人の後には、バーバラ・ムーア博士がいた。彼女はイギリス人のベジタリアンで、フルーツ、野菜、青汁の食事が肉とコーヒーというアメリカ人の食事よりも持久力をつけるのによいということ示すために、5230キロを歩き始めたのだ。彼女は試験的食事療法で自身が白血病から治癒したと主張していた。100歳で子どもを産み、150歳まで生きるつもりだ、とも言っていた。

このベジタリアン博士は、歩行中の大部分で食料補給車が伴走していたのだが、ニューヨークまでのどこかの地点で落下傘兵たちを追い抜くと断言していた。彼女は少なくとも一度、西部で2人が眠っている間に追い越したことがあった。2人は断じて競争はしないと言っていたが、すぐに抜き返した。インディアナ州ブラジルでムーアが車にはねられて入院した時には、彼らはずっと先まで行ってしまった。落下傘兵たちがペンシルヴェニア州ベスレヘムまで来た時、ベジタリアン博士は2人がヒッチハイクをしてごまかしたという言いがかりをつけていた。彼女は、2人が行程の3分の1近くを車に乗ったという供述書を持っていると記者に語った。2人は記録を破り、66日間でゴールした。ムーアは足をひきずりながら、85日間の厳しい徒歩旅行を終えてタイムズ・スクエアに集まった見物人たちの間に入っていった。彼女は落下傘兵たちはもっと楽なルートをとったのだと文句を言った。

エマは落下傘兵たちのことを知っていて、会ってみたいものだと記者に告げた。ムーアについてはどうなのか？　「会ってみるべきだという人もいるけど、会っても意見が合わないんじゃないかと思ってね」とエマは言った。

やはり何か新しいことが起こりつつあった。同じ年、『ニューズウィーク』誌はそのことに感づいていた。イギリスでは長距離歩行というものが流行していた。ベジタリアン博士や落下傘兵だけではなかったのだ。ある人はノリッジからロンドンまでの１７７キロを30時間で歩いた。その後、軍の補助部隊代表の２５０人の女性たちが、バーミンガムからロンドンまで歩いた。若者はみないくじなしだという考えを持っていたセント・オールバンズのクロノメーター工場主は、４００人の男性従業員たちに50マイル〔80キロ〕を15時間で歩くという課題を与えた。32人が挑戦し、16人が成し遂げた。

アメリカでは少し遅れたが、１９６３年には長距離歩行が嵐のように国中に広まっていた。「海兵隊員が行進し、女の子たちが行進し、ほとんどすべての人が行進している」とＡＰ通信は2月に書いている。この大騒ぎは、海兵隊総司令官のデイヴィッド・Ｍ・シャウプが、長い間埋もれていたセオドア・ローズヴェルト大統領による１９０８年の大統領令を再び世に紹介したことから始まった。この大統領令は海兵隊の健康基準を規定したもので、それによると、海兵隊員は3日間で50マイルを、合計で20時間の休憩で歩けるだけの体力を維持しているべきだとしていた。シャウプは歴史に敬意を表すために、ジョン・Ｆ・ケネディ大統領にこの文書を送った。ケネディは現代の海兵隊員たちがこのテストに合格できるだろうかといぶかったが、その数時間後、海兵隊司令部はノースカロライナ州キャンプ・ルジューンの第2師団の士官たちがこのテストを受けるよう指令を出した。ケネディはシャウプ宛ての手紙の中で、さりげなく次のように書いた。ローズヴェルトは「これらの要件を、海兵隊士官のみならず、可能なら大統領の家族や職員、内閣、さらにはワシントンのロック・クリーク公園に彼といっしょに無理やりハイキングに連れ出された不運な他国の外交官たちにまであてはめようとした」。その上、もしこのテストの結果が「現役海兵隊員の体力とスタミナが、かつての海兵隊員たちと少なくとも同程度であるなら、ホワイトハウスのスタッフの健康調査もサリンジャー氏に依頼して、個人的に調べて報告してもらおうと思う」と。

このチャレンジのことが知られるやいなや、不思議なことに、国中の人々が50マイルを目指して歩き始めたのだ。ボーイスカウトはイリノイ州でハイクを実施した。ワシントンDCでは長官たちが散歩をした。スタンフォード大学の学生たちも出発した。新聞に取り上げられたい政治家たちも、記者たちを引き連れて歩きだした。カリフォルニア州マリオン郡の高校生400人が50マイルに挑戦し、97人がやり通した。そのうち19人は女生徒だった。ロバート・ケネディ司法長官は、50マイルを17時間50分で歩いた。

「かかとの傷がニュー・フロンティアの年功記章になったのだ」とUP通信は書いた。

「エンジンで動くこの国で、ほとんど忘れられていた歩くという技能が、突然、かつて流行した金魚の丸呑み芸のように重要になった」とAP通信の記事は述べた。

「限りなく不可思議なアメリカ国民気質におけるこの反応は、まったく驚きである」と『ニューズウィーク』誌の記事は記している。「あらゆる年齢や条件で、大半は筋肉のたるんだ市民が、50マイルを目指して人類が初めて野生のガンを追いかけて以来の波乱に満ちた探求を始めたのだ」

＊＊＊＊＊＊

1963年5月のことだった。シェナンドア国立公園のトレイルを歩いていたパリス・ホワイトヘッドという人は、ふと見上げると高齢の女性が自分の方に向かってくることに気がついた。その女性は帽子をかぶり、スニーカーを履き、ビニールのレインコートを着ていた。彼女は包みを担いでいた。その姿はあまりにとっぴで、それが誰だか彼にはすぐにわかった。アパラチアン・トレイルの女王、エマ・ゲイトウッドだ。彼はエマについてありとあらゆることを聞いていた。すでにトレイルを2回歩いていること、ジョージ・ワシントンよりも多く人の家で寝泊まりしたことなど（「ジョージ・ワシントンがここで寝泊まりした」と不動産業者が宣伝文句にするほど、ワシントンは各地を旅した）。彼は後に友人のロナルド・ストリックランドにこの体験について語った。ストリックランドはその出会いの場面を『パスファインダー』という本にこう描いている。「トレイルのすべてのセクションを彼女が経験していることを知っていたので、私はどの部分が一番好きかと尋ねた。『下りの道だね、坊や』と彼女は答えた」

* * * * * *

1964年の晩夏、オハイオの自然保護主義者で『コロンバス・ディスパッチ・マガジン』の特集記事を担当していたメリル・C・ギルフィランが、ニューハンプシャー州ゴーラムの南、ピンカム・ノッチ小屋に現れた。そこでエマ・ゲイトウッドと会う約束をしていたのだ。エマは3度目のアパラチアン・トレイルのハイクを終えようとしているところだった。1日目にエマが姿を現さなかったので、彼は少し心配した。2日目になってプレジデンシャル山脈の谷の気温がマイナス1度を下まわり、心配はさらに増した。3日目になると、森林限界より上では雪になり、風速22から26メートルの風が吹いていた。4日目には、彼は本当に不安になった。彼がアパラチアン・マウンテン・クラブの山小屋システムの責任者に連絡すると、グランマを探し出そうと各小屋に無線で確認し始めてくれた。何度か試してみたものの、グランマの居場所は見つからなかった。山小屋の責任者は捜索願を出す時ではないかと思った。そこで合衆国森林局に電話をかけようとしていたちょうどその時、エマが見つかった。彼女はクローフォード・ノッチより3、4キロ離れたところにあるミズパー・スプリング・シェルターにいた。ギルフィランはすぐにエマと会うことにした。

エマが現れるのを待つ間、ギルフィランは何百人ものハイカーが来ては去っていくのを見ていた。小屋の主人は、日に200人ほどは通ると言っていた。ほとんどは大学生くらいの年齢で、最新のウェアと最高のバックパックと装備を身につけていた。

エマが雨に濡れながらトウヒの森から現れると、その違いは驚くべきものだった。彼女はムートンのベストを着て、トレイルで拾ったまだ使える手袋をつけ、肩にいつもの布袋を担いでいた。通りがかった若いハイカーたちはエマのことに気がついて、周りに集まり、トレイルについての質問をしては素直に感嘆していた。

だが、エマは怪我をしていた。初日に転んで膝を痛めていたのだ。怪我のために速く歩くことができなかったのでシェルターまでたどり着けず、その夜は野宿だった。数日後、一匹のジャーマン・シェパードに攻撃され、杖で追い払うことはできたものの、脚を咬まれた。その傷はまだ生々しかった。

ギルフィランが感銘を受けたのは、エマがそれでも幸せそうだったことだ。腫れも咬み傷も、エマには苦にならないようだった。彼女の顔には微笑みが浮かび、強い意志がにじみ出ていた。

「きつい生活を送ってきたからね、このトレイルはそう悪くない」と彼女は言った。

＊＊＊＊＊＊

ヴァーモント、ニューハンプシャー、メインを抜けるATの最難関のひとつをまた通り抜け、最後の一日はブイヨン・キューブとひとつかみのピーナッツのみでやりすごした後、1964年9月17日、77歳のエマ・ゲイトウッドはレインボー湖に到着した。そこは10年前の1954年にカタディン山から歩いてきた場所であり、3度目の踏破を完成させるにはもってこいの場所だった。

エマは全トレイルを3回歩いた最初の人となった。

新聞は彼女のことを「アメリカの——おそらく世界の——女性ハイキング・チャンピオン」「オハイオの名高いハイカー」「国内で最も有名な女性ハイカー」「ハイカーたちの生ける伝説」などと呼んだ。

いつものことだったが、トレイルは数ヶ所でひどい状態だったとエマは批判した。だが、前回よりはその数は少なくなったとも語った。

なぜハイクが好きなのかと問われ、エマは記者たちにこう語った。「おもしろそうだと思って始めたのよ」

＊＊＊＊＊＊

エマは家を売って、そのお金でガリア郡のチェシャーの町に小さなトレーラーハウス用の駐車場を買った。駐車場の維持はなかなか大変だった。賃借人たちはゴミやぼろ切れや空き瓶を外に置きっ放しにするので、彼女は賃借人が出かけている間に片付けをしたり、周囲の草木を肉切り包丁で刈り込んだりした。ガス式芝刈り機が壊れると、手押し芝刈り機で草を刈った。ぼろ切れはキルトにしたり編んだりし、手紙を書き、学校の全校集会で話をし、メソジスト教会の窓を掃除した。
エマは人生のたそがれを、驚くほど細かく日記に記している。

１９６７年5月19日

今日は鍬とシャベルで、駐車場の周りの道路に取り組んだ。排水のための溝を掘り、高い場所はならした。井戸を掘ったところの周囲の芝をはがし、5杯分の土を手押し車で運んで盛り土をした。それから芝土を戻して水をやり、シャベルでたたいた。歩道のブロックを元に戻した。鍬で掘ってから、キュウリを2山、パンプキンを2山、ピーナッツを4山植えた。その周りに、ウサギよけのフェンスを建てた。ゴミを燃やした。道を下ってアスパラガスを収穫し、レタスとイチゴを少し穫った。郵便局に行った。土台を修繕した。疲れた。

エマはあいかわらず旅を続け、特に毎年行われる全米キャンパーズ・アンド・ハイカーズ協会の集会には出かけた。アウトドア好きが時には1万人も集まるその集会でも、彼女はおきまりのように報道陣

全米キャンパーズ・アンド・ハイカーズ協会の集会にて。
1965年
（ルーシー・ゲイトウッド・シーズ提供）

によって見つけ出された。

「おばあさんがハイキングをしていることがただ信じられない人たちがいるんです」と、彼女はカンザスの集会で『サリーナ・ジャーナル』紙の記者に語った。「お金でももらわない限り誰もそんなことはしないと思っているのね。おかしな話よ。トレーラーハウス駐車場でがむしゃらに働いているのに、私がハイキングに出かけると言うと、歳だからやめた方がいいなんて言うんだから。ちょっと前に屋根に上って木の枝を切ったけど、そのことについて何か言ってくる人はいませんでしたよ」

家に戻ると、彼女はガリア郡を抜けるハイキング・トレイルを切り拓き、目印《ブレイズ》をつけ始めた。いつの日かそのトレイルがシンシナティとエリー湖の間に計画されているバカイ・トレイルとつながることを考えていたのだ。彼女はオハイオ川沿いを探索して48キロほどの道を拓いた。そしてコマツグミの卵のような青い色のペンキで、幅5センチ、長さ15センチの目印をつけた。農場主に私有地を横切る許可を得るための交渉をし、鉄条網のフェンスを越えるための、人だけが通れる踏み越し段を丸太と岩で作った。朝の7時から夕方6時までトレイルづくりに励んでいる、82歳のエマの姿がそこにあった。たった一人、森の中で。「仕事を得ようとしたらもう歳だと言われますよ。だけど、たいていの若い女性よりも『歳を取りすぎて』からの私はいろいろなことをやってきました」と彼女は地元の記者に語った。

エマの仕事に対して、オハイオ州知事ジェイムズ・ローズは、オハイオ州アチーブメント・デイに、コロンバスの野外会場で州環境保全賞を授与した。その後、彼女はノースカロライナ州フォンタナ・ダムに飛んだ。紅葉ハイキング・ウィークの特別ゲストとして迎えられたのだ。

これだけの注目を浴び、名誉を讃えられながらも、エマは一人で自然の中にいることに心の平安を見出していた。珍しい花や満開のハナミズキを探して彼女は田舎を歩き回るのだった。「今日は野生のリンゴを探しに山に行きました」と彼女は娘宛ての手紙に書いた。「アメリカイワナシがあちこちにあったし、木が生い茂った峡谷があって探検したくなったわ」

P・C・ゲイトウッドは1968年に病に倒れた。老齢になった彼は孫をかわいがるおじいちゃんに

シンシナティにて。
1971年
（ルーシー・ゲイトウッド・シーズ提供）

なり、クラウン・シティーという小さな村の村長を数期にわたって務めた。多くの人にとって彼は公正な働き者で、愛するおじいちゃんであり、ひいおじいちゃんだった。子どもたちが彼と接することはあまりなかった。子どもたちの何人かは、彼に面と向かって、母親に対する仕打ちを問い詰めたこともあった。子どもたち自身が見聞きしたことについてだ。彼はそのことについては記憶がないと主張した。エマの評判についてP・Cが何か言ったかどうか誰も覚えていないが、子どもたちは彼が知っていたに違いないと思って

フォンタナ・ダムの近辺にて。
1970年
（ルーシー・ゲイトウッド・シーズ提供）

いる。

息子のネルソンによれば、彼は死ぬ数日前に最後のお願いをしたという。エマに会いたい、と。ほんの一瞬でよいから、来て戸口に立ってほしいと。

彼と別れてから1万6000キロ以上も歩いた女性は、そこまでの数歩を歩くことは拒んだのだった。

＊＊＊＊＊＊

エマの家族は、彼女の居場所を逐一突き止めようとはしなかった。彼女はただガリア郡からいなくなり、また新しい土産話とともに戻ってくるのだった。

「あるハイクでインディアンに会ったわ」とハンティントンで彼女はクスクス笑いながら記者に語った。1972年のことだ。

去年の夏、ラトランドを後にして登っていたの。尾根を登って、反対側に下りようとしていた時のことよ。フェンスの向こうに足を置こうとして、見上げると森の中に人が見えた。彼は銃を持っていた。森の中で銃で撃たれるために今まで生きてきたわけじゃないから、「撃たないで。私はグランマ・ゲイトウッド。ここいらの森はしょっちゅう歩いているのよ」と言ったの。彼の顔立ちからインディアン、少なくともインディアンの血を引いている人だとわかったし、彼の表情からゲイトウッドなんていう名前は聞いたことがないということもわかった。すぐに別の人もやってきた。2人はポーツマスからエリマキライチョウを獲りにきたのだと言って、はたして最初の一人はインディアンの血を引いていることがわかったのよ。「こいつは俺が知っている誰よりも森のことをよく知っているんだ」と二人目の人が言うと、最初の人は微笑んで私の方を見て言ったわ。「森の中でいろんなものを見てきたけど、今まであんたほど変わったものには出会ったことがないね」

エマの歩行距離はさらに伸びて、2万2530キロ以上になった。地球を半周するよりも多く、彼女は少数の驚異的な徒歩旅行者たちの仲間入りを果たした。

21

記念碑

1973年

エマが好きだった場所がひとつあるとすれば、それはオハイオ州南東部の丘陵にあるオールド・マンズ・ケーブと呼ばれるところだった。そこは息を呑むような素晴らしい砂岩の峡谷で、沢と地下の伏流水によって形づくられていた。渓谷を通る沢は、蛇行しながら滝や渦巻く淵など変化のある地形を抜けて、800メートルの区間に30メートルの落差を流れていた。しっとりとした涼しい谷間にはベイツガやカナダイチイなどの典型的な北方の樹木が育った。何千年も前に氷河が後退して以来、生き残ってきた樹林だ。

冬には滝が凍って美しい氷の芸術を生み出した。

この渓谷がオールド・マンズ・ケーブと呼ばれるのは、リチャード・ロウという名の世捨て人が、かつてここに住んでいたからだ。ロウはオハイオ川で1800年代初頭まで父親の貿易の仕事を手伝っていたが、その後、孤独な暮らしを求めて森に入った。数年間彼の消息がなかったことがあり、もう死んでしまったものと思われていた。だが彼は戻ってきた。彼が知人に語ったところによると、兄に会うためにオザーク山脈まで歩いていったのだが、その兄はすでに亡くなっていたという。寡婦となった兄の妻に、彼はホッキング・ヒルズの峡谷に金を隠して埋めてあるから、それを持ってきて世話をしようと言った。ケーブに戻ったロウは、ある朝水を飲むために外に出た。氷を砕くためにマスケット銃の銃床を使ったのだが、銃は彼のあごの下で暴発してしまった。数日後にわな猟師たちが彼の遺体を発見し、樹皮で包んでオールド・マンズ・ケーブの縁にある岩棚の砂地に埋めた。

「あそこの崖はきれいでね。実際、アパラチアン・トレイルで私が見た何よりも、もっと興味を引かれるのよ」とエマは言っていた。

1967年以後、毎年1月にエマは赤いベレー帽をかぶり、ホッキング・ヒルズを抜けてオールド・マンズ・ケーブを歩く10キロ弱のハイクを導いた。全米各地から人々がやってきた。新しい友人もたくさんできた。84歳になった1972年にも、ペース配分を決めるのは彼女の仕事だったが、下りでは難儀した。膝の下の部分、特に裏側が痛かった。エマは運動をしてこの痛みを和らげようとしていたが、痛みはなくならなかった。「森に出かけたいと思っても、戻ってこられるかどうかわからない」と彼女

は数ヶ月後にある女性に語った。オールド・マンズ・ケーブのトレイルはところによっては険しく、道に沿って生えている木々の節くれだった根をよじ登らなければならないようなところもあった。ついに老いがエマを屈服させようとしていた。彼女は冬の風景の中を歩こうともがいていた。
もはや安全にハイクができなくなると、険しい場所では男性数人が彼女を担いで運んだ。

＊＊＊＊＊＊

翌1973年、これが彼女の最

後のイベントになると感じた主催者は、その年の冬のハイクをエマの記念行事とした。エマはもてなし役となり、トレードマークのベレー帽をかぶってトレイルヘッドに立ち、懐かしい友人たちを迎えた。2500人以上のハイカーがやってきた。ランチ休憩の時に、「オハイオ州のアウトドア・レクリエーションにおける傑出した貢献」により、エマはコミュニティ・アクション州知事賞を授与された。

その春、エマは85ドルのオープンチケットでバス旅行に出かけ、48州とカナダの3州を訪ねた。行った先ではほぼどこでも、友人や家族に会った。5月には家に葉書を送っている。「世界で最も眺めのよいハイウェイ」ペンシルヴェニア・ターンパイクの絵葉書だった。彼女の文字は震えていた。「なかなかいい旅よ」と彼女は書いた。彼女はヴァージニア州フォールズ・チャーチに立ち寄って、エド・ガーヴィーを訪ねた。ガーヴィーは『アパラチアン・ハイカー——生涯の冒険』という1970年に行ったスルーハイクについて書いた本を出していた。エマは彼に、名前はもう思い出せないが、苔に覆われた山頂で迎えた夜のことを語った。星々が、真っ黒な毛布に開いた無数の針穴から光がこぼれているように見えた、あの時のことを。

「空気が澄んでいて、手を伸ばせば星をつかんで引っ張り下ろせるように見えた。そこで横になって眺めていたのよ。そんな風に見えて、とても素敵で、そして……ああ、本当にあの夜は楽しかった。そこに生えていた植物はそこそこの厚みがあって、ふかふかだった。小さな松がたくさんあの辺りにはあってね。私は身をかがめたのよ、風をよけるために身をかがめた、わかるでしょ？　あれは本当に素敵な夜だった。そして横になってあの星と月を眺めたのよ」

バス旅行の最後の行程、フロリダで、エマは初めてエアコンの空気に触れた。それは冷たく、肌に不自然な感触だった。5月下旬に家に戻った彼女はやや具合が悪かった。彼女はそれをバスで人工的に冷えたせいにしていた。それでも働き続けた。庭の土づくりをし、鍬入れをし、耕した。インゲン、ジャガイモ、キンレンカ、トウモロコシ、豆類を植えた。遠くに住む家族に何通か手紙を書いた。日曜学校と教会に行き、友人とスクラブルのゲームをした。花壇の周りを掃除し、歩道を掃いた。土曜日にまた庭仕事をし、日曜日に息子のネルソンに電話をかけて、具合がよくない、何かおかしいと言った。生涯でたった一度しか病気になったことがない彼女が、そう言ったのだ。ネルソンは救急車を呼び、親身になってくれたパトカーに並走されながら病院に駆けつけた。母親は昏睡状態だった。

翌朝、1973年6月4日、ネルソンの妻と妹がエマのベッド脇に座っていた時、エマは目を開け、それから閉じた。そして「リパブリック讃歌」の数小節、「わが眼は主の降臨の栄光を見た」をハミングした。

エマはハイカーとして「全米そして世界中の名声」を得た、と新聞の追悼記事に書かれた。ある記事には、エマが雑誌の記事を読んでトレイルについて知ったという、娘のロウィーナの言葉が引用されていた。「母は言いました。『もしあの人たちにできるなら、私にもできる』と」

オハイオ州上院議会は、エマを記念して決議案を可決した。エマの功績を認め、彼女がバカイ・トレイルの創設者であり「数多くの人、特に若者たちの意欲をかき立て、アウトドアを楽しむこと、人と自然環境の関係について興味を抱かせた」と。

エマ・ロウィーナ・ゲイトウッドは、ガリア郡のオハイオ・ヴァレー・メモリアル・ガーデンズの美しい丘の土の中に埋められた。墓石にはただこう書かれている。

エマ・R・ゲイトウッド
グランマ

2012年6月7日

ルーシー・ゲイトウッド・シーズは、ペンシルヴェニア州ボイリング・スプリングスの山岳リゾートにあるロッジに一人で座りながら、家族が夕食のために着替えてくるのを待っている。彼女は鳥の声に耳を傾けながら、大きな窓ガラス越しに、ロッジ周辺の背の高い木々を眺める。昔ほど鳥の声を聞き分けることはできないが、少し長いこと聴いていれば鳥の名前は思い出せる。

84歳という歳のわりに老けていない。短く切った白髪で、前髪が額の方にカールしている。花模様のブラウスのボタンは上まで留められている。

家族のほとんどがここにいる。息子2人と娘が1人。そして孫が3人。姉のルイーズもやがて来るだろう。

ルーシーはロッジに向かって歩いて来る男性を見つける。あごひげを生やし、ザックカバーで覆った大きなバックパックを背負っている。中に一歩入ってくるとびっしょり濡れているのがわかる。男性は荷物を下ろさずにドアのそばに立ったまま、手から雫を振り払っている。

ルーシーが手を振ると、彼は微笑む。

「トレイルから来たの？」と彼女は尋ねる。

「そうです。たった今ね」と男性は言う。

「ルーシー・ゲイトウッド・シーズです」。男性が近づくと、ルーシーは言った。「グランマ・ゲイトウッドは私の母なのよ」

「まさか！」。彼は握手するために手をさしのべながら言う。「お母さんのことを本で読みましたが、信じられませんでしたよ。本当に感動しました」

ルーシーは微笑む。

「3回も行ったんですよね？」と男性は尋ねる。

「スルーハイクが2回、そして1回はセクションで」。ルーシーが答える。「それに母はオグルソープ山からスタートしたんです。今のスタート地点のスプリンガー山でなくね。だから、今より距離も少し長かったんですよ」

「僕がここにいるのも、彼女がひとつの大きな理由です。僕はスタッツ」と彼は言う。

「こんにちは、スタッツ。私はルーシー」

彼女は男性が濡れているのも構わずに抱き寄せた。

「グランマ・ゲイトウッド。この名前は忘れたことがありません」と彼は言う。

スタッツの本名は、クリス・オドムという。物理学者で以前はロケットの科学者だったが、現在はクエーカー寄宿学校で物理を教えている。今日は彼がトレイルに出てから87日目で、トレイルの半分の地点に近いこのロッジに泊まることにしていた。家族とまもなく会う予定だからだ。彼は大学生だった22年前に、ガールフレンドの父親の家で壁に貼ってあった地図を見てトレイルのことを初めて知った。地図のことを尋ねると、彼女の父親はATに関する本を2冊貸してくれた。そのうちの1冊がグランマ・ゲイトウッドについての本だった。

そこにはこう書かれていた。「エマ・ゲイトウッド夫人、トレイルではグランマ・ゲイトウッドとして知られているが、彼女は2000マイルのアパラチアン・トレイルを踏破したハイカーたちの中でもおそらく一番名が知られている人だろう。スルーハイカーならほとんど誰でも、トレイルで聞いたお気に入りのグランマの逸話があるものだ。彼女は伝説的な人物だった」

スタッツはルーシーと写真を撮りたがった。２人は暖炉のそばに立った。

「あなたはどう思っていたんですか？　彼女が旅に出た時あなたはもう大人でしたよね。心配しましたか？」。彼は尋ねた。

「いえ、いえ、いえ。母は驚くべき人でしたから」とルーシー。

「あなたのお母さんは22年前に僕の心に火をつけたんです。彼女の話に僕は夢中になりました」

これがグランマ・ゲイトウッドから受け継がれた遺産の驚くべき現実だ。エマの話はどういうわけか、それを知った者にとって、男であろうが女であろうが、世代にかかわらず、やる気を起こさせるのだ。

エマのハイクは、他の何よりもトレイルに耳目を集めさせた。長く白いあごひげに登山靴といういでたちでルーシーに自己紹介したケン・〝バカイ〟・ボードウェルにとっても同様だった。ケンが初めてATについて聞いたのは、シンシナティの家で父親がエマの記事を声に出して読んでくれた時だった。父親はエマの行程に合わせて新聞記事で追い続けた。中学生になって、ケンは自分もトレイルに行きたいと思うようになった。

「それがひとつのきっかけとなって、トレイルが心の中から離れなくなった僕は『アパラチアン・トレイル病』にすっかりとらわれてしまったんだ。ATのことを聞いたら、もうそれで虜になってしまう輩がいるんだよ」と彼は言う。

彼は１９６５年から少しずつトレイルをセクションで歩き始め、昨年の夏に最後のセクションを終えた。「彼女のおかげでトレイルのことをたくさんの人が知るようになった」とボードウェルは言う。「トレイル最大の広告塔の一人じゃないかな。高齢の女性が一人で全トレイルを歩くだって？　いくら金を積んだってなかなかできない宣伝だよ」

2人目のスルーハイカー、ジーン・エスパイもここに来ていた。この元ボーイスカウトは、グランマ・ゲイトウッドのハイクについては1970年代になるまで聞いたことがなかったが、知るに及んですっかり感銘を受けた。彼にはトレイルのガイドがいたし、小型テントやしっかりした装備があったのは言うまでもない。「あんな風に肩に荷物を担いでいけるなんて、すごい芸当だと思ったよ。登ったりなんだりするのに手を使わなきゃいけないからね。すごい芸当だよ」と彼は言った。

エマの話がどこまで広がったのかを科学的に検証するのは難しい。だがインターネットで相互につながることが可能になったここ20年の間に、多くのハイカーたちが自分たちのアウトドア体験をオンラインで日記に書き込むようになり、人気のある交流・情報交換サイトのひとつ、TrailJournals.com で検索すると、「グランマ・ゲイトウッド」関連の投稿が読みきれないほど出てくる。「グランマ・ゲイトウッドを忘れるな！」というように力強く訴える投稿もある。より深い影響について語りかけるものもある。

「昔まだ子どもの頃に、私の家族は全米キャンパーズ・アンド・ハイカーズ協会（ＮＣＨＡ）に入って盛んに活動していました。ＮＣＨＡの最初の集まりに両親と姉といっしょに参加した時、グランマ・ゲイトウッドが名誉ゲストになっていて、私はミズーリ州のレイク・オブ・ジ・オザークス州立公園で彼女に会いました」と、グラニー・フラニーと名乗るハイカーは書いた。「彼女は私たち子どもを州立公園内のトレイル・ハイクに連れて行ってくれました。ハイキングをする元気なおばあちゃんは本当に楽しい人でした。大きくなったら私もこうするんだ、と思ったものです」

「長年、グランマ・ゲイトウッドのことが心の中にずっとあって、このハイクができない理由をあれこれ考えた時には彼女のことが励みになったものです」。そう書くのは、ロッキーという女性だ。

ゲイターガンプはこう書いた。「ギョー山の頂に登る途中の道で、私はグランマ・ゲイトウッドの霊に会ったんです。彼女は私が息も絶え絶えで気絶しそうになっていた時に、私に近づいてきました。古い写真を見ていたからすぐに彼女だとわかりました」

アパラチアン・トレイルを研究する者、その歴史を隅から隅まで知り尽くしている者にとって、エマが遺したものを忘れ去ることはできない。「彼女のおかげでアパラチアン・トレイルは注目を集めた」と『アパラチアン・トレイルを歩く』の著者であるラリー・ラクセンバーグは述べた。「彼女のハイクは多くの人々に刺激を与えた。どんなに悲惨なハイクでも、どんなに困難なトレイルでも、いつでもグランマ・ゲイトウッドを指差して言うことができる。『ほら、彼女はやったんだよ』と」

注目されたこと以上に、あるいは彼女の批判がよく記録されてトレイルの維持管理が改善されたこと以上に、何よりもエマのハイクそのものが、このウィルダネスを行く長距離自然歩道とアメリカの大衆との心理的障壁を崩したのだ。エマが人々にＡＴを紹介し、同時にスルーハイクを達成可能なものにした。大袈裟な装備もガイドブックもトレーニングも、若さでさえ必要ない。ただ一方の足をもう一方の足の前に出すだけでよい。それを５００万回行えばよいのだ。

「彼女はスルーハイクの不自由さを存分に味わった唯一の人間だと自慢しているが、おそらくそのとおりだろう」とエド・ガーヴィーは亡くなる前に語った。「ハイカーが絶対に持つべきだと考える装備のほとんどを彼女は持っていなかったが、〔歩きたい〕欲望というひとつの要素を備えていた。それが目一杯あったから、他のものはいらなかったんだ」

ラクセンバーグを含むＡＴの研究者たちの多くは、ガーヴィーこそがアメリカをスルーハイクに向かわせた人物だとしている。確かにガーヴィーの著書『アパラチアン・ハイカー』には実用的なアドバイスが書かれていてとても人気で、彼が１９９９年に亡くなった時には第3刷が出ていた。この本も、そしてガーヴィーのハイクも、大衆紙でかなり取り上げられた。１９７０年のガーヴィーのスルーハイクとその後に刊行された著書がＡＴの転換点だったと多くの人が指摘するのは、ひとつには同じ頃スルーハイカーの数が著しく増え始めたためだった。１９３６年から１９６９年の間に記録されたスルーハイクの数は、わずか59だった。１９７０年から１９７９年では、その数は７６０になった。急上昇である。１９８０年代にはそれが倍になり、１９９０年代にはさらにまた倍になった。６０００人に近い人々がＡＴの全トレイルを２０００年から２００９年の間に歩いている。そしてそれが皆ガーヴィーの本から始まっているように見えるのである。

少し細かく見てみよう。1964年にエマ・ゲイトウッドが全トレイルを3度目に踏破した時、同じ年に踏破した人は4人いた。その後の3年間では8人しか歩き通していない。それから1968年に6人。1969年に10人。1970年にもう10人。ガーヴィーがハイクした年だ。1971年になると驚くべき事態になる。その数が倍になり、21人が2000マイルのハイクを終えている。それまでで一番多く、また前年より倍以上の2000マイラーの数だ。ここで重要なのは、『アパラチアン・ハイカー』が世に出たのは1971年12月1日であって、これら21件のハイクが終了した後だったということだ。故ガーヴィー氏への敬意は変わらないが、スルーハイクの数が急上昇したのは彼の本が出る前のことだったのだ。

「エマは一般大衆に、トレイルに対する知識の扉を開いたんです」。そう語るのは、自身もアウトドア経験が豊富な、アパラチアン・トレイル博物館の会員資格担当幹事ロバート・クロイルだ。「彼女のハイクで、トレイルにぜひとも必要だった注目が集まりました。彼女のおかげで高まったトレイルへの関心がトレイルを維持することへの関心となり、それが今日まで続いているのです」

「彼女は庶民の象徴となり、ATがすべてのアメリカ人のものだというシンボルになりました」とアパラチアン・トレイル保全協会の情報サービス部長、ローリー・ポッタイガーは語った。「彼女は他の人とは比べものになりません。アール・シェイファーが遺したものもありますが、大衆のヒーローという点では、彼女がATの歴史の中で特別な地位を占めています。彼女の話は聞いた人を虜にしますよ」

ルーシー・ゲイトウッド・シーズが家族とともにボイリング・スプリングスにいるのは、グランマ・ゲイトウッドがアパラチアン・トレイルの殿堂入りをするからで、ルーシーはある意味でその精神の継承者だったからだ。エマの子どもたちのうち存命の4人は、一番年下のルーシーを含め、皆幸せな生活を送り長生きしている。ルーシーは母の手紙や日記、写真をすべて保管していたし、新聞記事や日記のコピーを作成し、スクラップブックにまとめて関心のある人に見せていた。博物館に古い靴やバンドエイドの缶、デニムの袋などの思い出の品を寄贈もしている。彼女は母親の遺したものを守っているのだ。

作家のビル・ブライソンがATについて書いたベストセラー本（『ビル・ブライソンの究極のアウトドア体験――北米アパラチア自然歩道を行く』（中央公論新社））で、母親について触れていると知り、ルーシーはその箇所を探してみたところ、好意的に書かれていないと感じた。

「すべてのスルーハイカーの中でおそらく一番有名で、確かに一番多く書かれているのは、エマ・〝グランマ〟・ゲイトウッドだろう。変わり者で装備も乏しく、自らを危険にさらしていたにもかかわらず（彼女はいつだって道に迷っていた）、60代後半で2度トレイルを歩くことに成功している」

ルーシーはすぐさまこの筆の立つ作家に手紙を書いた。彼自身はATの39・5パーセントしか歩いていない。

「変わり者だったのかもしれません。でもどうぞ思いやりを持ってください。決して道に迷ったのではなく、違う方向に行ってしまっただけなのです。あなたもいつかトレイルを踏破する満足感を味わえることを願っています」と彼女は書いた。

ルーシーの腕の見せどころがやってきた。母親が初回の殿堂入りを果たさなかったことを知って彼女はがっかりしていた。そこにはマイロン・エイヴリー、ジーン・エスパイ、エド・ガーヴィー、ベントン・マッケイ、アーサー・パーキンス、アール・シェイファーが含まれていた。ルーシーはこのことを世に知らしめた。2回目の殿堂入りが発表された時、彼女は喜んだ。

「私が死んでいなくなったら、きっと私の記念碑が建てられる」とエマはルーシーとルイーズに言ったことがあった。確信を持った言い方だったが、決して尊大には聞こえなかった。

エマは正しかった。道をさらに行ったところにある〔AT博物館内の〕「殿堂」には、エマの木製の胸像が棚の上にあって、展示ケースには説明書きがあった。エマはATハイカーのうち3部門でパイオニアとなった。シニア、女性、そして「ウルトラライト」だ。ウルトラライトは、ミニマリストのハイキング・スタイルで、できるだけ少ない荷物で歩く。最近の流行りだ。彼女からヒントを得て、シェルターにもなる軽量のレインケープも作られ、ゲイトウッド・ケープと名づけられた。

エマはハイカーの中でも選り抜きのハイカーの地位も保ち続けている。彼女の3回目のATハイクから40年ほど経ったが、アパラチアン・トレイル保全協会の記録によると2000マイルを3回歩いたのは女性8人と男性55人だけだ。

「母は自分の行ったことすべてに誇りを持っていたし、それによって世間の注目を集めたのです。だから、これからも注目されるだろうし人々の記憶に残るだろう、と母は思っていました」とルイーズは言った。

式典の時間になり、ルーシーは心の準備ができている。以前にも同様のスピーチをしたことはあったが、今夜は特別だ。アレンベリー・リゾート・インのホールは、ハイカーや政治家、慈善家、ATを次世代に残すことに関心を持っている人々でいっぱいだ。彼らはトレイルの重要性や不確かな未来、開発の脅威やウィルダネスの保護がいかにすべての人の関心事であるかを語る。パイオニアについての話になった時、ラリー・ラクセンバーグがエマについて語った。

「大半の女性は快適な暮らしを送ることで満足するでしょう」と彼は言う。

「多くの人が彼女のことをスルーハイカーの最初の有名人と呼んでいます。彼女は歴史に名を残すハイカーなのです」

ルーシーが演壇に呼ばれる。聴衆は静かに見守る。

「みなグランマ・ゲイトウッドと呼びますが、私は彼女をママと呼びます」とルーシーは話し始める。

＊＊＊＊＊＊

今でも訊かれる。

ルーシーが行くところ、グランマ・ゲイトウッドの話が出るといつでも、人々は彼女がなぜそんなことをしたのか知りたがるのだ。驚くことはない。この一般的な問いは、少なくともひとつの学術的研究のきっかけにもなった。2007年に行われた「なぜ人はアパラチアン・トレイルを歩くのか――その恩恵についての質的アプローチ」という研究である。野外にいること、ハイキング、人生の喜びと楽しみ、温かい人間関係、体力の限界への挑戦、仲間意識、孤独、そしてサバイバルという、よくある理由が標準的な答えだということを研究者たちは認めた。

エマの様々な答えを、額面どおりに受け取ることは簡単だろう。なぜ自然と腕試しをしたのか、あまりじっくりと考えなかったのかもしれない。最初は彼女が言ったとおり、楽しそうだったからなのかもしれない。あるいは山の向こうにあるもの、そしてその次の山の向こうにあるものを見るという、本能的な必要性だったのかもしれない。最初の旅はそれで説明がつくかもしれないが、1度目でその旅が困難で、痛みを伴うものであり、『ナショナル・ジオグラフィック』の記事が描いたバラ色の世界はうそだったことがわかったのだ。

そして彼女はまた旅に出た。そしてまた。ここで私はわからなくなる。もちろん、ビル・ブライソンが書いたように、彼女は変わり者だったと片付けることもできるだろう。だがそれでは簡単すぎて説明がつかない。つまるところ、エマは実際トレイルではよい仲間をつくり、再訪すれば喜んで迎えてくれ

る友人もできた。それは余興に出てくる変人だからではなかった。エマは読書家で、話し方も上品で、白い手袋をはめるような礼儀正しさもある人だった。確かに自分が認めないことをされたり言われたりすると、上品さをやや曲げて思い知らせることはあった。だがエマが変わり者だと言うのは、彼女が歩くこと自体が変わっていると言うのと同じだ。エマが運転をしなかったことは知られている。それに日頃から友人を訪ねるために5キロや10キロ歩いて行くことが、彼女には日常茶飯事だったことも知られている。長距離ハイクはた

だその延長にすぎなかったのだ。A地点からB地点へ移動するための手段だったのだ。変わり者か? それは違う。

ルーシーは、母親がトレイルをスルーハイクする最初の女性になりたかったのだと考えており、それには一理ある。だがその説には少々問題がある。エマがトレイルのことを知ったのは1949年に出た雑誌からで、最初のスタートの5年前だということを考慮すれば、である。その間、エマがトレイルのことを見たり読んだりしたという記録はない。とすると、その間に誰か別の女性が最初のスルーハイカーになったかどうか、エマはどうやって知り得たのだろうか? 普通に考えればルーシーの言うことは正しい。だが、女性で最初のスルーハイカーになることが第一の動機だったとしたら、彼女の前に他の女性が歩いたかどうかを確かめたのではないだろうか?

エマ・ゲイトウッドは正直な人だったと私は思う。同時に、エマが用意していた答えは見せかけの答えだった可能性もあると思う。それらは、彼女が「寡婦」ではなかった時にはまともに答えられない問いに対する正直な――ただし不完全でもある――答えだったのである。だがエマには秘密があった。彼女は自分の流す血を味わわされ、肋骨が折れるのを感じ、留置場の独房の中も見た。エマが最初の女性スルーハイカーになろうとしたということは、彼女が何かに向かって歩んでいたと信じることだった。それが本当の真実かどうか私にはわからない。彼女が何かに向かっていたのか、それとも何かから遠ざかろうとしていたのか、私にはわからないのだ。

10以上もある彼女の答えから、私がこの問いに対する最良の答えだと思うようになったものがひとつだけある。真実と決意のこもった、公共の記録に残る平叙文だ。その発言は同時にある秘密を露呈してもいる。そこには明確であり、かつ隠された何かがある。美しく、独立していて、神秘的で勇敢な何かだ。言葉と言葉の間には逃避もある。虐待や抑圧からの逃避。年齢や義務からの逃避。終止符で終わっているが、疑問符だった可能性もある、1000隻もの船を進水させられるほどの力強い4語。そしてそれは言葉足らずではあっても、満足のいく答えでもある。

エマは記者に言った。「そうしたかったから（Because I wanted to.）」と。

エピローグ

2013年1月の第3土曜日の夜明け前、私はルイーズ・ゲイトウッド・ラモットをオハイオ州コロンバスの北にあるコンドミニアムから連れ出して、車で数時間南東に行ったところのホッキング・ヒルズ州立公園に向かった。私たちが到着した時、公園周囲の駐車場には続々と車が入ってきていて、家族連れが車から出てバスに乗るために行列をつくっていた。3、4台のスクールバスが丘を下ったトレイルヘッド〔トレイルの起点〕まで連れて行ってくれるのだった。

その朝はひどく冷え込んでいて気温は零度に近かったので、ハイカーたちはしっかりと備えをしていた。彼らは頭のてっぺんからつま先まで、パタゴニア、コロンビア、ザ・ノース・フェイス、イーグルクリーク、キャメルバックなどの最高の装備に身を包んでいた。カラビナに鍵をじゃらつかせ、手首にはストックがぶら下がっていた。ポケットには手を温めるための使い捨てカイロが入っていた。中年の男女が座って爪のついた仕掛けを靴の底に取り付けていた。登山靴につけるスノーチェーンだ。ルイーズ——神のお恵みを——は灰色のジャケットとスラックスを着て、ローカットのナイキのスニーカーを履いていた。「手袋はいらないわね」。レンタカーから降りながら彼女は言った。あと2ヶ月で87歳になる彼女に忠告したいのは山々だったが、手袋のことを後でとやかく言うつもりはなかった(「娘たちは私のことをまるで子ども扱いするのよ」と憤懣やるかたない調子で彼女が言うのを聞いたからだ)。

コロンバスに降り立った時は、彼女がホッキング・ヒルズまで同行したがるとは、正直言って思いもしなかった。毎年恒例の48回目の冬のハイキングに参加する前に、ちょっと寄ってあいさつしようと思っただけなのだ。だが、彼女はぜひ行きたいと言った。そして今ここで寒さの中、母親の細い杖を握りしめながらこうして立っている。グランマ・ゲイトウッドの最後の冬のハイクから40年経った。エマの娘がこの機会を逃すわけがない。

もうひとつ予期しなかったことは、群衆だ。私は州立公園が好きでよく行く。テキサス南西部の美しいビッグ・ベンドのキャンプサイトがテントでいっぱいなのも見たし、暑いフロリダの午後に湧水が人で埋まっているのを目にしたこともあった。だが、人生でこれほどたくさんの人が一時にひとつの公園に集まっているのは見たことがなかった。迷彩柄のつなぎや市松模様のハンティング・キャップがなかったら、その光景はまるでロックコンサートのようだった。何千人もの人たちがいた。老いも若きも、痩せている人もいれば太っている人もいた。車が至るところ、草地の上に停まっていた。一列になって歩きながら車のナンバーを見ると、ウェストヴァージニア、イリノイ、ミシガン、ケンタッキーそしておかしなことにニューメキシコまであった。私はファンネルケーキを売るカーニバル・スタンドがあるのではないかと半分期待したくらいだった。

シャトルバスにようやく乗ることができたのは、30分間寒い中に立っていた後だった。トレイルヘッドに着くと、また行列だ。これはいくら強調してもしすぎることはない。オールド・マンズ・ケーブ近くのトレイルに行くまで、遊園地の人気ジェットコースターに乗るためのような列ができていた。人々はバスに乗るために待たされ、それから100列並んでトレイルヘッドで待たされる。ただ歩くために。自然を見るために。平地からオールド・マンズ・ケーブまで下るために。そこはジュラシック・パークに出てくるような大きな木々に囲まれて、豪華な滝があり、何千年もの時をかけてゆっくりと一粒一粒形づくられてきたブラックハンド砂岩の凹地がある、秘密めいた地形の地下世界だった。

その朝、3000人がいっしょに歩いただろうと私は推測したのだが、6マイル〔9・6キロ〕のハイクをするために、4305人が現れたのだと後で知った。そのことをちょっと考えてみてほしい。

多くの人がグランマ・ゲイトウッド・ハイクと書かれたマークをつけていた。トレイルヘッドには大きな岩が置かれていて、そこで行列が渋滞していた。その岩には大きな金属の銘板がはめ込まれていた。

グランマ・ゲイトウッド・メモリアル・トレイル
全長6マイルのこのトレイルは、グランマ・ゲイトウッドを記念してつくられました。
グランマ・ゲイトウッドは活力あふれる女性で、経験豊かなハイカーでもあり、
そしてホッキング・ヒルズを長い間愛した人でした。道はここから始まり、
シーダー・フォールズを通って、アッシュ・ケーブで終わります。
1981年1月17日

私はルイーズが母親について言ったことを考えた。「私が死んでいなくなったら、きっと私の記念碑が建てられる」とエマは言った。彼女にはわかっていたのだ。グランマ・ゲイトウッド・トレイルは州を横断する1931キロのバカイ・トレイルの一部であり、ニューヨークからノースダコタまで続く7403キロのノース・カントリー・トレイルの一部でもあり、デラウェアからカリフォルニアまでの1万1945キロのアメリカン・ディスカバリー・トレイルの一部でもあった。

私たちはゆっくりと、慎重に、峡谷への道をくねくねと下って行った。下り坂とすり減った石の階段があって、トレイルのボランティアたちが雪と氷を溶かすための岩塩を足元に撒いていた。人混みの中であっても、ここは聖なる土地だと感じられた。エマがなぜこの場所をそれほど好きだったのか、彼女が見てきた地形の中でなぜここに一番心を惹きつけられたのか、疑念の余地はない。オールド・マン

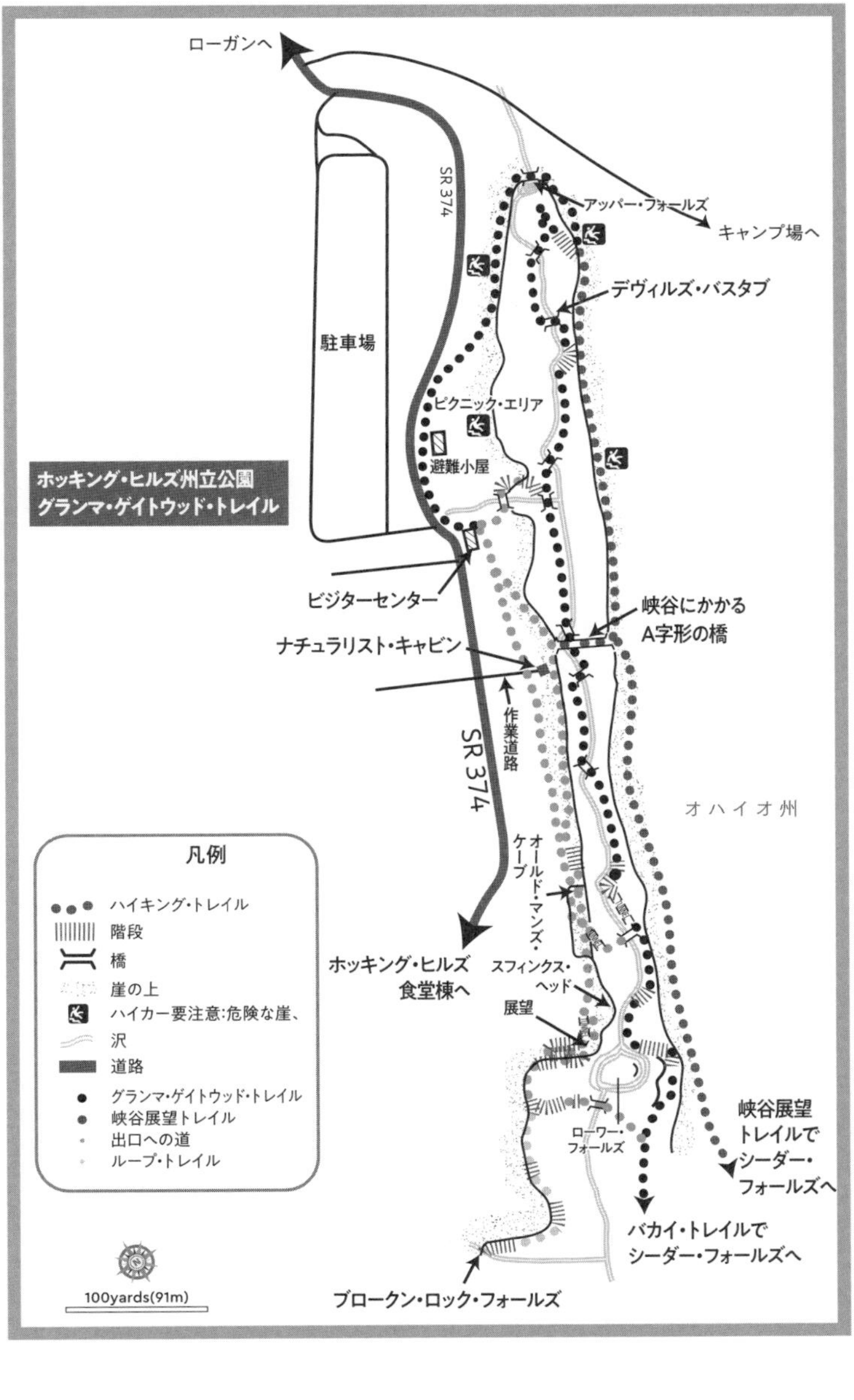

ホッキング・ヒルズ州立公園
グランマ・ゲイトウッド・トレイル
ローガンへ
キャンプ場へ
アッパー・フォールズ
デヴィルズ・バスタブ
SR 374
駐車場
ピクニック・エリア
避難小屋
ビジターセンター
峡谷にかかる
A字形の橋
ナチュラリスト・キャビン
作業道路
SR 374
オハイオ州
オールド・マンズ・ケーブ
ホッキング・ヒルズ
食堂棟へ
スフィンクス・ヘッド
展望
ローワー・フォールズ
峡谷展望
トレイルで
シーダー・
フォールズへ
バカイ・トレイルで
シーダー・フォールズへ
ブロークン・ロック・フォールズ
凡例
ハイキング・トレイル
階段
橋
崖の上
ハイカー要注意:危険な崖、
沢
道路
グランマ・ゲイトウッド・トレイル
峡谷展望トレイル
出口への道
ループ・トレイル
100yards(91m)

ズ・ケーブは崖の側面から引っ込んだ場所で、勢いよく流れている川から23メートルほど上の位置にある。そして大きい。幅は76メートル、高さ15メートルはある。

「おぶってもらわないといけないかもしれませんよ」とルイーズは言った。

私もそのつもりでいたが、彼女は石の階段と凍った橋を、若い女性のようにものともしなかった。最後のハイクの時、彼女の母親も同じだったのではないかと私は思った。人々が彼女を支えようと手を伸ばして、険しい箇所はおぶおうとした時も。

その光景を思い浮かべながら、私は目頭が熱くなった。列に並んでいた男性と少し前に話をしたのだが、彼はもう30年以上も同じハイクに参加しているのだと言っていた。なぜ繰り返しここに戻ってくるのか、彼は自分でも説明できなかった。だが私にはわかる気がする。ルイーズが自分も行くと言い張ったわけも、出発のわずか24時間前だったにもかかわらず私が思いついてすぐに航空券を予約したわけがわかるような気がする。なぜこれだけの人々が、毎年岩に飾られた大きな銘板の横に列をつくり、狭いところを通ってグランマ・ゲイトウッド・トレイルに、少しずつ一歩一歩進んでいくのか、私にはわかるような気がするのだ。この場所にいることは、ある体験に、エマの体験に加わることなのだ。エマが愛したこの道を歩くことは、エマの思い出を大切にし、エマにできるだけ近づくことなのだ。エマが見たものを見て、エマが歩んだ道を歩み、ある日歩きだそうとしてから、より速く、最後まで歩き続けたこの農場の女性との細いつながりを感じようとすることなのだ。私にはそれを想像することができた。

だがいささか我を忘れていた。エマの足跡を追いながら、私は自分の悩みを忘れていたのだ。若さの泉は、しょせん泉などではなかったのかもしれない。

ルイーズは彼女の母親のトレイルを難なく歩き通した。凍った道を通る時は彼女の腕をつかんだが、その必要はなかった。コロンバスまで彼女を送り、来年もまた歩こうと言い合った。

謝辞

私の母、ドナ・バラスがグランマ・ゲイトウッドについて聞いてきた話を語り継いでくれなかったならば、私はエマのことを知らずにいたかもしれない。夢のような冒険と不思議な話を懐かしく思い出す。母のきょうだい、とりわけルー・テリーとの会話はとても助けになった。

存命のエマの子どもたち、ルイーズ、ロウィーナ、ネルソン、そして特にルーシーに感謝する。彼らはみな、私を家に迎え、自分たちが知る母親を私が理解できるように何時間も費やしてくれた。また、ありがたいことにエマの手紙や写真、そして日記を何の見返りもなく自由に見せてくれた。このご恩は忘れない。

ビル・デュリエとケリー・ベンハムの助言と意見や感想に感謝する。そして、いつも喜んで耳を傾けてくれたマイケル・クルーズ。『タンパ・ベイ・タイムズ』紙の寛大な同僚たちは、私が本の作業のために締め切りをすっぽかしたり行方をくらましたりした時も大目に見てくれたし、頼まれたわけでもないのに私を大いに励まし、助言をくれた。ニール・ブラウン、マイク・ウィルソン、レオノーラ・ラピーター・アントン、レイン・デグレゴリー、ジェフ・クリンケンバーグ、ローラ・ライリー、ジャネット・キーラー、エリック・デガンズ、クレイグ・ピットマン、そしてメアリー・ジェイン・パークの各氏だ。ジョン・カポウヤ、トム・フレンチ、ニール・スワイディー、マイケル・ブリック、ハンク・スチューバー、クリス・ジョーンズ、アール・スウィフト、そしてマシュー・アルジオは、よい本とは何か、そしてそれを売るためにはどうしたらよいのかを私が理解することを助けてくれた。本を売るということについては、私のエージェント、ジェイン・ディステルはこのやっかいなプロセスを通して我慢強く伴走してくれた。

アメリカ中を探しても、アパラチアン・トレイルを愛し、保全しようとしている人々ほど見事に連なるコミュニティを私は知らない。私を家に迎えてくれた人、車に乗せてくれた人、トレイルの道を教えてくれた人、これらの人々すべてに感謝してもしきれないほどだ。だがローリー・ポッタイガー、ラリー・ラクセンバーグ、ポール・サニカンドロ、ロバート・クロイル、ベッツィー・ベインブリッジ、ポール・ルノー、ジーン・エスパイ、ピーター・トムソン、そしてビヨーン・クルーズには特に感謝したい。トレイルに近い小さな町や市の少数の図書館司書たちにも感謝したい。彼らはエマの日記に書かれた古い出来事を確かめるのを手伝ってくれた。

最後に、この本の出版は私の妻、ジェニファーがいなければ実現できなかっただろう。彼女は私の身の回りをいつも整理してくれ、私がエマ・ゲイトウッドの亡霊を追いかけて国中走り回っていた間、家族の世話をしてくれた。私の旅の終わりを見届けるために、怪我した足首でいっしょにカタディン山に登りさえしてくれた。私の子どもたち、アシャー、モリシー、そしてベイも、幾度となく尋ねてくれたことでその功績を残した。「ダディ、もう本はできたの?」と。

そうだよ、できたとも。

参考文献

- Agee, James, and Walker Evans. *Let Us Now Praise Famous Men.* Boston: Houghton Mifflin Co., 1939.
- Amato, Joseph A. On Foot: *A History of Walking.* New York: New York University Press, 2004.
- Bryson, Bill. *A Walk in the Woods.* New York: Broadway Books, 1998.
  『ビル・ブライソンの究極のアウトドア体験：北米アパラチア自然歩道を行く』ビル・ブライソン著　仙名紀訳　中央公論新社　2000年
- Espy, Gene. *The Trail of My Life.* Macon, GA: Indigo Publishing, 2008.
- George, Jean Craighead. *The American Walk Book.* New York: E.P.Dutton, 1978.
- Hare, James. *Hiking the Appalachian Trail, Volume One.* Emmaus, PA: Rodale Press, Inc., 1975
- Hare, James. *Hiking the Appalachian Trail, Volume Two.* Emmaus, PA: Rodale Press, Inc., 1975
- Luxenberg, Larry. *Walking the Appalachian Trail.* Mechanicsburg, PA; Stackpole Books, 1994.

- Marshall, Ian. *Storyline: Exploring the Literature of the Appalachian Trail.* Charlottesville, VA: University of Virginia Press, 1998.
- Matthew, Estiaun, Charles A. Murray, and Pauline Rife. *Gallia County One-Room Schools: The Cradle Years.* Ann Arbor, MI; Braun-Brumfield, Inc., 1993.
- Morse, Joseph Laffan. *The Unicorn Book of 1953.* New York: Unicorn Books, Inc. 1954.
- Morse, Joseph Laffan. *The Unicorn Book of 1954.* New York: Unicorn Books, Inc. 1955.
- Morse, Joseph Laffan. *The Unicorn Book of 1955.* New York: Unicorn Books, Inc. 1956.
- Nicholson, Geoff. *The Lost Art of Walking: The History, Science, Philosophy and Literature of Pedestrianism.* New York: Riverhead Books, 2008.
- Seagrave, Kerry. *America on Foot: Walking and Pedestrianism in the 20th Century.* Jefferson, NC: McFarland and Company, Inc.
- Shaffer, Earl V. *Walking with Spring: The First Solo Thru-Hike of the Legendary Appalachian Trail.* Harpers Ferry, WV: Appalachian Trail Conference, 1996.
- Solnit, Rebecca. *Wanderlust: A History of Walking.* New York: Penguin Books, 2000.
  『ウォークス：歩くことの精神史』レベッカ・ソルニット著　東辻賢治郎訳　左右社　２０１７年
- Swift, Earl. *The Big Roads: The Untold Story of the Engineers, Visionaries, and Trailblazers Who Created the American Superhighways.* Boston: Houghton Mifflin Harcourt, 2011.

ベン・モンゴメリ

アメリカ・オクラホマ州生まれ。アーカンソー工科大学卒。２０１０年、新聞記者時代に地元紙の報道でピュリツァー賞ファイナリストとなる。綿密な取材に基づいた人物評伝の著作多数。

浜本マヤ

東京生まれ、神奈川育ち。元英語教師。幼少の頃より近所の山を歩くのが好きだったことが高じて、ハイキング好きに。２０１８年にはアメリカのジョン・ミューア・トレイルをスルーハイク。

グランマ・ゲイトウッドのロングトレイル

二〇二一年十二月五日　初版第一刷発行

著者　ベン・モンゴメリ
訳者　浜本マヤ
地図　アトリエ・プラン
翻訳校正　東郷えりか
日本語校正　與那嶺桂子
発行人　川崎深雪
発行所　株式会社 山と溪谷社
郵便番号一〇一－〇〇五一
東京都千代田区神田神保町一丁目一〇五番地
https://www.yamakei.co.jp/
印刷・製本　大日本印刷株式会社

●乱丁・落丁のお問合せ先
山と溪谷社自動応答サービス
電話〇三－六八三七－五〇一八
受付時間／十時～十二時、
十三時～十七時三十分
（土日、祝日を除く）
●内容に関するお問合せ先
山と溪谷社
電話〇三－六七四四－一九〇〇（代表）

●書店・取次様からのご注文先
山と溪谷社受注センター
電話〇四八－四五八－三四五五
ＦＡＸ〇四八－四二一－〇五一三
●書店・取次様からのご注文以外のお問合せ先
eigyo@yamakei.co.jp

ISBN978-4-635-17206-6